To my chinese friends —
I hope that you find this book helpful for navigating today's interesting times.
Ray

国　家
为什么会破产
大周期

［美］瑞·达利欧 著

［美］立雯 译

RAY DALIO

HOW COUNTRIES GO BROKE
THE BIG CYCLE

中信出版集团｜北京

图书在版编目（CIP）数据

国家为什么会破产：大周期 /（美）瑞·达利欧著；
（美）立雯译 . -- 北京：中信出版社，2025.6.
ISBN 978-7-5217-7682-9

Ⅰ . F11

中国国家版本馆 CIP 数据核字第 2025XY1209 号

How Countries Go Broke by Ray Dalio
Copyright © 2025 by Ray Dalio
Simplified Chinese translation copyright © 2025 by CITIC Press Corporation
Published by arrangement with author c/o Levine Greenberg Rostan Literary Agency
Through Bardon-Chinese Media Agency
ALL RIGHTS RESERVED
本书仅限中国大陆地区发行销售

国家为什么会破产——大周期

著者：　　［美］瑞·达利欧
译者：　　［美］立雯
出版发行：中信出版集团股份有限公司
　　　　　（北京市朝阳区东三环北路 27 号嘉铭中心　邮编　100020）
承印者：　北京尚唐印刷包装有限公司

开本：787mm×1092mm 1/16　　印张：23　　字数：358 千字
版次：2025 年 6 月第 1 版　　　　印次：2025 年 6 月第 1 次印刷
京权图字：01-2023-2956　　　　　书号：ISBN 978-7-5217-7682-9
　　　　　　　　　　　　定价：138.00 元

版权所有·侵权必究
如有印刷、装订问题，本公司负责调换。
服务热线：400-600-8099
投稿邮箱：author@citicpub.com

致我的中国朋友：

我希望，这本书能够为你应对当下这个有趣的时代提供帮助。

中文版序

能与我40多年来的重要合作伙伴——中信集团（CITIC）一起，为大家带来我的新书《国家为什么会破产》，我深感荣幸。这本书阐释了我们当前共同面临的债务、内部政治和地缘政治问题背后的运行机制。

早在20世纪80年代初，我第一次踏上中国这片土地，正是源于中国国际信托投资公司（中信集团前称）领导们的邀请，他们让我讲授全球金融市场的知识。那次邀请开启了我与中信集团、中国以及众多优秀的中国友人之间珍贵的情谊。

在过去50多年的全球宏观投资生涯里，我逐步洞悉世界运行规律，得以成功预判重大趋势。这要求我必须深刻理解驱动经济与市场变革的因果关系。在这半个世纪里，我将对现实运行规律的认识及应对之道总结成各种原则，并将其输入计算机决策系统，这正是我取得成功的关键所在。

如今我已75岁，把我毕生所学传递给他人成为我人生现阶段最重要的使命，这也是我撰写本书的初衷。我希望大家能从中获得启发。

我为何分享此书

我写这本书是为了分享我作为全球宏观投资者 50 多年来所领悟到的那些珍贵、永恒且普适的见解和原则。我相信没有人会投入更多的时间和精力、拥有更好的资源来获取这些见解和原则。这些认知不仅让我受益匪浅，也使其他人获益良多。我不希望这些智慧随我而逝。我深信，当这些理念传递到政策制定者和投资者手中时，世界会运转得更好。最重要的是，我希望你能从这本书中领悟到：

（1）对"大债务周期"全面且实用的理解。如果你想要一个简述，请阅读第一部分；若希望更深入地理解，请阅读第二部分。

（2）与传统经济学思维相比，你将获得一个更实用的对供需运行机制的认识。第 2 章对此有详细阐述，且这一原理的实际应用贯穿全书。

（3）你将全面且深入地理解"整体大周期"，这个大周期是由大债务周期和其他重要周期驱动的，包括改变国内政治秩序的大政治周期，以及改变世界秩序的大地缘政治周期。写这本书的一个主要目标，就是帮助你理解这个"整体大周期"是如何带来这些大转变的。因为我认为，我们现在正临近这样一个重大变革时期。如果你只打算读这本书的一章，那就读第 8 章，它涵盖了这些内容。

本书内容是对我其他著作中所述见解和原则的补充与完善，尤其是《债务危机》和《原则：应对变化中的世界秩序》。由于这些内容很多且相互关联，我正在把这些知识和更多内容输入我的一个人工智能化身中，这样你就能方便地与之直接交流。如果你想尝试一下，就可以在 principles.com 上注册。

如何阅读本书

- 因为我意识到读者的专业水平各不相同，投入的时间也因人而异，且我希望帮助大家从书中获得所需，所以**我把最重要的内容用加粗字体标出，以便读者可以阅读最核心的部分，并可以有选择地深入探讨感兴趣的内容**。如果你是一位真正热衷于经济学与市场的专业人士或有志于此的从业者，那么我建议你通读全文，因为我相信它会为你提供一个独特的视角，让你乐在其中，并助你在工作中取得成功。若非如此，我建议你只需阅读加粗部分即可。

- 我还希望传递一些妥善应对现实的永恒普适原则，这些原则已加注了红点 ●，*并以斜体字显示。*

- 我喜欢与人对话，而不仅仅是分享我的想法，因为我发现这些对话让我获得了宝贵的反馈，从而改善了我的思考，所以我正在研究一些新技术来实现这一点，包括一个人工智能化的"我"。如果你想了解更多，我建议你在 principles.com 上注册，以获取更多信息。

- 最后，为了避免本书篇幅过长，我在 economicprinciples.org 上提供了大量补充材料，包括参考资料、引用文献、相关指数的更多数据等。

目 录

引 言　　　　　　　　　　　　　　　　　　　　　001

第一部分
大债务周期概述

006

1　大债务周期概述　　　　　　　　　　　　　　　009
2　用文字和概念阐释其机制　　　　　　　　　　　029
3　用数字和方程阐释其机制　　　　　　　　　　　057

第二部分
导致中央政府和中央银行破产的典型演进路径

082

4　典型演进路径　　　　　　　　　　　　　　　　085
5　私人部门与中央政府债务危机（第1~4阶段）　　091
6　危机蔓延至中央银行（第5~6阶段）　　　　　　119
7　上一场大债务危机消退，新均衡达成，新周期开启（第7~9阶段）　127
8　整体大周期　　　　　　　　　　　　　　　　　143

第三部分
回望过去
158

9	1865—1945 年概述	163
10	1945 年至今的大债务周期简要回顾	171
11	1945—1971 年的挂钩货币体系（硬通货体系）	187
12	1971—2008 年的法定货币与由利率驱动的货币政策	195
13	2008—2020 年的法定货币与债务货币化	215
14	自 2020 年起的疫情与大规模财政赤字的货币化	225
15	1945 年至今的中国大周期概述	237
16	日本案例及其启示	253

第四部分
展望未来
282

17	我的指标揭示了什么	285
18	我的"3% 三部分"解决方案	295
19	我眼中的未来	317

致　谢	345
译后记	347
后　记	353

引言

一个国家的债务及其增长是否存在极限？

如果政府债务增长未能放缓，那么利率及其影响将会如何？

一个拥有主要储备货币的大国（比如美国）是否会破产？倘若会，那又将引发怎样的连锁反应？

是否存在一种我们可以追踪的"大债务周期"？它能否告诉我们何时该对债务问题感到担忧，以及应对之策是什么？

这些问题不仅仅是经济学家需要探讨的学术问题。它们是投资人、政策制定者以及其他大多数人都必须回答的问题，因为答案将对我们所有人的福祉和行动产生巨大的影响。然而，目前并不存在明确的答案。

当前，部分人认为政府债务及其增长不存在任何限制——尤其对储备货币发行国而言。这是因为他们相信，拥有全球广泛接受的储备货币的国家，其央行总能通过印钞来偿债。而另一部分人则认为，高企的债务水平与快速扩大的债务规模正预示着重大债务危机的临近，但他们并不确切知道危机会以何种方式、在何时到来，也不清楚其影响会是什么。

那么，长期债务周期呢？尽管"商业周期"已被广泛认知，且部分人意识到其由短期债务周期驱动，但长期债务周期并非如此——它既无人承认，也鲜少被讨论。我在教科书里找不到任何相关研究或论述，甚至当我与世界顶尖经济学家（包括现任或前任央行行长及财政部长）探讨时，他们对这一关键议题也知之甚少。这正是我开展此项研究并分享成果的原因。

在深入探讨之前，我需要首先阐明我的出发点。 我并非以经济学家的身份开展这项研究，而是以一名全球宏观投资者的视角开展这项研究，过去50多年来，我亲身经历了多个国家的多次债务周期，为了对这些周期走向下注，我必须充分理解并准确把握它们。我仔细研究了过去100年中所有重大债务周期，并对过去500年中的更多案例进行了粗略考察，因此，我相信自己已经掌握了驾驭这些周期的要领。鉴于当前经济态势令我深感忧虑，我认为我有责任将这项研究公之于众，供各界人士独立研判。

我像医生研究病例那样深入剖析大量案例，探究其背后的运行机制，以深刻理解推动周期发展的因果关系。同时，我通过亲历市场、复盘总结、撰写心得体会并邀请睿智同人审阅指正来实现自我精进。基于这些认知，我建立投资系统，并获得新的经验。我不断重复这个过程，乐此不疲。由于我的工作就是在市场中博弈，而债务市场几乎主导着一切，几十年来我一直痴迷于研究债务运行机制。我坚信：理解这些机制的人，无论是投资人、企业家还是政策制定者，都能从容应对；反之，不理解这些机制的人终将深受其害。

通过我的研究，我发现存在着一种长期债务周期，这些周期无一例外地催生了重大债务泡沫及泡沫的破裂。据我观察，自1700年以来存在的约750个债务/货币市场中，仅有约20%得以存续，而所有幸存下来的市场都在经过本研究所阐述的机制后出现严重的货币贬值。我看到这种长期债务周期在《圣经·旧约》中被记载，在中国数千年的王朝更迭中反复上演，并一次次预示着帝国、国家和省份的衰落。

这些大债务周期始终以恒久一致的规律运作，尽管这些规律尚未被充分认知，但其重要性理应得到重视。在本研究中，我力求清晰阐释这些周期的运作机制，以使我的分析框架成为研判货币和债务现状及未来走势的模型。尽管我深知这套大债务周期模型不同于传统模型，但我确信其有效性，因为我凭借它准确判断市场走向并屡获收益。如今我步入人生新阶段，我愿将这些助我成功的核心方法论公之于众，以期惠及他人。诸君可各取所需，自行运用。

为何我自认为解开了他人未解之谜？究其原因，这可归结为以下几点：其一，长期债务周期通常横跨约80年（上下浮动25年）——接近一个人的一生，这致使我们难以通过亲身经历认知其规律；其二，人类往往沉溺于当下事件的细枝末节，而忽视宏观图景。与此同时，我认为人们对债务风险的认知存在系统性偏差：大多数人都很喜欢信贷赋予的消费能力，且历史上确实存在大量未应验的债务危机预警。有关2008年全球金融危机与欧债危机（波及葡萄牙、意大利、爱尔兰、希腊、西班牙）的惨痛记忆已然褪色，世人将这些危机视为已化解的挑战，而非更大风暴的前兆。但无论原因是什么，这些规律被忽视本身已不重要。我将完整揭示债务周期的运作机制，若我的分析框架经得起检验，自会凭自身价值立足。

这让我得出一个原则：

● **若我们对事物运作机制缺乏共识，便无法就现状与未来达成一致。** 正因如此，在分析当前形势与未来趋势之前，我必须首先阐明我所理解的经济机器运行原理，并与业内专家进行交叉验证。

在当前政府债务高企且快速攀升的背景下，若不研究历史案例就假定"这次会不一样"，这种想法在我看来是危险的懈怠。这就好比因为我们在有生之年未经历过内战或世界大战，所以断言这些冲突永不会再现，进而不去研究其历史成因。（顺带一提，我认为当前世界正同时显现内战与世界大战的动因。）如我的其他图书[1]一样，我将首先构建典型动态模型，继而剖析不同案例的特殊性及其成因，使读者能参照该模型研判当下情势，从而理解现状本质并判断未来走向。通过这种方法，读者既能纵览历史案例全貌，又能窥见未来端倪。根据当前情况与模型的比对分析，我确信我们正面临一个历史反复上演的危险局面——中央政府与中央银行将陷入"破产"境地，这种情况已出现过数百次，并引发了重大的内部政治与地缘政治震荡。

这里需要阐明一个重要观点：**大债务周期仅是我所称的"整体大周期"（简称"大周期"）中多个相互关联的驱动力之一。具体而言：（1）大债务周期与（2）国内政治和谐与冲突周期高度同步、相互影响，后者又与（3）国际地缘政治和谐与冲突周期形成双向作用。这些周期又共同受制于（4）自然力量（干旱、洪水、疫情等）和（5）重大技术突破。当这些力量共同作用时，它们便构成了从"旧秩序"向"新秩序"演进过程中，和平繁荣与冲突萧条交替出现的整体大周期。**

什么是秩序？秩序是指运作范式。当既有体系崩解时，这些范式便发生更迭。货币秩序决定货币体系的运行规则，内部政治秩序规范国家的治理模式，地缘政治秩序界定国家间的权力格局。大周期的演进本质，就是从一种秩序（运作体系）向另一种秩序的过渡。当这些秩序在重大危机中瓦解时，便是大周期终结之际。

正如我在《原则：应对变化中的世界秩序》一书中所述，这些大周期的崩溃和秩序的剧变，通常在人的一生中仅发生一次，却往往伴随着剧痛。货币体系的更替、国内治理制度的革新与国际治理体系的

---

1. 尽管我在《债务危机》（该书研究了1918年至该书出版的2018年间的48场重大债务危机）和《原则：应对变化中的世界秩序》（追溯了1700年以来750种货币的演变及过去500年主要储备货币市场的兴衰）中已经全面讨论了债务与货币周期，但在本研究中，我将更深入地剖析周期中最后的也是最戏剧性的崩溃阶段，指出其如何引发了货币秩序更迭。

重建，这三者的演变周期往往同步，因为彼此之间存在着深刻的系统性联动。

这些秩序体系的更迭总是遵循相似的机制和动因，但由于其罕见性而常被世人忽视。然而，它们的演变过程实则具有高度可量化、可追踪的机制性特征。我在第 8 章系统阐述了驱动大周期的核心力量，并在第 19 章解析了其对未来的意义。通过研读这些内容，你将能清晰把握当前所处的周期方位，并判断未来走向。若你仅能从本书中获取一个洞见，我希望是这套大周期的分析框架——它能让当今看似不可思议的乱象变得有章可循。这些在数年前还难以想象的事件，一旦置于五大力量的机制性作用下来审视，便会显现其必然性。

本研究分为 4 个部分，共 19 章。第一部分阐述大债务周期，先以简明框架呈现，继而系统剖析其运行机制，最终通过数学模型揭示内在规律并辅助未来预测。第二部分基于 35 个重大债务周期案例提炼典型事件序列模板，既展示周期演进的标志性特征，又提供判断周期阶段的指标；其中一章详解整体大周期的运作原理。第三部分聚焦第二次世界大战结束后新货币与世界秩序建立以来的大债务周期，除重点分析美国（因为它是主要储备货币国及 1945 年以来主导"美式世界秩序"的超级大国）外，也简要描述中日两国自 19 世纪至今的大周期轨迹，既完整呈现全球格局变迁，又提供额外两组典型案例。最后，在第四部分，我将基于估算结果探寻美国债务困局的破解之道，并展望五大力量的未来演化路径。

第一部分

大债务周期

概述

第一部分全面阐述了"大债务周期"的图景——这种周期在历史长河中反复出现，却因每次重大转折相隔约一代人之久而鲜为人知。本部分旨在揭示货币、信贷、债务和经济活动的自然运行机制，如何与人性在经年累月的相互作用后形成大债务周期。我将系统阐释大债务周期的发展阶段及其崩溃时的连锁反应：第1章以简练笔触勾勒周期全貌，随后两章则深入剖析驱动债务周期的内在机制——既通过文字和概念阐释，又辅以数字和方程推演。这些章节既为普通读者提供核心观点（可仅阅读加粗文字内容），也为投资者保留深度挖掘的空间，建议读者根据自身需求选择阅读方式。

1
大债务周期概述

本章旨在以最简练的方式完整阐述典型"大债务周期"的运行机制，若你只想通过单章阅读掌握债务运作原理，本章正是你的不二之选。

机器的运作原理

信贷是拉动消费的主要工具，而且易被创造。由于一个人的支出就是另一个人的收入，当信贷大量产生时，人们的消费和收入随之增长，多数资产价格上涨，几乎人人乐见其成。因此，各国政府和央行往往更倾向于扩大信贷规模。然而，信贷也会形成债务，而债务最终需要偿还——这就会产生相反的效应：当偿债压力上升时，消费减少、收入下降、资产价格回落，而这样的局面显然无人乐见。换句话说，当借款者以一定成本（利息）借入资金（本金）时，在短期内可以突破自身收入和储蓄的限制去消费，但长期来看，他们必须偿还本金加利息，届时消费能力反而会低于正常水平。这就是为什么●*信贷/支出/债务偿还机制天然具有周期性。*

短期债务周期

但凡经历过几轮短期债务周期的人，都该深谙其运行规律。这个周期通常是这样运行的：当经济活动和通货膨胀指标低于理想水平，同时利率相对于通货膨胀率和其他投资收益率较低时，货币和信贷就更容易获得。这种情况会刺激借贷和投资，推动资产价格上涨，经济活动和通货膨胀指标也随之上升，直到这些指标超出理想水平。这时，货币和信贷供应开始收紧，利率变得相对较高（相比通货膨胀率和其他投资收益率）。这会导致借贷和投资减少，进而造成资产价格下跌、经济活动放缓、通货膨胀回落。最终，利率再次下降，货币和信贷环境变得宽松，周期再次开始。这样的周期通常持续6年左右，上下浮动3年。

短期债务周期的累积形成长期债务周期

人们往往忽略了这些短期债务周期如何层层累积，最终演变成长期债务周期。信贷如同兴奋剂，能带来经济快感，这使得市场对信贷创造始终存在偏好。其结果是债务水平随时间不断攀升，以致大多数债务的短期周期性高点和低点通常都超越前一个周期。这种累积效应最终构建起长期债务周期，直至债务因变得不可持续而终结。在大债务周期的早期阶段，债务负担较轻，信贷资金尚能投向高回报项目，此时举债空间较为充裕；而到了周期后期，债务高企，贷款人所能找到的优质投资项目已寥寥无几。

在长期债务周期的早期阶段，举债（甚至是高额举债）和偿债都相对容易。而早期的短期债务周期的运行机制主要受两个因素驱动：一是信贷可获得性与借贷经济性；二是由近期银根紧缩带来的痛苦记

第一部分 大债务周期概述

忆所促成的持续性谨慎心理。[2] 当大债务周期处于早期阶段时，由于债务总额和偿债支出相对于收入及其他资产规模仍然较低，此时信贷扩张／收缩、支出波动、债务水平及偿债压力的变化，主要受市场激励机制主导，**系统性风险相对可控**。但随着周期演进至后期阶段，当债务及偿债成本相对于收入水平及可偿债资产价值显著上升时，违约风险将显著加剧。此外，在大债务周期后期阶段，当债务性资产与负债规模远超收入基数时，货币政策将陷入双重困境：利率水平必须既满足债权人收益要求，又匹配债务人承受能力。**此时短期债务周期因前述经济调节机制而终结，而长期债务周期则因债务负担突破可持续临界点而崩溃。**换句话说，由于借贷消费能带来即时快感，因此缺乏约束会让债务及偿债支出像恶性肿瘤一般持续蚕食实际购买力，逐步挤压正常消费空间——这正是长期债务周期的形成本质。

纵观人类数千年文明史，跨越不同国家疆界，大债务周期及其伴生的重大市场与经济问题的根本驱动力始终是，相对于实际存在的货币、商品、服务及投资资产总量，债务资产与债务负债的规模已膨胀至不可持续的水平。

简单来说，● *债务本质上是一种支付货币的承诺。当承诺总额超过可兑付资金时，债务危机就会爆发。此时，中央银行将被迫在以下选项间做抉择：（a）大量印钞导致货币贬值，或者（b）停止印钞引发大规模债务违约危机。历史证明央行最终必然选择前者——印钞并承担贬值后果，但无论是违约还是贬值，过度债务积累终将导致债务资产（如债券）价值减损。*

尽管这些债务危机的具体表现形式各不相同，但最关键的区别在于债务是否以央行可"印制"的货币计价，以及是否属于储备货币。

---

2. 这种谨慎态度在市场价格中得到了体现。例如，在周期早期，"高风险资产"的收益率和预期回报相对于"低风险资产"而言要高出许多。

但无论形式如何不同，我们几乎总能观察到：相较于持有经济体的生产能力（如股票）和/或其他更稳定的货币形式（如黄金），持有债务资产（如债券）的吸引力会相对下降。

在我看来，信用评级机构的现行做法既有趣又不合理；其对中央政府债务的评级存在系统性缺陷——仅评估违约风险，却完全忽略债务贬值风险。这种片面性会误导投资者认为高评级债务等同于安全的价值储存手段。事实上，由于央行具备救助能力，政府债务的真实风险被系统性低估。若评级机构能同时考量违约与贬值双重风险，这将更有利于债权人做出理性判断，毕竟债券本质上应是财富储备工具，理应按此标准进行评估。本研究将展示我的债券分析框架：对于以本币（可自主印发的货币）计价的债务国，我会将中央政府的债务与中央银行的债务进行独立风险评估。在评估央行债务风险时，我认为货币贬值的风险至少不亚于政府债务违约，甚至往往更为突出。

违约还是贬值，于我而言并无差别。真正关键的是我的财富储备必然遭受损失——无论通过哪种形式。

追踪债务周期的进程

短期债务周期与长期债务周期之间的主要区别在于中央银行扭转它们的能力。对于短期债务周期，其收缩阶段可以通过大量注入货币和信贷来逆转，从而将经济从低迷的通缩状态中提振起来，因为经济体仍具有在不引发通胀的前提下实现增长的回旋余地。然而，长期债务周期的收缩阶段无法通过增加货币和信贷来逆转，因为现有的债务增长和债务资产规模已经不可持续，债务资产持有者将争相抛售这些资产，他们预见到无论是出现违约还是贬值，这些资产终将丧失财富

储存功能。

我们不妨将大债务周期的发展过程想象成某种疾病或生命周期的演进，每个阶段都会表现出不同的症状。通过识别这些症状，我们就能大致判断周期所处的阶段，并对其后续发展有所预期。简言之，大债务周期从稳健货币／硬通货和信贷开始，逐渐转向越来越宽松的货币和信贷政策，最终导致债务危机爆发，从而迫使经济不得不回归到稳健货币／硬通货和信贷的状态。更具体地说，最初是私人部门进行健康的借贷，这些债务可以正常偿还；随后私人部门过度借贷，遭受损失，出现偿债困难；继而政府部门介入救助，自身却因过度举债而遭遇偿付危机；最终中央银行试图通过"印钞"和购买政府债务来纾困，却也难逃偿债困境，如果条件允许（债务是以央行能够发行的货币计价的），央行就会将更多债务货币化。虽然并非所有情况都完全一致，但大多数大债务周期都会经历以下 5 个阶段。

稳健货币阶段

当净债务水平较低时，货币保持稳健，国家具备竞争力，债务增长会推动生产力提升，从而创造足以偿还债务的收入。这将促使金融财富和信心的增长。

- 信贷是承诺未来支付货币的一种形式。与信贷不同，货币能够即时完成交易。也就是说，如果使用货币支付，交易即刻完成，但如果使用信贷支付，这就意味着存在未偿还的债务。创造信贷很容易，任何人都可以创造信贷，但并非所有人都能创造货币。例如，即使你目前没有钱，我也可以通过接受你承诺未来支付货币的方式来创造信贷。因此，信贷可以迅速增长，进而导致信贷的总量远超货币的存量。最有效的货币应当具有交易媒介与全球公认的财富储值的双重属性。在大债务周期的初始阶段，货币具有"硬通货"属性——这意味着它不仅是交易媒介，更是一种供给量难以随意增加的财富储值工具，例如黄金、白银，以及近年出现的比特币等。像比特币这样的加密货币正在成为一种被广泛接受的硬通货，因为它是一种全球范围内被认可的货币，并且供应量有限。货币不再作为有效财富储存手段的最大风险在于其供给可能被无限扩张。试想若掌握货币创造权，谁能抗拒大规模增发货币的诱惑？现实是，掌握此权者从未停止这种行为。这正是大债务周期形成的原因。在大债务周期的初始阶段，其典型特征表现为：（a）货币体系以硬通货（如黄金）为本位，流通纸币可按规定比率自由兑换"硬通货"；（b）纸币与债务凭证（货币偿付承诺）的存量规模极为有限。该周期的本质：（a）"纸币"与债务资产/负债规模持续膨胀；（b）"硬通货"和实物资产（如商品与服务）以及偿债支出所需收入之间的比例不断失衡。究其根本，大债务周期就像一个庞氏骗局或音乐椅游戏，投资者持续增持债务资产，源于其坚信这些资产能转换为具有实际购买力的货币。然而，随着这些债务资产相对于实物资产的规模不断增加，这种转换会变得越来越不可能实现，直到人们最终认清这一现实，于是开始抛售债务资产，以换取硬通货和实物资产。

- 在债务周期的初始阶段，私人部门与政府部门的债务及偿债比率具有以下特征：（1）相对于收入水平处于低位；和/或（2）相对于流动资产规模处于低位。举例来说，政府债务及偿债支出与以下两项指标——政府税收收入和政府持有的可快速变现的流动资产（包括外汇储备、主权财富资产等储蓄工具)——的比率均维持在较低水平。以 1945 年开启的当前大债务周期为例，当时美国政府债务规模与其黄金储备量的比值为 7，货币供应量与黄金储备量的比值为 1.3；而如今这两个比值已分别攀升至 37 与 6。

- 在债务周期的这一初始阶段，债务水平、债务增速、经济增长与通胀均处于既不过热也不过冷的适度区间，整体金融状况保持稳健。
- 在周期的这一阶段，"风险资产"相对于"安全资产"来说相对便宜。这是因为上一个周期造成的巨大损失持续影响着人们的心理和资产定价。例如，在 20 世纪 40 年代末和 50 年代初，股票的收益率大约是债券收益率的 4 倍。
- 在这一阶段，经济健康运行，投资回报丰厚，推动周期向下一个阶段演进。

债务泡沫阶段

当债务及投资增长超过了当前收入所能支撑的水平时：
- 在这一阶段，资金充裕且成本低廉，债务驱动的经济扩张带来了经济繁荣。大量举债消费推高了商品、服务及投资资产的需求与价格，市场情绪极度乐观，依照大多数传统估值标准衡量，市场价格已处于过高水平。
- 此阶段通常会出现具有真正变革性的发明，投资者往往在既无能力也不评估其未来现金流的现值能否覆盖成本的情况下就盲目投入资金。
- ● **市场上总有一个当前最受追捧的投资热点，几乎所有人都深信**

不疑。这种共识会反映在资产价格中，但注定存在某种偏差。这些热点通常源于两个因素：对过去趋势的简单外推和情绪化考量。此外，大多数投资者通常不会考虑市场价格因素。换句话说，他们往往把过去表现优异的投资（比如业绩强劲的公司）直接视为好投资，却不够关注其定价，而定价（是否便宜或昂贵）才是最重要的考量因素。在这个阶段，几乎所有人都想通过买入他们认为会上涨的资产来赚钱（而不是押注下跌），而且经常使用杠杆。

- 这种动态最终会催生泡沫，表现为用于投机融资的债务和偿债支出增速超过了支撑债务偿还所需的收入增速。在此阶段，市场与经济看起来一片繁荣，绝大多数人都相信形势会持续向好。这种繁荣由大量借贷支撑，而所谓的"财富"实则是无中生有的。所谓"无中生有的财富"，指的是被凭空想象的财富远超实际存在的财富。典型的泡沫期的识别特征包括：债务增速（如持续3年）显著快于收入增速，资产价格相对于未来现金流的现值的传统估值标准明显偏高，以及我在泡沫指标中衡量的诸多其他因素（具体指标说明可参阅 economicprinciples.org 及应用程序 Principles In Action）。一个现代典型案例就是那些估值超过10亿美元的"独角兽"公司，它们让创始人在账面上成为"亿万富翁"，但实际仅融资5 000万美元，只因投机型风投机构为获取期权式回报而疯狂押注。泡沫可能在见顶前持续相当长的一段时间，但必将引致下一阶段的到来。

- 最终，债务螺旋会达到并超越不可逆转的临界点。这意味着债务和偿债水平已经超出可控范围，除非债务投资者承受巨额损失，否则无法阻止其加速恶化。当投资者开始意识到持有债务/货币的风险，利率攀升，而债务人仍需借新债还旧债时，这种自我强化的"死亡螺旋"便会被触发，最终酿成债务危机。

顶峰阶段

当泡沫破裂时，债务/信贷/市场/经济将同步收缩。
- 泡沫的破裂通常是由货币紧缩及此前的债务增速不可持续共同导致。道理就是这么简单。
- 当泡沫破裂时，自我强化的债务收缩便立即启动——债务问题会像恶性肿瘤般急速蔓延。因此，决策者必须迅速采取行动：要么逆转收缩趋势，要么有序引导去杠杆化进程完成。在多数情况下，通过向系统注入大量导致债务问题的"药物"（创造更多信贷与债务），可以暂时逆转债务收缩。这种干预将持续至无以为继之时，最终引发大规模的去杠杆化。

去杠杆化阶段

当债务及偿债水平经历痛苦调整，最终与收入水平相匹配时，债务规模方能回归可持续状态。
- 在大债务周期最后阶段的初期爆发重大债务危机时，债务问题通常会从私人部门蔓延至中央政府，继而波及中央银行。●*债务资产（尤其是政府债务资产）的净抛售是重大危险信号*。一旦出现这种情况，除非中央政府与央行采取极其迅速有效的应对措施，否则局势将急剧恶化。此时，私人部门债务的持有者因担忧收益恶化而抛售债务，这种抛售往往表现为"银行挤兑"现象。我所说的"银行挤兑"，是指债权人要求将债务资产变现为实体资产，而银行系统并没有足够的资金来满足这些要求。当债务问题显现且持有者开始抛售时，最初会推高债务利率，进而加大偿债难度，提高风险溢价，形成利率攀升的恶性循环。此时央行通常被迫注入货币与信贷，以填补需求缺口，但这将导致货币与信贷贬值，同时降低信用风险溢价。

- 政府债务的抛售将引发以下连锁反应：（a）货币与信贷在自由市场机制下被动紧缩；（b）经济活力持续减弱；（c）本币面临贬值压力；（d）央行外汇储备因汇率干预而持续消耗。这种挤兑行为往往呈现自我强化特征——当债务资产持有者意识到，无论通过债务违约还是货币贬值，其持有的债务资产终将丧失原本预期的购买力时，他们便会加速抛售，导致市场价值与财富格局发生巨大的变化，直至债务通过违约、重组或货币化等方式出清。由于这种紧缩效应对经济损害过大，央行最终不得不双管齐下：既放松信贷管制，又放任本币贬值。而货币贬值本身会进一步加剧债务抛售，因其已丧失财富储存功能。因此，无论是货币紧缩引发的债务违约与经济衰退，还是货币宽松导致的本币与债务资产贬值，都对债务资产构成利空。这种自我强化的债务收缩动态就是所谓的"死亡螺旋"：利率攀升使得偿债风险显性化，促使债权人集中抛售债务资产；这种抛售行为又进一步推高利率水平，或迫使央行增发货币；而货币增发则引发本币贬值，进而刺激更剧烈的债务资产和货币的抛售，如此形成自我强化的恶性循环，直至整个债务螺旋周期完成。当政府债务陷入此种困境时，人们意识到债务过剩是症结所在，自然倾向于削减支出与借贷。然而，由于一个人的支出正是另

第一部分 大债务周期概述

一个人的收入，在此阶段缩减开支往往只会进一步推高债务收入比。此时，政策通常转向债务重组与债务货币化的组合方案，具体配比主要取决于以本币计价的债务占比。通过债务违约、重组或货币化等手段，债务负担终将降至与收入相匹配的新均衡水平。但这一调整过程往往伴随着数次阵痛性波动，因为金融体系总是先经历边缘性稳定，方能达到真正的稳固状态。

- 经典的去杠杆化过程通常按以下步骤推进：在衰退/萧条阶段的初期，央行会降低利率并增加信贷供给。然而，当出现以下情况时：(a) 债务规模庞大且处于债务收缩期；(b) 利率已无下调空间（如接近零）；(c) 政府债务需求不足；(d) 货币宽松政策不足以抵销自我强化的萧条压力，央行就不得不转向新的经济刺激"工具"。在通常情况下，为了刺激经济，中央银行需要将利率降至低于名义经济增长率、通胀率和债券收益率的水平，但当利率接近零时，这一操作变得异常困难。与此同时，中央政府的债务也在大幅增加：一方面，税收在下降；另一方面，为了支持私人部门而不得不增加支出，但私人部门的需求又不足以消化这些新增债务。中央政府会面临债务挤压，即其自由市场的债务需求无法匹配供给。如果出现债务的净抛售，那么问题将变得更加严重。

- 这一去杠杆化的周期阶段常常会出现"推绳子"的现象，这一术语由 20 世纪 30 年代的政策制定者提出。它发生在长期债务周期的后期，此时中央银行努力将其刺激政策转化为增加的支出，但由于储蓄者、投资者和企业害怕借贷和消费，或者存在通缩，其所获得的无风险利率相对具有吸引力。在这样的时期，即使利率降至零（甚至更低），也很难让人们停止持有"现金"[3]

---

[3]. 现金被定义为投资者持有的、能够赚取利息的货币。

储蓄。这一阶段的特点是经济进入通缩、疲软或负增长时期，因为个人和投资者会囤积低风险的由政府担保的现金。

- 在此关键阶段，央行面临两难抉择：要么维持货币的"硬通货"属性——这将导致债务人普遍违约，引发通缩性萧条；要么通过大规模印钞使货币"软化"——这将同时导致货币与债务贬值。由于用硬通货偿债会引发严重的市场与经济衰退，央行最终总是选择印钞与货币贬值这一路径。当然，各国央行仅能印制本国货币，这一关键限制条件将引出下一个重要议题。

- 在这一阶段，如果中央银行有能力"印钞"，它就会创造大量货币和信贷，并将其强力注入市场。其典型操作包括：购买面临违约风险的具有系统重要性机构的政府债券和私人部门债务（以弥补私人部门债务需求不足，并人为压低利率），有时还会购买股票，并刺激民众增加对商品、服务和金融资产的购买。此时，货币贬值通常也被视为可取之策，因其既能提振经济又可推升通胀率，从而抵销通缩压力。若该货币与黄金、白银等挂钩，这种联系通常会被切断，转而采用法定货币体系；若已是法定货币（无挂钩标的），则需使其相对于其他财富储值工具和货币贬值。在某些情况下，央行的操作可能导致名义利率上升，这可能是因为央行收紧货币政策以抑制通胀，也可能是因为央行未采取紧缩政策对抗通胀，而债务持有者由于回报不足，既不愿购买新发行的政府债券，又试图抛售现有债券。密切跟踪实际利率与名义利率，以及债务供需动态，对研判形势至关重要。

- 在出现此类危机后，征收特别税、实施资本管制等非常规融资手段将变得司空见惯。政府往往还会采取此前难以想象的政策措施，例如选择性冻结或没收"敌对国家"资产，甚至创设新型货币形式。我并非断言这些非常规措施必然发生，而是强调需要审慎评估其发生的可能性。
- 去杠杆化阶段通常是一个痛苦的时期，债务负担通过违约、重组和／或贬值来减轻。在这一阶段，债务重组和债务货币化的激进组合不可避免地出现了，以降低债务和偿债负担相对于收入的比例。在典型的去杠杆化过程中，债务与收入比率需要降低大约50%，上下浮动约20%。这一过程可能处理得当，也可能处理不当。若处理得当——我称之为"和谐的去杠杆化"，中央政府与央行会同步实施债务重组和货币刺激政策，并保持两者平衡。债务重组虽能减轻债务负担，但会带来通缩压力；而货币刺激通过提供货币与信贷（降低债务购买难度）同样能减轻债务负担，导致通胀效应并刺激经济。若能精准把握平衡，便可在降低债务负担的同时实现正增长，并将通胀控制在可接受的范围内。无论处理得当与否，这都是大债务周期中实质性减轻债务负担的关键阶段，为开启新一轮大债务周期奠定基础。

大债务危机消退阶段

当新的平衡达成，新的周期随之开启。
- **要建立一个稳健的债务／信贷／货币体系，必须满足4个核心条件：（a）债务／货币足够可靠，能作为有效的财富储存手段；（b）债务及偿债负担与收入水平相匹配，确保债务增长可持续；（c）债权人与债务人双方都确信上述条件成立；（d）货币与信贷供应量及实际利率逐步调整至借贷双方所需水平。在大债务周期后期，这些条件会逐步形成，但需要心理预期与基本面双重调整。在经历重大去杠杆化后，由于贬值/债务重组带来的创伤记忆，债权人往往因厌恶风险而惜贷，此时中央政府与央行必须采取重建信用的措施：一方面，中央政府要实现财政收入盈余；另一方面，央行要通过提供高实际收益率、提高准备金率或锚定黄金/强势货币来重塑货币价值。在此阶段，利率通常需显著高于通胀率，并充分补偿货币贬值风险，从而使债权人获得可观收益，同时提高债务人融资成本，这种周期阶段对债权人极具吸引力。

大债务周期所处的阶段也可以通过当前实施的货币政策类型反映出来。随着大债务周期的演进，中央银行必须调整其货币政策运作方式，以维持债务/信贷/经济扩张，因此通过观察央行采用的货币政策类型，我们可以推断大债务周期所处的阶段。**货币政策的各个阶段及其触发条件如下**[4]：

第一阶段：挂钩（硬通货）货币体系（MP0）。这是1945—1971年实行的货币政策类型。当债务泡沫破裂时，这种货币政策就会终结，并出现前文所述的"银行挤兑"动态——从信贷资产向硬通货的挤兑，而硬通货的有限供应量将引发大规模违约。这种情况会催生强烈的货币印刷欲望，使后者不再受限于按承诺价格兑换的黄金或硬通货的实际供应量。

第二阶段：由利率驱动的法定货币体系（MP1）。在这个阶段，利率、银行准备金和资本要求共同控制债务/信贷增长。这种

---

4. 关于这些阶段的解释与我之前出版的作品中的描述略有不同，主要区别在于我增加了对挂钩（硬通货）货币体系的分类，之前我将其与利率驱动的法定货币体系混为一谈。因为我认为区分挂钩货币体系与法定货币体系非常重要，所以在本书中，挂钩（硬通货）货币体系将被称为MP0，而其他货币政策的编号将与我在其他书中的编号保持一致。

法定货币体系具有更大的灵活性，但也降低了对货币发行规模的约束，因此无法充分保证货币发行不会过度，进而导致货币和债务资产贬值。美国在 1971—2008 年处于这个阶段。当出现以下情况——利率调整不再有效（如利率降至零后仍需实行货币宽松政策）；私人市场对新增债务的需求无法匹配供给（若央行停止印钞购债，货币与信贷将被动紧缩，利率将超出理想水平）——时，该阶段即告终结。

第三阶段：债务货币化的法定货币体系（MP2）。这种法定货币体系由中央银行实施，通过创造货币和信贷来购买投资资产。当利率已无法进一步下调，且私人市场对债务资产（主要是债券和抵押贷款，亦可包括股票等其他金融资产）的需求不足以在可接受的利率水平上吸收供应时，这一体系便成为首选方案。此体系虽能推高金融资产价格，使资产持有者获得超额收益，却难以将流动性精准输送给财务最吃紧的群体，政策靶向性不足。美国在 2008—2020 年处于这一阶段。

第四阶段：实施协调型大规模财政赤字与债务货币化政策的法定货币体系（MP3）。在这个阶段，为了使系统良好运转，中央政府财政政策与中央银行货币政策必须协同配合，以便将资金和信贷输送到最需要它们的个人和实体手中。虽然创造货币和信贷通常能暂时缓解债务问题，但并不能从根本上解决问题。

第五阶段：大规模去杠杆化。这一阶段必须通过债务重组和 / 或债务货币化来大幅减少债务和偿债支出。如果以最优方式——我所说的"和谐的去杠杆化"进行管理，那么减轻债务负担的通缩方式（如债务重组）会与减轻债务负担的通胀方式（如债务货币化）实现平衡，这样一来，去杠杆化的过程既不会出现难以承受的通缩，也不会出现难以承受的通胀。需要牢记的大债务周期顺序：首先，私人部门过度借贷，遭受损失，并难以偿还债务（债务危机）；随后，为了救助，政府过度借贷，遭受损失，并难以偿还债务；接着，为了进一步救助，中央银行购买政府债务并承担损失。作为"最后贷款人"，央行为筹措上述购债资金并救助其他面临困境的债务人，不得不大量印钞并大举购入债务。而在最严峻的情形下，央行将因这些持仓债务而遭受巨额资本损失。

- 虽然人们常说现代中央银行通过"印钞"来购买债务，但实际上中央银行的做法并非字面意义上的"印刷货币"。相反，它是从商业银行借入资金（准备金），并支付极短期的利息。在极端情况下，中央银行可能会亏损，因为它所购债务的利息收入低于它借入资金所需支付的利息。当这些金额变得庞大时，中央银行可能会陷入一个自我强化的恶性循环：它不得不购买更多债务，这导致亏损和负现金流，进而迫使它印刷更多货币来偿还债务，并需要购买更多债务，最终导致更大的亏损，周而复始，这就是我之前提到的"死亡螺旋"。当"印钞"规模巨大时，货币会贬值，并引发通胀性衰退或萧条。● **如果利率上升，中央银行持有的债券会亏损，因为它负债的利息支出超过了所购债务资产的利息收入。这种情况虽值得注意，但还不算重大警示，除非中央银行的净资产处于巨额亏损状态，并且其被迫"印钞"来弥补因资产收入少于负债支出而导致的负现金流。这就是我所说的中央银行破产的含义：尽管央行不会对其债务违约，但它无法在不印钞的情况下履行**

偿债义务。
- 最终，通过债务重组与债务货币化，债务规模将逐步降至与收入相匹配的水平，债务周期至此完成其自然演进过程。

第六阶段：回归硬通货。在此阶段，中央政府将采取措施恢复货币及债务／信贷体系的稳健性。这类货币政策实施的前提是，通过债务违约／重组和债务货币化完成债务减记，使债务规模与偿债收入及货币供应量重新匹配。如前所述，此阶段出现在债权人经历债务违约和／或通胀周期冲击之后，因此必须重建市场对债务资产的信心。此时各国通常回归 MP0（挂钩货币体系）或 MP1（由利率驱动的法定货币体系），并通过高实际利率使债权人获益。

- 对曾建立庞大帝国的强国而言，大债务周期的终结往往意味着其鼎盛时代的落幕。

几点总结性观察

● ***重大的债务危机是不可避免的***。纵观历史，只有极少数纪律严明的国家能够避免。其必然性在于：借贷行为永远无法完美匹配偿债所需的收入水平，且往往因人们持续追求更多信贷而恶化——这些信贷终将转化为债务。当债务规模超过可持续阈值时，就必须减轻债务负担，这通常通过债务违约／重组和创造货币信贷来实现，最终引发债务危机。群体心理更强化了这一循环：泡沫期的乐观情绪刺激借贷扩张，崩溃期的悲观情绪导致支出紧缩。尽管这一模式在历史上反复出现，但大多数政策制定者和投资者仍认为当前状况和货币体系将保持不变。

变革似乎不可想象，却总会突然降临。

- *在好年景里积累储蓄是明智之举，这样在困难时期就有储备可供支取。然而，储蓄过多和储蓄过少都是有代价的，没有人能够精确把握其中的平衡。*

- *预测债务危机发生的最佳方式，并非关注单一影响因素或数字，比如债务占 GDP（国内生产总值）的百分比，而是要理解并聚焦于一系列相互关联的动态因素。*我们将在接下来的两章中深入探讨这些内容。

- *如果债务以本国货币计价，那么本国央行能够且必将通过"印钞"来缓解债务危机。*这使得央行相比无法印钞的情况能更好地应对危机，但也必然导致货币贬值。若债务不以央行可印发的货币计价，以该种（无法增发的）债务货币计量的债务违约与通缩萧条就会发生。

- *所有债务危机（即便是重大危机）都能通过政策制定者的债务重组与货币化操作得到妥善应对，关键在于平衡两种减债方式：通缩性减债（债务核销与重组）与通胀性减债（创造货币信贷，并向债务人注资，以减少偿债压力）。核心要义是将偿债压力分摊到更长的时间段。*例如，若债务收入比需下降约 50% 才能恢复可持续性，那么每年削减 3%~4% 的渐进式重组方案，其破坏性远低于一年内骤减约 50% 的激进方案。

- *债务危机既蕴藏重大风险，也孕育巨大机遇。历史证明，它们既能摧毁帝国霸业，也能为深谙其运作规律且掌握应对原则的投资者创造绝佳投资机会。*

如果过于关注债务周期的精确性，或只盯着短期走势，那么你反而会看不清它们的本质。这好比当对比两片雪花时，你只因细微差异就忽略它们本质相同的真相。

这就是核心所在。

在本研究的后续部分，我将深入剖析债务周期的运行机制，通过35个真实案例展示其演变轨迹，分析始于1945年、当前已进入尾声阶段的"大债务周期"，以及包含其他重要周期（如内部和外部秩序的周期）的"整体大周期"如何对照这一模板演进，并简要考察中国和日本的大周期及其他典型案例。日本案例尤其值得关注，因其大债务周期演进更为深入。值得注意的是，其巨额债务与债务货币化已导致日元及日债贬值，自2013年以来，日本国债持有者相较美元债券持有者亏损达45%，相较黄金持有者亏损高达60%。**在最终章节，我将分享如何参照本模板评估美国现状，美国如何降低重大债务危机风险，以及我对未来事件发展基本脉络的判断。**

2
用文字和概念阐释其机制

本章将阐述市场与经济的运作机制，提供若干非常规的概念与原理。这些洞见曾给予我极大帮助，对于专业人士和有志之士也颇具价值，但普通读者或许兴趣寥寥。若你对机制原理缺乏兴趣，建议仅阅读加粗内容；若你仍觉繁复，大可跳过本章直接进入下一章。

万物运转皆有其因，这套机制如同永动机般持续运作。要想理解这部机器，就必须掌握其内在原理，而由于万物互联，这些原理变得异常复杂。得益于人工智能的突破性进展，我们正逼近全面认知的边缘，但眼下仍需以传统方式耕耘：研究者借助现代计算机分析历史规律。这正是我描述这套债务/信贷/货币/经济动态机制的方法，当然，这仅是更宏大的动态体系中的一个重要组成部分。在试图理解和阐释那些改变世界的关键机制时，虽然我自知力有不逮，但仍坚持先深度钻研，再进行概括。[5] 请谨记：这只是一个高度简化的图景。

从最宏观的层面来看，● ***最具关键影响力的 5 个因素可归纳如下：***

- 债务／信贷／货币／经济周期

---

[5]. 例如，我在《原则：应对变化中的世界秩序》中，研究并量化分析了过去 500 年间改变世界的最重要的因果关系，将其归纳为五大力量。

- *内部秩序和混乱周期*
- *外部秩序和混乱周期*
- *自然力量（干旱、洪水、疫情等）*
- *人类的创造力，最重要的是新技术的发明创造*

这些是相互影响的、塑造重大事件的强大力量。我将在第 8 章就此进行详细讨论，如果你想更全面地了解我从经验和研究中得出的结论，而不仅仅局限于本研究的内容，你可以阅读我的书——《原则：应对变化中的世界秩序》。

本研究将聚焦五大力量之首——债务/信贷/货币/经济周期，重点剖析在长期债务周期的晚期，中央政府与央行"破产"阶段的特征。我将首先阐释市场价格形成的底层逻辑，继而解析长期债务周期的运行规律，并在此基础上，还原债务与货币体系达到极限、政府与央行陷入困境的典型演进路径。同时，我们将兼顾考察其余四大力量——这五大力量的相互作用共同构成了观察"整体大周期"不可忽视的完整图景。据我研判，当前，我们正步入由这五大力量交织驱动的剧烈动荡期，世界秩序或将迎来重大重构。本研究旨在帮助决策者透彻把握这些动态机制，从而优化政策选择，以争取最佳结果。

机器如何运作

在我看来，货币和信贷是经济的命脉。它们将养分（购买力）从系统中拥有过多的部分输送到最能有效利用它的部分。中央政府就像大脑，指挥着系统的运作，也吸收并使用一部分货币和信贷（通常占 15%～30%）[6] 来履行其职能（例如提供社会福利、推进国防建设等）。中央银行如同心脏，通过经济系统生成并输送货币与信贷。若交易顺利，且资本获得者能高效利用资金，则资本供给方、使用方及整体经济体系都将繁荣发展；反之，系统将陷入紊乱并遭受创伤。

需要明确的是，将债务动态视为一种周期性、永续运转的机制，其核心运作逻辑在不同的时间和国家之间始终如一，这绝不是否认各国债务周期的时代差异与国别特性。然而相较于那些本应被更充分认知的、具有时空普适性的底层机制与原则，这些差异实属次要。在我看来，认知路径的价值层级是，先透彻把握这套机制的永恒运作规律，再解析差异及其根源，唯有如此方能构建对债务周期因果关系的深层认知。基于此，我将首先阐释这些最核心的机制与原则，并采用宏观简化范式，而非精细建模，来勾勒关键要素。在此框架下，我将系统阐述机制的核心构件、关键参与主体及其协同运作原理。

五大核心组成部分及其运作机制

在我的简化经济机器模型中，经济系统有五大核心组成部分：

- **商品、服务和投资资产**
- **用于购买这些资产的货币**
- **为购买这些资产而发行的信贷**
- **通过信贷交易所形成的债务负债**
- **债务资产（如存款与债券；由于一个人的负债是另一个人的资**

---

[6]. 通常，在发达国家中，所有支出的 35%~55%（如果包括州和地方政府）都来自政府开支。

产，此类资产实为债务负债的对应面）

如果你能理解交易是由这五大核心部分组成的，就能基本理解为何会出现大规模债务与经济周期。接下来，我将逐步解析我对交易的理解，以及其他一些重要的基础机制。

如前所述，**商品、服务和投资资产可以用货币或信贷购买**。

与信贷不同，货币用于结算交易。例如，如果你用现金购买了一辆车，在交易完成后，双方就两清了。历史上，货币的形态因时代和货币种类的不同而发生变化。在漫长的历史时期，货币本质上是兑换特定数量黄金或其他硬资产的一种承诺。自1971年美国脱离金本位制以来，我们进入法定货币体系，货币由央行发行，其本质更接近一种信用形式，因为其承诺的是购买力而非实际硬资产的兑付。但**货币又与信贷不同，因为在当前体系下，货币只能由央行[7]创造，并且其数量完全由央行自主决定**。

与货币不同，信贷会留下持续的支付义务，并且可以由任何有意愿的双方通过协议创造。信贷能凭空创造新的购买力，且未必伴随着货币增发。它使借款者在短期内的支出大于收入，推高所购商品的需求与价格；但从长期看，当这些借款者（现已成为债务人）需要偿债时，其支出将被迫小于收入。这种机制既会抑制未来的需求与价格，也会强化系统的周期性。由于债务本质上是偿付货币的承诺，而央行控制着货币总量，因此央行拥有极大的权力。尽管并非严格对应，但货币存量越多，潜在的信贷与支出规模就越大；货币存量越少，信贷与支出空间就越小。

接下来，我们来看看价格是如何被设定的。

---

7. 比特币是尝试利用区块链技术（一种分布式账本技术）创造私人版本货币的一个例子。

第一部分　大债务周期概述

我对供给、需求及价格形成机制的研究方法，与传统理论存在若干简明却关键的差异，这些差异已被实践证明极具价值。

为阐明我的价格分析框架，我将从理解所有市场与经济体的最基本单元——交易行为入手，逐步推导至价格形成机制，同时我对供需的定义也与传统经济学家有所不同。**在我看来，● *一切市场与经济体本质上都是构成它们的交易行为的集合*，** 而每笔交易不过就是买家将货币（或信贷）支付给卖家，卖家则将商品、服务或金融资产转移给买家的交换过程。● *价格等于买家支付的货币/信贷总额除以卖家在该交易中提供的物品数量，市场则是这些交易的总和*。例如，当买家支付一定金额以换取特定数量的小麦时，便构成一笔小麦交易；而小麦市场正是由所有买卖相同物品的交易者组成的（比如小麦市场就是不同的人在不同时间、出于不同原因进行的不同交易的总和）。正是这些交易决定了价格。**因此，**

● *价格（P）= 购买某物的总支出（TE）/ 总销量（Q）*

或简化为

● *P=TE/Q*

换言之，● *由于任何商品、服务或金融资产的价格都等于买家的总支出（TE）除以卖家的总销量（Q），因此，只要掌握总支出和总销量，便能确定价格及其他所有关键参数。*

这一点是无可争议的，因此，估算价格的最佳方法无疑是估算总支出，并除以总销量。这就是为什么我通过估算这两个数字——总支出和总销量来估算价格。那么，估算这些数字的最佳方法是什么？那

就是理解买家和卖家的动机，尤其是大型买家和卖家的动机。所有买家都有其花费特定金额购买特定数量的理由，而所有卖家也有其出售特定数量以获取特定金额的原因。**图 2-1 展示了我所说的内容。**

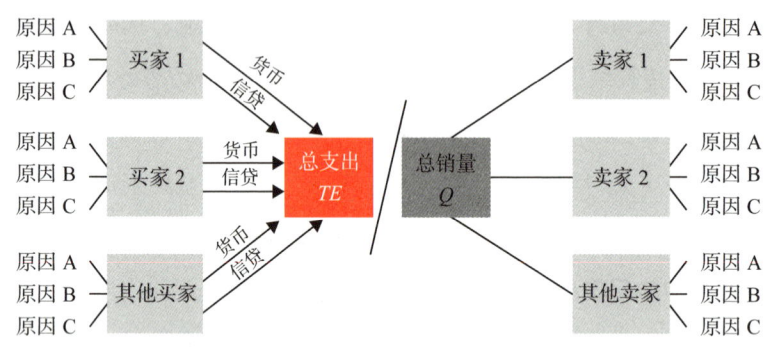

图 2-1 价格 = 总支出 / 总销量

虽然这看起来和听起来可能很复杂，但实际上并非如此。对于每一种产品，买家和卖家都有各自的买卖理由，而且很容易确定主要买家和卖家以及其动机是什么。如果你能搞清楚主要买家的支出动机和主要卖家的销售动机，你就能相当准确地预测其行为，进而预测价格走势。

这种价格决定机制的分析视角与主流经济学大相径庭，且已被证明独具价值。传统方法以数量维度衡量供需（购买量与销售量），而我的方法则关注购买支出而非购买数量。这种差异导致了对价格变动原因的不同解释：传统理论将价格变动归因于需求量和 / 或供给量的变化，此类变化的敏感度被称为价格弹性。传统市场观隐含着一个假设——价格弹性不会随时间改变，且供给变化对价格的影响始终不变。但事实显然并非如此。

若采用我的分析方法，你会发现传统理论存在根本缺陷——它假定供给变化对价格的影响是固定的（弹性不变），这显然违背事实。你将对供需关系和价格形成机制有一个全新的认识。你将看清重要市场

第一部分 大债务周期概述

参与者的行为动机，又能将市场波动与其行动直接关联，从而真正理解价格现状的成因、引起价格变动的因素，以及特定事件下参与者和市场的可能反应。你将洞察某商品的货币支出与交易量增减的原因，以及价格波动背后那些被常规分析忽视的因素。通过聚焦总支出与总销量这两个核心变量并精准测算，你便能做出可靠的价格预判。更重要的是，你将认识到价格变动绝非向某种均衡水平的回归。

若遵循这一分析方法，你会发现：在数据资源丰富、算力强大的今天，我们几乎可以实时观测这套价格决定模型与市场价格的实际联动，这种动态观察令人着迷。早在20世纪70年代，我在测算牲畜、谷物、油籽及油籽副产品价格的时候，便发现了这一方法的普适性。它同样适用于各类资产价格（包括金融资产价格），我始终从中获益。如今，我已将这一方法拓展至整体经济建模，而不仅仅是特定市场分析，不过这已是另一个话题了。

就债务动态而言，这种基于交易的分析方法与传统经济思维的差异可通过典型案例说明：多数人误认为债务危机与萧条的本质是一种心理现象，只要重建信心就能避免危机爆发，其实他们忽视了背后的机械性运作规律。我在2008年美国债务危机和2010—2012年欧洲债务危机前都曾向政策制定者指出这一认知误区，如今历史重演了。在前两次危机中，我向决策者证明：债务购买增速必然放缓，这是因为金融机构（尤其是银行）是通过给资产负债表加杠杆来融资的，而当其逼近监管杠杆上限时，这种购买行为就会减速；与此同时，待售债务供给预计会增加。买卖力量的此消彼长终将引发危机。但在危机真正爆发前，他们始终坚信只需提振市场信心就能维持买家需求，拒绝审视供需测算数据。这种思维模式至今仍大行其道：当下就有政策制定者声称，只要控制未来年度预算赤字，投资者看到新测算数据后就会重拾信心，债券市场便能安然无恙。这种观点过于天真，因为它未能如我所阐述的那样，从债券买卖双方的行为动机出发，精确测算出不同主体的交易规模。

若对前文所述公式/模型稍做推演，我们便会发现：价格变动源于支出速度和/或销售量的变化。例如，当购买率从（X）降至（X-10%）且其他条件不变时，价格将同步下跌10%。因此，● **通过识别不可持续的购买率或销售率，就可预判价格与经济的不可持续状态。此外，我们若能计算出购买/销售水平回归更正常的状态时的数值，便可估算出必要的且可能发生的价格变化。通过这种方法，我既获得了可观收益，也显著降低了风险。**

这种独特的分析方法还能引申出诸多重要启示，帮助我们更准确地把握经济和市场的真实运行规律。具体而言，它揭示了以下关键认知：债务/信贷/货币/市场/经济周期的演变，更多是由货币与信贷创造所驱动的支出主导的，而非销量的波动；同时，大多数商品、服务和投资资产的生产，本质上都是为了满足由资金增长（支出增加）所催生的需求。此外，这个方法还能让人清晰地认识到：

● *当（a）更多货币和信贷被创造出来（从而支出增加），且（b）生产者有能力提高产量时，（c）更多非通胀性增长就有可能实现，因为支出和销量都会增加。*

反之，

● *当（a）更多货币和信贷被创造出来（从而支出增加），但（b）产能有限，导致生产者无法大幅提高产量时，（c）实际增长将停滞，而通胀则会显著攀升。*

第一部分　大债务周期概述

这些原理解释了为何周期的早期（当存在大量过剩产能且中央银行采取刺激政策时）以强劲增长和低通胀为特征，而周期的晚期通常表现为增长疲软和物价大幅上涨。这便是周期性通胀与增长的表现形式。在后文中，我们将更详细地探讨这一过程，并深入分析货币性通胀和通胀性萧条的具体表现。

生产率在这一分析框架中扮演了怎样的角色？如果生产率增长强劲，生产者在货币与信贷扩张时就能提供更多产出，从而让非通胀性增长持续更长时间。 当然，生产率的直接测算往往面临挑战，因为它既可能体现为产品质量升级，也可能表现为边际成本持续下降，直至归零（如照片和电子书的制作成本的演变）。

现在，让我们深入剖析买家支出金额与卖家销售数量背后的决策动因。 为避免陷入个别商品的微观分析，我将从宏观分类切入，提炼出影响各类交易数量的通用规律。

● **人们购买商品和服务是为了使用，购买投资则是为了赚钱（作为财富的储存手段）**。他们在商品和服务上的支出与在投资上的支出之间的比例，取决于**他们想使用的商品和服务的成本相对于他们可支配的货币和信贷的数量，以及购买商品和服务相对于购买金融资产的吸引力**。当然，他们选择购买哪些商品和服务以及哪些金融资产，也有各自的原因。

● **人们选择将货币和信贷用于何处，取决于物品的相对吸引力**。人们持续进行着两个维度的比较决策：（1）不同物品间的替代选择（如股票相对于债券、牛肉相对于鸡肉、货币相对于黄金）；（2）同一物品在不同时间点交付（如大宗商品或货币的即期交割相对于远期交割）。这些决策均基于其风险偏好。这就衍生出了庞大的相对吸引力评估体系与套利机会矩阵。在相对价格形成机制中，套利交易与相对确定性押注才是最具影响力的决策类型，理解这些机制将使你受益匪浅。

● *货币是交易媒介和财富储存手段（以债务资产的形式）。* 换句话说，货币既促进了交易，也促进了投资。

● *投资是用今天的货币和信贷换取未来的货币和信贷。*

● *所有投资市场通过两种方式——收益率和价格变动产生价值。它们共同构成了总回报。因此，对所有投资来说，总回报 = 收益率 + 价格变动。*

● *总体而言，所有投资市场都在它们提供的总回报基础上相互竞争。这是因为：（a）大多数投资者更关心他们获得的总回报，而不是回报是来自收益率还是价格升值*[8]*；（b）投资者有能力根据总回报进行套利。*[9] 为了展示这一机制如何运作，让我们来看看投资债券与投资黄金如何通过比较决定价格关系。由于黄金没有收益，而美国国债的收益率为 $X\%$（如 5%），所以除非预测黄金价格每年上涨超过 $X\%$（如 5%），否则购买黄金是不合逻辑的。换句话说，市场定价使得黄金价格相对于国债价格上涨 5%。投资者会形成关于决定黄金价格变化的观点（例如，一个重要因素是货币和信贷创造量所引发的通胀水平），并且会权衡债券提供的 5% 收益与由货币贬值导致的黄金价格上涨幅度之间

---

8. 虽然从总体上看，所有的投资确实主要在总回报的基础上竞争，但这并不完全正确，因为不同的投资者有不同的目标和考虑。因此，在某些时候，这些不同的目标以及投资供给与需求之间的差异，可能会导致某些投资比其他投资有更具吸引力的回报。然而，由于通过做空风险调整后回报较低的资产来为风险调整后回报较高的资产提供资金可以获利，这些差异往往会缩小到相当小的程度。
9. 我可以通过买入总回报较高的投资、卖出总回报较低的投资来获利。

的相对吸引力。如果他们认为黄金的涨幅将低于 5%，就买入债券并卖出黄金；如果他们认为黄金的涨幅将超过 5%，就采取相反的措施。无论哪种情况，只要他们判断正确，就能获利。除了这种简单的价格分析之外，还有大量的金融工程（如杠杆和对冲）将一种资产转化为另一种资产的等价物，从而进行相对价值押注和套利，这创造了一个完整的市场价格矩阵。

大量的资金通过这种方式进行分配，如果寻找不同选项很容易，那么赚钱也会很简单。但事实上，在市场中赚钱并不容易，因此我们可以推断，市场在估算和为资产定价方面做得相当不错。同时，如果市场是完美的，我和其他在投资中取得成功的人就不可能取得这些成就，因此我们可以认为市场并不是完美无缺的。如果你比其他人更了解市场，你就有机会从中获利。无论如何，我的核心观点是，这一定价机制的分析框架（诸位稍后便会发现）对于理解债务／信贷／货币／经济动态机制至关重要。

● ***投资资产的预期收益率与通胀率的关系（投资的预期实际回报）会影响资金流向哪些资产***。总的来说，投资的通胀调整后回报（"实际回报"）比名义回报更重要，原因有两点：（a）投资的目的是储存财富，因此购买力最为关键；（b）实物资产与金融资产之间的套利及相对价值赌注会推动它们的相对价格。换句话说，人们会将投资金融资产的预期回报与投资实物资产（如房地产、贵金属、大宗商品、艺术品等）的预期回报进行比较。因此，所有投资的回报，尤其是政府债券的回报（因为其收益率固定且以本国货币计价的债券几乎没有违约风险），都会与通胀率进行比较。当债券收益率相对于通胀率较低时，债券会被抛售，而抗通胀资产会被买入，反之亦然。此外，由于央行大规模创造货币与信贷会导致其价值贬损，进而推升商品、服务及多数金融资产的价格，因此当央行实施宽松政策时，投资者往往会增持抗通胀资产。

● **价格由某些决定因素相互关联，理解这些因素才能理解相对定价**。大多数非专业投资者在考虑价格时，通常想到的是今天交付商品的价格，这被称为现货价格。大多数市场中还存在未来某个时间交付的价格，这被称为远期（或期货）价格。人们可以通过套利交易或相对价值押注来确定同一商品在不同交付日期的价格关联。[10] 同理，对金融资产（如短期政府债务和长期政府债务）相对吸引力的分析也遵循这一逻辑（例如，其中的关键因素包括央行预计调整利率的节奏等）。

债务即货币，货币即债务

● **由于债务资产是承诺在未来某一日期收取特定金额的货币的凭证，因此债务和货币本质上是相同的东西。如果你不喜欢某种货币，你必然也不会喜欢其对应的债务资产（如债券）；同样，如果你不喜欢某种债券，那么也必然不会喜欢其对应的货币，尤其是在考虑其相对收益率时。（换句话说，如果你不喜欢其中一个，那么也必然不会喜欢另一个。）** 回想一下前面提到的黄金与债券价格比较过程：相对收益率 + 预期价格变化 = 相对总回报。这一过程决定了债券和黄金的现货及期货价格，同样也适用于评估不同国家货币和债务资产的价值。这种评估会以重要的方式驱动资本流动，而这些流动与当前的债务问题密切相关。

更具体地说，让我们假设一个国家的政府利率（通常被认为是无违

---

10. 以可存储商品为例，远期（或期货）价格相对于现货价格的溢价幅度，绝不会超过其存储成本（包括库存所占压资金的利息支出）。而对于需实际存储的商品（如黄金），其现货价格将由预期未来价格扣除存储成本决定，而非传统认为的期货价格等于现货价格加上存储成本。

约风险,因为中央银行可以通过印钞来支付债务)比另一个国家的低 $X\%$。如果是这样,那么该货币的预期升值率必须达到相同的百分比,否则,人们就可以轻松地通过持有高利率债券来获得几乎无风险的利润。相反,利差预期将被高利率货币相对于低利率货币的贬值抵销。

但如果预期汇率变动无法抵销利率差异呢?举例来说,假如A国的10年期利率比以B国货币计价的债券利率要低(比如低3%),在通常情况下,人们会预期A国货币升值(以弥补更高利率带来的利差)。然而,若A国货币预计会贬值(例如每年2%),这实际上就存在几乎无风险的套利机会。投资者将蜂拥而至,抛售低收益的债务/货币。这将引发以下两种调整中的一种(或两者兼有):

1. 现货汇率将不得不下跌(在此例中的跌幅约为40%[11]);
2. 10年期利率将被迫上调5%,这将导致债券价格下跌40%。[12]

如果这些调整无法实现(如存在资本管制等)——如果利率仍低于3%,而货币每年贬值2%,那么相对于持有B国债券,持有A国债券每年将损失5%,10年累积损失将达到40%。

无论从哪个角度来看,以A国货币计价的债券回报都将非常糟糕。[13] 如果名义债券回报看似不差(债券未贬值且债务负担未以名义价值减少),那么仅仅是因为以下两种情况——(a)债券价格并未因利率上调而下跌(利率未能根据货币贬值幅度提升至合理水平);(b)货币也未

---

11. 以下是数学推导:若某货币预期每年贬值2%,则10年期远期价格应为现价的82%(按2%贬值率复利计算)。此时现货汇率需每年升值3%,才能在10年后达到82%的远期价格水平。具体计算:现货价格 $0.61 \times (1.03)^{10} \approx 0.82$。因此,现货汇率必须从1下跌至0.61(跌幅约40%)。
12. 以下是(相对简单一些的)数学计算:利率变动对债券价格的影响等于收益率的变化乘以久期。10年期政府债券的久期通常为7~8年,具体取决于国家($8 \times 5\% = 40\%$)。
13. 从中央银行的角度来看,货币贬值和通胀可能是有益的,因为它们可以减轻债务负担。这种情况通常发生在名义利率低于名义增长率时,尤其是当名义利率低于通胀率时(实际利率为负时)。

能贬值到足够低的水平（无法提供充分的价格升值空间来弥补利率的不足）——均未发生。在这种情况下，债券的实际糟糕回报将通过第三种形式——(c)债券的年利率加上货币疲软程度，根本不足以抵销通胀的侵蚀效应——显现。[14]

既然我们已经理解了这些主要部分的运作机制，以及交易是如何受参与者的动机影响的，我们就能理解这台机器是如何运作的，以及接下来可能会发生什么。接下来，让我们深入探讨这一点。

主要参与者类型及其市场驱动行为分析

● *驱动货币与债务周期的五大主要参与者类型包括：*

- *借款者－债务人：可以是私人或政府实体*
- *贷款者－债权人：可以是私人或政府实体*
- *在债权人与债务人之间进行货币与信贷交易的中介机构：通常被称为银行*
- *中央政府*
- *由政府控制的中央银行：能够以本国货币创造货币与信贷，并影响货币与信贷的成本*

● *债务/信贷扩张只有在借款者－债务人和贷款者－债权人都愿意借贷时才能实现，因此交易必须对双方都有利。*换言之，由于一个人的债务是另一个人的资产，要使系统运转，借款者-债务人和贷款

---

14. 请记住，不同国家的通货膨胀率差异通常是由它们货币/币值变化率的差异（这主要是由货币和信贷供应量的变化导致的）导致的，而不是由用同一种货币计量时商品买卖价值的变化导致的。

者-债权人必须都愿意进行这些交易。**然而，对一方有利的条件往往对另一方不利**。例如，对借款者-债务人来说，利率不能太高；而贷款者-债权人要获利，利率又不能太低。**如果利率对借款者-债务人过高，他们将不得不削减支出或出售资产来偿债，甚至可能无法偿还，这将导致市场需求和经济下滑。与此同时，如果利率过低以致无法补偿贷款者-债权人，那么他们将停止放贷并抛售债务资产，从而导致利率上升，或迫使央行大量印钞购买债务，以压低利率。这种印钞／购债行为将引发通胀，导致财富和经济活动收缩。**

随着时间的推移，市场环境会在对贷款者-债权人有利和对借款者-债务人有利之间不断转换。对任何参与市场和经济活动的人来说，能够辨别这些环境差异至关重要。这种平衡关系以及两种环境之间的自然摇摆时有发生，有时市场条件使其无法达到良好的平衡，从而引发重大债务、市场和经济风险。在分析这些风险产生的条件之前，我需要先解释其他参与者的动机及其行动方式。

私人部门银行[15]**是贷款者－债权人和借款者-债务人之间的中介，因此其动机和运作方式也至关重要**。数千年来，所有国家的银行本质上都在做同样的事情：向一方借入资金并向另一方放贷，再从利差中赚取利润。正是它们的这种运作方式，催生了债务／信贷／货币周期，尤其是那些不可持续的泡沫和重大的债务危机。**这些泡沫与危机是如何形成的？根源在于银行放贷规模远超其实际持有资金（通过以低于放贷收益的成本反复借入资金来实现这种操作）。当借款者能够高效利用资金并按时偿还贷款，且银行债权人不希望提取超过银行实际储备的资金时，这种模式既能推动社会经济发展，又能为银行创造利润。然而，当出现以下两种情况时，债务危机便会爆发，一是贷款未能足**

---

15. 为简化表述，我使用"银行"一词来泛指所有通过承担金融负债获取更高金融资产回报的金融中介机构。

额偿还,二是银行债权人希望提取的资金规模超出银行的兑付能力。

● **从长远来看,债务的增长速度不能超过用于偿债的收入增长速度,同时利率既不能长时间对借款者-债务人过高,也不能长时间对贷款者-债权人过低**。如果债务持续以超过收入的速度增长,或者利率长时间对借款者-债务人过高或对贷款者-债权人过低,这种失衡就将引发严重的市场和经济危机。因此,密切关注这些比率至关重要。

● **重大债务危机的发生,通常是由于债务资产和债务负债的规模相对于现有货币量和/或现有商品和服务的数量变得过于庞大。**

中央银行直接或间接地创造货币和信贷,这就是"购买力"。购买力决定了商品、服务和投资资产的总支出。无论创造多少货币和信贷,它们都必须流入商品、服务和金融资产(投资)。因此,**创造的货币和信贷总量决定了商品、服务和金融资产的总支出**。因此,商品、服务和金融资产往往会随着货币和信贷的流动而涨跌,就像所有船只都会随着海水的涨落而起伏一样。**货币与信贷的流向及其对应的商品、服务和金融资产的产出规模,主要由数以百万计的市场参与主体的共同抉择所决定。**

中央银行的出现是为了平滑这些周期,尤其是在应对重大债务危机时发挥关键作用。直到不久之前(如在1913年),大多数国家还没有中央银行,当时私人银行中的货币通常是实物黄金或白银,或者是用于兑换黄金和白银的纸质凭证。在这些时期,由于借款者-债务人、贷款者-债权人和银行经历了前面提到的债务/信贷周期,经济出现了繁荣与萧条的循环。**当过量债务资产与负债引发债权人(尤其是针对银行的)挤兑时,这些周期便恶化为重大债务危机与经济萧条。此类挤兑导致的债务/市场/经济崩盘,最终促使各国政府建立中央银行体系,以便在危机出现后向银行等机构提供流动性支持。中央银行还可通过调节利率水平及货币信贷总量改变借贷双方行为,从而缓和周期波动。那么央行的资金是怎么获得的？答案是通过"印钞"（包括实体与数字形式）。当大规模实施时，此举能缓解债务危机，因为这样可向急需资金却求贷无门的对象注入流动性；但代价是削弱货币与债务资产的购买力，并推高通胀水平。

● *中央银行希望将债务、经济增长和通胀控制在可接受的水平。换句话说，其不希望债务和需求增长过快或过慢，以至于不可持续；也不希望通胀过高或过低，以至于造成危害。*为调控这些因素，央行会通过加息和收紧流动性来限制货币供给，或通过降息和放宽流动性来增加货币供给，从而影响追求盈利的债权人与债务人的行为决策。

● *中央政府是政治组织，其管理者由人民选举产生的官员任命，因此其希望满足人民的需求。*在通常情况下，这些操作不需要实际成本，但往往会导致中央政府进一步举债，从而强化了"前期信贷刺激扩张、后期债务抑制紧缩"的循环。若中央政府运作良好，其征税与支出会以提升整体生产力和繁荣为目标；有时举债超出收入，有时则偿还债务。若中央银行运作良好，其能维持信贷、债务与资本市场的相对平衡，从而减少破坏性的大幅波动。然而，如前所述，通过信贷刺激推动经济和市场上行的倾向，会导致债务及偿债支出相对于收入的长期上升趋势，直至其占收入比重过高而难以为继。

● *债务资产和债务负债的规模相对于实际收入越大，平衡利率的难度就越高：利率需要高到足以满足贷款者-债权人，但又不能伤害借款者-债务人，债务引发市场和经济下滑的可能性因此就越大。*

由于借款者-债务人、贷款者-债权人、银行、中央政府和中央银行是这些周期中最重要的参与者和推动者，且它们各自的行为动机显而易见，因此我们很容易预测它们可能会做什么，以及接下来可能会发生什么。当债务增长缓慢、经济疲软且通胀较低时，央行会降低利率并创造更多货币和信贷，这将鼓励更多的借贷与商品、服务及投资资产的支出，从而推动这些市场和经济上行。这种时期对借款者-债务人是有利的，而对贷款者-债权人则不利。当债务增长和经济增长过快且不可持续，通胀高到无法接受时，央行会提高利率并限制货币和信贷，这将鼓励更多储蓄，减少对商品、服务及投资资产的支出。这将导致市场和经济下行，因为此时作为"贷款者-债权人-储蓄者"比作为"借款者-债务人-支出者"更有利。这种动态导致了两个相互关联的周期——一个平均长度约为6年（上下浮动3年）的短期周期，以及一个平均长度约为80年（上下浮动25年）的长期周期，它们围绕一条由人类创造力推动的生产力上升趋势线演变。

接下来，我将简要回顾这些周期是如何发生的。

短期债务周期和长期债务周期

所谓"短期债务周期"，指的是以下循环：（1）经济衰退导致（2）央行提供大量廉价信贷，这创造了大量债务，最初会推动（3）市场和经济繁荣，进而导致（4）泡沫和通胀，随后（5）央行收紧信贷，最终导致（6）市场和经济走弱。这种周期通常持续约6年，上下浮动3年。截至我撰写本书时（2025年3月），美国自1945年以来已完整经历了12个这样的周期，目前第13个周期已经过去了2/3。在每个短期债务周期结束时，债务水平通常都会比前一个周期高，这是因为政策制定者总是试图通过大幅降息来刺激借贷，从而结束经济衰退。

所谓"长期债务周期"，指的是在长时间（连续的短期债务周期）内积累债务资产和债务负债，直到其规模最终变得不可控。这会导致大规模的债务重组和债务货币化，从而引发一段时期的市场和经济动荡。

第一部分　大债务周期概述

● *短期债务周期累积形成长期债务周期，我将其称为大债务周期。*这些周期推动市场和经济围绕一条上升的生活水平趋势线波动，这条趋势线源于人类的创造力及其带来的生产力提升。生产力上升趋势的斜率主要由实践者（如企业家）的创造力驱动，他们获得足够的资源（如资本）并与他人（同事、政府官员、律师等）进行良好的合作，从而推动生产力提升。

在短期内（1～10年），短期债务周期占主导地位。在长期内（10年及以上），长期债务周期和生产力上升趋势线的影响要大得多。从概念上讲，我认为这种动态演变过程如图2-2所示。

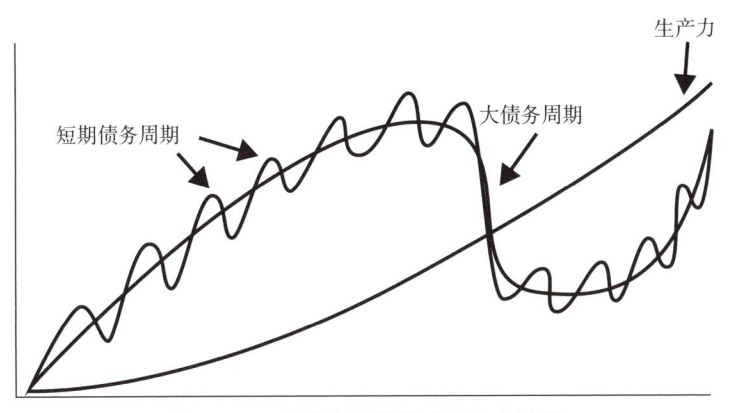

图2-2　不同债务周期的动态演变过程

● *可持续与不可持续债务周期的区别在于，债务是否创造了足够的收入来支付偿债费用。如果收入增长跟不上债务和债务偿还的增长，债务与收入的比率将不可避免地上升，这将需要增加借款来偿还债务和维持支出。*这一周期从债务和债务偿还相对于收入的低水平，逐步上升到不可持续的高水平。● *迈向债务危机的一个明确信号是，大量且不断增加的借款用于偿还债务。*

为何央行无法更有效地调控债务周期，通过控制债务规模来避免其达到危险水平？有以下 4 个原因：

1. 几乎所有人（包括央行官员在内）都希望市场和经济持续上行，因为这能带来收益；同时，他们往往不太担忧偿债会带来痛苦。于是，人们不断突破极限，甚至通过加杠杆来持有长期资产，直到债务负担沉重到难以为继，不得不通过债务重组来降低其相对于收入的比例。
2. 难以确定危险的债务水平，因为未来收入的决定因素并不明确。
3. 不提供产生债务的信贷会带来机会成本和风险。
4. 即便是严重的债务危机，通常也能通过妥善管控，将造成的冲击降低至可承受的水平。

● *产生债务并不总是坏事，即便从经济角度衡量也是如此。债务/信贷增长过缓引发的问题，可能比债务过剩更严重——其代价会以错失发展机遇的形式显现。*原因在于：（1）信贷可以用于创造虽不盈利但能带来重大意义的改进，如果没有信贷，这些项目将被放弃；（2）如果政府控制债务重组过程且债务以央行可以印制的货币计价，债务问题带来的损失就可以分散开来，不至于造成难以承受的后果。然而，若要规避债务危机，债务增长必须同步提升收入，以确保偿债能力。

● *随着时间的推移，从一个周期到另一个周期，债务负债和债务资产几乎总在增加，从而推动长期债务周期的扩张。在几乎所有的情况下，这种扩张会持续到债务负担变得不可持续或债务资产的回报低到无法忍受。*

当债务资产和债务负债相对于收入过高时，央行很难将利率保持在足以满足贷款者-债权人，同时又不会严重伤害借款者-债务人的水平；央行也很难通过货币政策很好地平衡增长和通胀。由于债务资产

第一部分 大债务周期概述

持有者急于抛售，无论通过何种方式，债务回报率终将恶化。这迫使央行官员不得不面临两难抉择：

1. **不通过印钞购买债务（不进行债务货币化）**，并让利率上升到足以抑制信贷需求和经济活动，达到平衡债券买卖的水平。这将使现金变得非常有价值，使股票和硬资产等其他资产贬值，导致通缩、债务违约和重组，并抑制经济活动。这种情况通常首先发生，并且难以承受，从而促使央行开始……
2. **通过印钞购买债务（进行债务货币化），以弥补需求缺口**。这将使资金变得充裕并降低其价值，从而推高通胀，提高股票和硬资产等其他资产的价值，最大限度地减少债务违约，并刺激经济活动。这种情况通常最终会发生。

在大债务周期的这一阶段，债务负债和债务资产需要大幅减少。这是严重的债务危机时期。这些大规模的债务重组和债务货币化通过减少债务负担和消除之前的货币秩序，结束了之前的大债务周期，开启了新的大债务周期和货币秩序。这些变化类似于国内政治秩序和世界秩序的重大变革，就像旧秩序崩溃引发的地震式转变。**政策制定者可以通过以下 4 种方式来减轻债务负担：**

1. **紧缩政策（减少支出）**
2. **债务违约 / 重组**
3. **央行"印钞"并购买资产（或提供担保）**
4. **将资金和信贷从富余者转移到短缺者**

政策制定者通常首先尝试紧缩政策，因为这似乎是显而易见的做法，并且人们自然会希望让那些给自己和他人带来麻烦的人付出代价。然而，这是一个巨大的错误。紧缩政策无法使债务和收入恢复平衡，因为一个人的债务是另一个人的资产。削减债务会减少投资者的资产，使其"变得更穷"。通常一个人的支出就是另一个人的收入，削减支出就意味着削减收入。正因如此，债务与支出的缩减将导致净资产和收入的等量减少，这个过程极其痛苦。此外，随着经济萎缩，政府财政收入往往在支出需求增加的同时减少，进而导致财政赤字扩大。此时政府为维持财政审慎往往会增税，但这同样会适得其反，因为这将进一步挤压民众和企业的生存空间。简言之，**当支出持续超过收入，流动负债超过流动资产时，借贷和抛售债务资产的需求就会产生。**若此时市场需求不足，这就必然催生某种形式的危机（如通缩危机或通胀危机）。

正如前文提到的，政策制定者在不引发重大经济危机的情况下，减轻债务负担的最佳方式是实施我所说的"和谐的去杠杆化"，即政策制定者同时采取以下两种措施：（1）重组债务，将债务偿还分摊到更长时间或部分免除（这是通缩性和抑制性的）；（2）让央行印钞并购买债务（这是通胀性和刺激性的）。如果这两种措施平衡得当，就可以分散并减轻债务负担，同时产生名义经济增长（通胀加实际增长），使其超过名义利率，从而使债务负担相对于收入下降。

如果处理得当，债务支付的紧缩和抑制效应与央行印钞及购买债务的刺激和通胀效应之间，就会达到一种平衡。在我研究的国家中，大多数以本国货币计价的大规模债务危机都能迅速得到重组，通常在1~3年内完成。这些重组期既是高风险期，也是充满机遇的时期。如果你想更深入地了解这些时期和过程，就可以在《债务危机》一书中阅读更详细的内容。

第一部分　大债务周期概述

大债务周期：风险认知与应对之道亟须深化

如前所述，由于以债务重组和货币贬值为表现形式的重大债务危机（标志着大周期的终结）大约一生只会发生一次，人们对它们的认识远不如对短期债务周期的认识那般透彻。换言之，终结长期债务周期的机制与短期债务周期截然不同，因此尽管长期债务周期终结的影响更为深远，多数人却对其一无所知，甚至毫不担忧。这种认知缺失极其危险，就像明知食用高脂食物会导致胆固醇在动脉中堆积，却自我安慰"暂时未见异常"，实则这一行为正在持续推高心脏病发作的概率。

让我们记住什么是健康的债务模式：（1）私人部门贷款机构提供信贷，换取对其和债权人都有利的债务，因为资金用途能产生盈利；（2）政府借款应投向能提高生产率的领域（如投资基础设施、教育等），这些投资可通过税收偿还；或者当经济需要刺激时，政府有时可以让借入和支出超过收入，待经济走强时再偿还。同样要记住什么是不健康的债务模式：（1）央行长期通过印钞购债来弥补债务需求不足；（2）中央政府长期保持巨额赤字，导致债务和偿债支出增速超过偿债所需的收入增速（对政府而言就是税收增速）。

总之，我需要重申：

- *商品、服务和投资资产可通过货币与信贷完成生产、购买和销售。*

- *中央银行具备货币创造能力，并可自主决定信贷投放规模。*

- *借款者-债务人最终需要充足的资金和足够低的利率，方能维持*

借贷与偿债能力。

- 贷款者-债权人要求足够高的利率与足够低的违约率，以确保放贷收益。

- 随着债务资产与负债规模相对于收入持续扩大，这种平衡操作将变得困难，最终不得不通过去杠杆化缩减债务规模。

- 最理想的去杠杆化过程——被我称为"和谐的去杠杆化"——通过中央政府和中央银行的操作来实现，前提是债务是以本国货币计价的。如果债务以外币计价，那么去杠杆化过程将变得相当艰难。我将在后文中详细解释这些内容。

- 就长期而言，生产力水平以及健康的损益表（收入大于支出）与资产负债表（资产多于负债），是衡量财务稳健的核心指标。

- 若能准确判断各国所处的债务/信贷周期阶段，以及主要参与者的行为模式，你就能更好地驾驭这些周期波动。

- 过去皆是序幕。

重要启示：

- 债务危机无可避免。纵观历史，只有极少数纪律严明的国家成功避免了债务危机。这是因为信贷活动从来都不是完美运作的，而且由于经济周期会影响人们的心理，导致泡沫形成和破裂，信贷质量往往很差。

- 对于绝大多数债务危机，即便是重大债务危机，当经济决策者能够有效分散其负面影响时，其也都能得到妥善应对。

- 所有债务危机都为投资者提供了投资机会，前提是他们了解这些债务危机的运作方式，并具备良好的原则来妥善应对。

- 不可避免地，在大债务周期接近尾声时，由于债务规模庞大，中央银行很难将实际利率维持在既能满足贷款者–债权人的要求，又不会让借款者–债务人感到过高的水平，因此其试图在两种选择之间找到平衡。在通常情况下，在这一时期，紧缩货币导致的经济收缩和宽松货币引发的通货膨胀都会发生，唯一的问题在于它们出现的顺序。无论如何，在这种时候，持有过度负债政府的债务或货币都是一项糟糕的投资。

- 中央银行必须做出抉择：要么保持货币的"硬性"，这会导致债务人无法偿还债务，进而引发通缩性萧条；要么通过大量印钞使货币"软化"，这会导致货币和债务同时贬值。由于用硬通货偿还债务会引发严重的市场和经济衰退，面对这一抉择时，中央银行最终总是会选择印钞并使货币贬值。具体案例研究可参见《债务危机》第二部分。当然，每个国家的中央银行只能印制本国的货币，这引出了我的下一个重要观点。

- 若债务以本国货币计价，该国中央银行能够且必将通过"印钞"来缓解债务危机。相比无法印钞的情况，这种做法能更好地管

控危机，但当然也会导致货币贬值。

四大力量与债务周期的双向动态影响

要想成为成功的全球宏观投资者，仅关注市场本身是远远不够的，还必须关注影响市场的深层力量。

迄今为止，我主要讨论了债务周期，因为这是本研究的主题。但现实中多种因素的相互作用决定着市场走向，若我忽视这些因素，就难以胜任投资工作。我在《原则：应对变化中的世界秩序》一书中详细探讨过18个衡量重大驱动力的指标，其中5个决定因素几乎能解释一切变化：（1）债务/信贷/货币/市场/经济周期，（2）内部秩序和混乱周期，（3）外部秩序和混乱周期，（4）自然力量（干旱、洪水、疫情等），以及（5）人类的创造力，尤其是提升生产力的新技术的发明创造。这些力量相互交织，共同推动形势演变。 其往往形成双向强化的循环：金融危机时期会加剧内部冲突风险，而内部冲突时期又会让经济状况恶化；同样，国内金融困境与政治冲突不仅会削弱所在国的实力，若具有全球性影响，还将增加国际冲突的可能性。正是这些力量的交互作用，造就了国家内部及国家间的兴衰周期、和平与战争的循环，最终引发国内秩序与世界格局的重大变革。

通过监测前述18个指标（特别是5个决定因素），我们可以轻松识别这些盛衰周期。 例如，大国及其货币的衰落往往表现为：（1）债务持续攀升伴随着货币体系不断弱化（后者本应约束信贷债务扩张，却沦为刺激经济的手段）；（2）教育质量、基础设施、法治水平、社会文明度及政府效能等关键指标相对于其他世界强国的全面下降。

第 8 章将详细解析这些大周期力量的相互作用机制。不过在展开论述前,我将先用数字和方程深入阐释大债务周期的运行规律,力求以通俗易懂的方式呈现其本质特征。

3
用数字和方程阐释其机制

本章将深入探讨债务的运作机制，包括一些简单的等式，这些等式有助于计算与债务的局限性相关的可能情况。我相信对专业人士和有志成为专业人士的人来说，这些内容会很有价值，但可能超出其他人的兴趣范围。我建议你先浏览一下，抓住重要概念，然后决定是深入阅读还是跳过这部分内容。

在第2章中，我用文字描述了中央政府和中央银行通常如何陷入财务困境，而在本章中，我将展示可用于预测这些财务困境的数字和方程，也包括一些公式化的例子，来阐明高额债务负担是如何重重累积并引发问题的。

首先，我来展示债务可持续性的关键驱动因素以及这些因素如何相互作用。在此之前，我想解释一下什么是"不可持续"的债务负担。这很简单：●**当流入的资金少于流出的资金时，就存在"不可持续"的债务负担，原因可能是（a）储蓄额减少，和/或（b）借款额增加，直到储蓄耗尽或无法再借款，这时就会发生债务违约。**让我们将这种资金流动比作血液流动，而将损益表和资产负债表视为显示这种流动的报告。健康的情况是，收入等于或大于支出，且债务的增长速度不超过收入的增长速度。这并不是说债务增长一定是件坏事。如果债务增加，而借款带来的收入的增长速度快于债务利息的增长速度，那么这将导致流入的资金多于流出的资金，这是健康的。当债务增长速度超过收入时，我们可以将其比作动脉中斑块的积累，因为它减少了可用于支出或储蓄的收入流（原因是债务利息的增加会减少可用于支出的收入）。**如果资金流动受到过多限制，违约就会发生，这相当于经济上的心脏病发作**。利率非常重要，因为其极大地影响了需要支付的金额，也影响了贷款者-债权人持有和购买债务资产的意愿。当债务利息相对于收入和储蓄变得庞大时，资金紧张的情况就会出现，这时债务问题就会发生。

我们可以通过以下方式来衡量债务负担，并且我们知道，当它们变得高企和/或迅速上升时，违约和/或贬值的风险也会增加。**虽然我通过关注约35个指标来评估债务风险，但最重要的4个指标如下：**

1. **债务相对于收入的比例**。当债务相对于收入的比例越来越大时，在其他条件不变的情况下，债务人每年将面临更高的利息和展期支付，这将逐渐挤压本可用于其他支出的资金。债务相对于收入过高会带来两个问题：（1）存在更大的风险，债权人可能不会再为现有的大量债务提供展期；（2）在其他条件不变的情况下，偿债支出占收入的比例会更高，从而减少可用于支出的资金。这引出了我的下一个衡量标准。

2. **偿债支出相对于收入的比例**。偿债支出是指债务人每年必须支付的利息和本金金额，以确保不违约。当偿债支出总额相对于收入的比例越来越高时，投资者会由此预期未来出现信贷问题，并选择不再提供更多贷款和/或出售他们已持有的债务资产，从而导致信贷问题的出现。为了帮助估测债务和偿债支出将如何累积，我考察了相对于收入增长率的利率水平。

3. **名义利率相对于（a）通胀率和（b）名义增长率（通胀率加实际增长率）的比例**。我关注它们的原因有两点：

a. 它们显示了债务水平和债务偿还相对于收入水平而言，可能会如何增长。例如，如果某人的债务占收入的100%，名义利率为5%，名义增长率为3%，假设其支出等于收入，那么明年其债务将占收入的约102%。[16]

b. 它们向我展示了信贷条件对贷款者和借款者的相对吸引力。如果名义利率相对于名义增长率和通胀率较高，那么这表明条件对贷款者相对有利，对借款者不利，从而鼓励放贷并抑制借贷/支出（这也反映出那些无法通过印钞来偿债的高负债债务人的债务问题会蕴含更高的风险）。如果情况相反，那么信贷条件对贷款者不利，对借款者有利，从而鼓励借贷并抑制放贷。

4. **债务和偿债支出相对于储蓄（如储备）的比例**。如果上述所有指标都显得在财务上不健康，但一方拥有大量可以动用和消耗的储蓄，那么违约的风险就不会很高，因为可以通过动用储蓄（如储备）来承担债务和开支。

● *不可避免地，这4个指标——（1）债务相对于收入的比例，（2）偿债支出相对于收入的比例，（3）名义利率相对于通胀率（实际利率）和名义增长率的比例，以及（4）债务和偿债支出相对于储蓄的比例——都会趋向一个均衡的水平。如果你长期观察这些比例，就会发现它们可以达到极端水平，然后以某种方式回归到更为正常的水平。如果你理解驱动这些变化的因果关系，就能掌握如何应对这些变化以及如何更好地管理它们。最重要的是，如果你理解了痛苦的去杠杆化过程，就会明白其既可以被处理得很好（不那么痛苦），也可以被处理*

---

16. 如果收入金额大于扣除利息支付后的支出金额，这种情况就被称为基本盈余；如果收入金额小于扣除利息支付后的支出金额，这种情况就被称为基本赤字。

得很糟（极度痛苦）。

并不是只有这 4 个指标至关重要。在第 4 章中，我将展示涉及范围更广的指标，以及它们在大债务周期中如何演变；而在第 17 章中，我将揭示这些指标对当今美国的启示意义。然而，上述 4 个指标是最需要关注的。它们为我们提供了宝贵的信息，帮助我们判断债务挤压的可能性及发生时的严重程度。不过，这些指标无法确切地告诉我们债务问题何时会出现，因为不同的条件以及人们的不同反应，会导致出售债务资产和其他引发危机的行动所用的前置时间各不相同。尽管如此，我们仍可以衡量风险水平，因为 ● ***那些债务水平极高、赤字巨大、储蓄率低以及利率极高且快速上升的国家，出现债务违约或债务贬值危机的风险极高。***

我将通过几个公式化的例子，来说明高额债务负担会如何累积并引发问题。

用数字来衡量债务负担

下文展示了这些指标之间的数学关系。这些指标只是对一个实体能承受多大债务规模的常识性限制，既可以用等式来表示，也可以用文字来描述。为了更好地理解它们，你可以将它们与你自己面临的债务限制联系起来。我将解释这些规则，其包含一些有用的经验法则。接下来，我将通过例子详细说明这些关系。这些关系不仅可以帮助一个人识别债务问题，还可以帮助政策制定者了解如何解决问题，并帮助市场参与者更好地寻找自我定位。如果先看例子再回到数学公式的部分对你更有帮助，那么请随时跳过数学公式这部分，稍后再回来。

1. 未来债务相对于未来收入的比例。估算公式如下：

$$\frac{未来债务}{未来收入} = \frac{(不包括利息的未来支出 - 未来收入) + 当前债务 \times (1 + 利率)}{当前收入 \times (1 + 增长率)}$$

用文字表述：未来债务相对于未来收入的比例是以下 3 个因素的函数：（1）支出与收入的差额（支出多于或少于收入），（2）现有债务的"复利效应"，以及（3）收入的增长。当支出相对于收入增长时，人们被迫借入更多资金来填补支出缺口，这增加了新的借款（第一个分子项）。随着利率上升，现有债务的增长速度加快（第二个分子项）。随着收入增长，收入相对于债务的比例上升，因此债务与收入的比例下降（分母项）。[17]

请注意，我关注的是债务与收入之比，而非债务与 GDP 之比。这是因为，除非被实际利用，否则 GDP 对政府或者任何实体的财务状况来说并不重要，因为真正关键的是其实际现金流。

债务收入比是一个很好的风险指标，因为在其他条件不变的情况下，债务收入比越高，债务的风险和负担就越大。例如，债务越多，债务无法展期的风险就越大，央行也越难将利率保持在既能满足借款者-债务人的需求，又不会伤害贷款者-债权人的足够低的水平上。你可能已经注意到，除了债务收入比的水平外，利率、收入增长率和基

---

[17]. 这种关系通常还可以用以下公式来表示，其中 g 代表收入增长率，i 代表利率，t 代表时间或指代年份：

$$\frac{债务}{收入}_t - \frac{债务}{收入}_{t-1} = (i_t - g_t)\frac{债务}{收入}_{t-1} + (\frac{基本赤字}{收入}_t)$$

由此得出的一个推论是，要使债务相对于收入保持恒定，基本赤字占收入的比例必须等于收入增长率与利率之差乘以当前债务与收入的比率。

$$\frac{基本赤字}{收入} = (g - i)\frac{债务}{收入}$$

本赤字（支出减去利息收入比）对债务负担的演变也至关重要。

我们还可以配置这个公式，以找到让债务收入比保持不变的解法。在本章末尾，我们将展示几个不同的例子来说明这一点。

2. 未来偿债支出相对于未来收入的比例。 估算公式如下：

$$\frac{未来偿债支出}{未来收入} = \frac{（未来利息支出 + 未来本金支付）}{当前收入 \times (1 + 增长率)}$$

$$未来利息支出 = 未来债务水平 \times 债务平均有效利率$$

$$未来本金支付 = 未来债务水平 \times 到期债务的比例$$

用文字表述：未来偿债支出相对于未来收入的比例，取决于未来利息支出和未来本金支付，以及收入的增长程度。在其他条件相同的情况下，如果收入大幅增长，偿债支出相对于收入的比例就会下降。

未来利息支出取决于债务规模和债务的平均利率。当利率急剧上升时，债务人的利息支出通常不会立即增加，因为长期债券的利率在发行时就已锁定。随着债券"滚动"，即债券到期并以新利率发行，债券的利率将逐步升高，利息支出也会随之增加。

未来本金支付是指每年到期必须偿还的债务金额，通常通过发行新债来偿还到期的旧债。估算未来本金支付的一个简便方法是计算现有债务的平均期限，即债务在偿还前的剩余时间。当债务人面临压力时，债权人通常不愿提供较长期限的贷款，因此我们经常看到，随着债权人压力增大，债务期限会缩短，这意味着在相同的债务规模下，未来本金支付会增加。

3. 名义利率相对于（a）通胀率和（b）名义增长率（通胀率加实际增长率）的比例： 名义利率相对于名义增长率的预期水平，反映了债务和偿债支出可能的增减趋势。下面我们列出使债务规模和利息偿付相对于收入保持稳定所需的利率公式。注意，这是基于第一个公式，

第一部分 大债务周期概述

但通过重新配置推导出了使债务相对于收入保持稳定所需的利率。

$$\text{保持债务稳定所需的利率} = \text{收入增长率} - \frac{(\text{不包括利息的未来支出} - \text{未来收入})}{\text{初始债务水平}}$$

用文字说明：如果基本赤字为零（不包括利息的当前支出＝当前收入），那么当利率等于收入增长率时，债务将保持稳定。如果基本赤字是当前债务规模的5%，那么利率需要比收入增长率低5个百分点。

这里很直观的部分是，如果利率等于收入增长率，那么债务的复利增长速度将与收入增长速度相同。如果政府还在借债，债务的复利增长就需要慢于收入增长，因此利率需要低于收入增长率。

随着利率相对于收入增长率的上升，债务相对于收入将会增加，因为现有债务的复合增长速度将快于收入的增长；债务偿还成本将增长得更快，因为债务水平和利率都在上升；利息成本是这两者的乘积。同样，随着利率下降，债务水平的增长速度将放缓，债务偿还成本的增长速度将会更慢。（例如，日本在过去20年的情况就是这样。我将在第16章中更详细地展示这一点。）

你可能已经看出，就像可以计算出保持债务稳定所需的利率一样，你也可以计算出所需的赤字或盈余、所需的收入增长率等。如果你翻到本章末尾，我会向你展示这些数字在当前美国的具体表现。

4. 债务和偿债支出相对于储蓄（如储备）的比例： 正如我们可以估算相对于收入的债务负担，也可以估算相对于储蓄的债务负担，只需简单地关注储蓄的水平和变化，而不是收入的水平和变化。估算

公式如下：[18]

$$\frac{未来债务}{未来储蓄} = \frac{(不包括利息的当前支出 - 当前收入) + 当前债务 \times (1+ 利率)}{当前储蓄 + 预期储蓄}$$

$$\frac{未来偿债支出}{未来储蓄} = \frac{(未来利息支出 + 未来本金支付)}{当前储蓄 + 预期储蓄}$$

这些公式与本小节前两个公式非常相似，所以我不会用文字详细解释。区别在于我们现在考察的是债务和偿债支出相对于储蓄的比率。如果一个主体的债务较多但储蓄很充足，债务负担可能就不那么令人担忧，因为可以用储蓄来支付债务的利息并偿还部分债务。储蓄创造了一个缓冲。

如果一个国家持续出现赤字，且预期盈余为负，那么你可以看到债务和债务的利息相对于储蓄会快速增长，这会造成更令人担忧的局面。

几条经验法则有助于理解这些公式的实际影响：

● *当名义利率等于名义增长率，且政府没有基本赤字（收入 = 不包括利息的支出）时，债务相对于收入将保持不变。但如果利率高于增长率，那么现有债务的负担就会增加。*

这可能是我们计算中的最重要的变量。举例来说，一个可能出现的糟糕情况是名义利率比名义增长率高出 2%。即使没有基本赤字，这

---

18. 这个公式是不精确的，因为政府既可以利用盈余来积累储备或储蓄，也可以偿还现有债务。这会通过支出低于收入的方式体现出来。根据政府的选择，盈余可能表现为未来债务的减少，或者未来储蓄的增加。无论通过哪种方式，比率都会得到改善，但效果会略有不同。

也会导致债务收入比在 20 年内增加约 50%，从而引发更多借贷和债务。这意味着如果起初债务是收入的 50%，那么其将增至 75%；但如果起初债务是收入的 400%，那么其将增至 600%。

● *偿债支出的负担就像动脉中积累的斑块，会挤走经济所需的养分。*

● *高负债水平最主要的影响是让债务人变得脆弱，因为其可能难以继续进行债务滚动。*

这些数学关系可以很好地帮我们估计现有水平的债务滚动将引发多少偿债挤压。然而，它们并没有显示出当债务资产的持有者想出售他们持有的债务时的动态。在接下来的例子中，我将解释这些内容。

示例 1：债务相对于收入（水平与变化）

随着**初始债务水平的增加，以及赤字（借款）的增加，未来的债务水平、债务偿还成本和利息支出都会增加。接下来的表格展示了一系列可能的结果**。相比于常被引用的债务 GDP 比，政府的债务收入比对其偿债支出的状况更具参考意义。这是因为**对任何债务人（包括中央政府）来说，最关键的是支出（这里是指偿债支出）相对于收入的比例，这才是造成债务挤压的根源**，GDP 规模与此只有部分关联。[19] 这两个指标都只是经济承受债务负担的能力的粗略指标。

---

19. GDP 可以作为经济规模的一个指标，政府可以对其征税，以偿还债务。

作为参考，在未来 10 年，美国政府的不包括利息的支出预计平均约为收入的 112%，因此基本赤字（支出与收入之差）约为收入的 12%。[20] 美国每年还借入其收入的约 20% 来支付现有债务的利息。

截至撰写本文时，美国政府的债务与收入（主要是税收）的比率约为 580%。如果我们假设利率等于增长率，但使用美国实际预测的基本赤字（不包括利息的支出与收入之间 12% 的实际差距），那么预计未来 10 年美国政府的债务收入比将上升约 120%，从 580% 升至 700%。这也会导致利息支出和债务偿还负担的相应增加。

表 3-1 显示了不同初始债务水平和赤字情况下 10 年后的债务水平。表 3-2 显示了相对于初始债务水平的变化。我们可以看出，随着初始债务水平的上升和赤字的扩大，最终的预期债务水平也会升高。

表 3-1　10 年后的债务收入比

政府基本赤字（占收入的百分比）

初始债务收入比	0%	5%	10%	15%	20%	25%	30%
0%	0%	50%	100%	150%	200%	250%	300%
100%	100%	150%	200%	250%	300%	350%	400%
200%	200%	250%	300%	350%	400%	450%	500%
300%	300%	350%	400%	450%	500%	550%	600%
400%	400%	450%	500%	550%	600%	650%	700%
500%	500%	550%	600%	650%	700%	750%	800%
600%	600%	650%	700%	750%	800%	850%	900%
700%	700%	750%	800%	850%	900%	950%	1 000%

☐ = 美国今天的轨迹

注：假设名义利率 = 名义增长率。

---

20. 在整个研究中，我尽可能使用 CBO（国会预算办公室）的预测作为基线估计。这些预测基于现行法律，因此假设到期的财政措施（特朗普减税政策）将按照现行法律的规定而终止。如果这些减税政策的实施期限被延长，CBO 估计它们将每年额外增加相当于 GDP 的 1.5% 或收入的 8% 的支出，与 CBO 的基线预测相比，这将使财政轨迹显著恶化。

表 3-2　债务在 10 年内的变化（占收入的百分比）

政府基本赤字（占收入的百分比）

初始债务收入比	0%	5%	10%	15%	20%	25%	30%
0%	0%	50%	100%	150%	200%	250%	300%
100%	0%	50%	100%	150%	200%	250%	300%
200%	0%	50%	100%	150%	200%	250%	300%
300%	0%	50%	100%	150%	200%	250%	300%
400%	0%	50%	100%	150%	200%	250%	300%
500%	0%	50%	100%	150%	200%	250%	300%
600%	0%	50%	100%	150%	200%	250%	300%
700%	0%	50%	100%	150%	200%	250%	300%

注：假设名义利率 = 名义增长率。

在查看这些数字时，我们可以参考一下目前美国、日本、中国、法国、德国和英国的相关数据（见表3-3）：

表 3-3　各国中央政府的债务水平及赤字和收入状况

国家	中央政府债务水平 占GDP的百分比	中央政府债务水平 占收入的百分比	中央政府赤字 占GDP的百分比	中央政府赤字 占收入的百分比	中央政府收入 占GDP的百分比
美国	100%	583%	6%	37%	17%
日本	215%	1 376%	4%	26%	16%
中国	90%	321%	5%	16%	28%
法国	86%	478%	6%	31%	18%
德国	44%	340%	2%	17%	13%
英国	92%	256%	6%	16%	36%

示例 2：名义利率与名义增长率之差对债务收入比的影响

当利率高于增长率时，由于债务的复利增长快于收入的增长，现有债务相对于收入会不断增加。

接下来的表格展示了它的工作机制。之前，我展示了在不同的初始债务水平和赤字下，债务是如何增长的。这次，我们假设初始赤字为收入的32%（采用CBO对未来10年基本赤字的预测）。[21] 横行仍然是不同的初始债务水平，竖列则显示名义利率与名义增长率的差值。CBO预计未来10年的有效利率平均为3.45%，美国的名义增长率为3.9%。差值约为–0.4%，因此美国的情况将处于表格中红框标注的区域。

表3-4显示了基于这些假设的10年后的债务收入比，表3-5显示了未来10年内债务收入比的变化。**随着利率超过增长率的幅度加大，债务水平提高更快。同时，随着债务水平的提高，高利率的影响会更快恶化。**

表3-4　10年后的债务收入比

名义利率–名义增长率

初始债务收入比	–3%	–2%	–1%	0%	1%	2%	3%
0%	106%	110%	115%	120%	125%	131%	137%
100%	180%	192%	206%	250%	235%	252%	270%
200%	255%	275%	296%	350%	345%	373%	403%
300%	329%	357%	387%	420%	455%	494%	536%
400%	404%	439%	478%	520%	566%	615%	669%
500%	479%	522%	569%	620%	676%	736%	801%
600%	553%	604%	660%	720%	786%	857%	934%
700%	628%	686%	750%	820%	896%	978%	1 067%

☐ = 美国今天的轨迹

注：假设基本赤字保持在12%（CBO对未来10年的预测）。

---

21. 如前所述，CBO的预测基于现行法律，因此假设到期的财政措施（特朗普减税政策）将按照现行法律的规定而终止。如果这些减税政策的实施期限被延长，CBO估计它们将每年额外增加相当于GDP的1.5%或政府收入的8%的支出。

表3-5 债务在10年内的变化（占收入的百分比）

名义利率-名义增长率

初始债务收入比	–3%	–2%	–1%	0%	1%	2%	3%
0%	106%	110%	115%	**120%**	125%	131%	137%
100%	80%	92%	106%	**120%**	135%	152%	170%
200%	55%	75%	96%	**120%**	145%	173%	203%
300%	29%	57%	87%	**120%**	155%	194%	236%
400%	4%	39%	78%	**120%**	166%	215%	269%
500%	–21%	22%	69%	**120%**	176%	236%	301%
600%	–47%	4%	60%	**120%**	186%	257%	334%
700%	–72%	–14%	50%	**120%**	196%	278%	367%

注：假设基本赤字保持在12%（CBO对未来10年的预测）。

根据前面的预测，以当前的债务和赤字水平，美国的债务水平将从收入的580%上升到700%。如果我再考虑相对于名义增长率的预期利率的因素，那么预计美国的债务水平将上升到收入的650%。这样，你就能理解大致的情况。

由于预期利率只略低于名义增长率，这个调整对美国债务的前景影响不大。但你可以看出，如果中央银行想帮助中央政府将其债务负担维持在更可控的状态，就可以通过购买政府债券让利率在名义增长率之下进一步压低，这样在其他条件不变的情况下，债务负担的增长会大幅减缓。

当然，这对持有债务资产的贷款者-债权人不利，因为其获得的名义利率和实际利率都会低于原来的水平。我猜测你开始理解这种动态机制是如何运作的，以及过去是如何运作的。

例如，为什么中央银行通过印钞和购买政府债务创造了如此低的名义利率（接近零）和负的实际利率，以及如果当前路径不变，未来最可能发生什么。更具体地说，如果债务增长保持预期水平，那么中央银行将不得不进一步降低实际利率，这将使债务资产对贷款者-债权人的吸引力下降。

一个经济体中存在着许多相互关联的驱动因素，它们彼此依赖并共同变化。这就像是一个魔方，转动魔方的一个部分，即前面表格中显示的某一个驱动因素，会导致其他部分也随之变化。理解这些驱动因素如何相互关联并预测可能出现的情景，变得相当复杂。为了说明这一点，我创建了一个简单的模型，用以模拟未来10年的一种可能情景。

示例3：利率螺旋式上升以吸引债务资产买家

这个例子中的政府的情况与当前美国政府的类似。假设名义收入每年增长3.9%，利率为3.5%，初始债务为政府收入的580%。在这个例子中，我们假设政府支出比收入多32%，包括利息开支。

由于这个政府的基本赤字为12%（不包括利息支付），它在第一年的收入为5.4万亿美元，支出为6万亿美元。它必须支付1万亿美元的利息，因为初始债务为政府收入的580%，利率约为3.5%。假设约35%现有债务将在今年到期（这大约是美国政府每年到期的债务比例），并需要滚动，那么今年将有10.5万亿美元的现有债务到期并需要偿还。

总的来说，这个政府在第一年需要出售12.2万亿美元的债务。如果公众不愿意购买这些债务，或者反而要以当前利率出售债务，那么会发生什么？

市场必须出清以达到供需平衡，这意味着利率将上升，直到有人愿意购买这些债券。但随着利率上升，政府的借款成本将变得更加昂贵，这意味着问题将变得更加严重，将引发更大的债券抛售意愿，这将进一步推高利率。**利率螺旋式上升导致信用风险恶化，进而减少了**

第一部分　大债务周期概述

对其债务的需求，这会进一步推高利率。这是一个经典的债务"死亡螺旋"。在表3-6中，你可以看到它是如何运作的。在这个例子中，我假设利率每年上升0.5%，而名义增长率保持不变。

如果利率保持不变，政府在第10年末的债务就将达到收入的650%，利息支出达到收入的22%。而在这个例子中，利率螺旋式上升，因此相对于收入，我们最终得到的债务为865%，利息支出为67%，总债务偿还（包括本金支付）为342%。**当然，如果利率上升是因为债务不可持续，那么随着债务上升和变得更加不可持续，利率只会进一步上升**。与此同时，高利率可能会限制收入增长，加大债务可持续性的挑战。当然，最坏的情况是，政府必须额外出售大量债务资产（例如，在经济衰退中为战争或社会福利提供资金），这将导致利率大幅上升。

政府可以通过减少债务负担来防止利率螺旋式上升。我在前文中概述了这一点，并在《债务危机》一书中做了更详细的阐述。我在此重申一下，政府有4种方式可以减少债务负担：

- **紧缩政策**（减少支出），但这种方式无效，因为一个人的支出就是另一个人的收入，所以紧缩政策会导致自我强化的、通缩性的经济收缩。
- **债务违约/重组**，这会减少债务负担，但也会造成通缩，因为一个人的债务就是另一个人的资产。
- **中央银行印钞并购买债务**，这种方式通过提供货币来偿还债务，从而减轻债务负担，但会造成通货膨胀。
- **通过税收将拥有货币的私人市场参与者的货币和信贷转移给政府，然后政府再转移给其他私人市场参与者**。

当我研究历史上的私人债务问题时，通常看到这些措施被混合使

表 3-6 简化模型：利率螺旋式上升

利率每年上升 50 个基点

		0	1	2	3	4	5	6	7	8	9	10
收入增长率		3.9%										
不包括利息的支出（占收入的百分比）		112%										
初始债务		30.1										
初始利率		3.5%										
每年到期债务占比		35%										
年		0	1	2	3	4	5	6	7	8	9	10
政府												
名义收入（美元，万亿）		5.2	5.4	5.6	5.8	6.0	6.3	6.5	6.8	7.0	7.3	7.6
名义支出（美元，万亿）		—	6.0	6.2	6.5	6.7	7.0	7.3	7.6	7.9	8.2	8.5
债务偿还		—	11.7	12.6	13.6	14.8	16.0	17.5	19.2	21.1	23.4	25.9
本金		—	10.5	11.2	11.9	12.8	13.7	14.8	16.0	17.4	19.0	20.8
利息		—	1.2	1.4	1.7	2.0	2.3	2.7	3.2	3.7	4.3	5.1
名义政府利率		—	4.0%	4.5%	5.0%	5.5%	6.0%	6.5%	7.0%	7.5%	8.0%	8.5%
借款		—	12.4	13.3	14.3	15.5	16.8	18.3	20.0	22.0	24.2	26.8
期末债务水平		30.1	31.9	34.0	36.4	39.2	42.2	45.8	49.8	54.3	59.5	65.5
可持续性比例指标												
债务收入比		583%	595%	611%	629%	651%	676%	704%	737%	775%	817%	865%
债务偿还与收入比		217%	226%	235%	245%	257%	270%	285%	301%	320%	342%	
利息与收入比		22%	26%	29%	33%	37%	42%	47%	53%	60%	67%	

用，但在债务压力巨大时，政府明显偏向于印钞和购买债务（即债务货币化）。我也观察到了围绕着增税的争议，左右派之间经常产生重大冲突。这些事情的发生都是符合逻辑的。

当中央政府受到挤压时，这事关重大，因为中央政府通常是经济中最大的组成部分，也是唯一承担大量非营利性社会支出的部门，而这在经济状况不佳时尤其重要。政府如果在提供支出和财政支持方面行动迟缓，就很可能会导致更大的经济衰退，进而加重债务负担（因为收入增长幅度和净资产都会减少），并可能导致社会动荡。因此，在这种时期，过度负债的政府通过削减支出来应对债务问题会造成自我伤害性的痛苦。那么问题来了：政府从哪里获得资金？

● *让中央银行印钞并购买债券，是政府解决债务问题和维持支出最简单的途径。这能将利率压低到可承受水平并向经济系统注入资金。虽然这对经济系统的长期健康来说并非最佳选择，但当债务以本币计价时，政府几乎必然会选择这条路。*

让我们看一个例子来理解这是如何运作的。

示例4：中央银行介入，因为可接受的经济增长率需要利率维持在一个水平上，而私人投资者不愿持有足够的政府债券

到目前为止，我们分析了初始债务收入比、增长率、利率以及政府债务的期限如何影响未来的债务负担。此外，如前所述，对债务的需求非常重要，而中央银行可以且通常会通过印钞购买（货币化）债务。让我们看看这最后一个环节是如何运作的。

影响私人市场对政府债务的需求的因素有很多。如前所述，这些因素包括：债券相对于其他资产的预期实际回报，系统中的货币和信贷总量，对债务/货币危机的风险预期，等等。

虽然这些因素是可衡量的，但它们比之前描述的决定因素更难预测。然而，我们可以通过两种主要形式观察它们：（a）在经济和货币疲软时利率上升（由于供需失衡恶化）或（b）中央银行通过消耗储备和/或印钞并创造债务来购买政府债务，试图通过增加需求来降低实际利率和名义利率，从而消除供需失衡。在下一章中，你将看到这种情况通常是如何发生的，以及向债务/货币危机过渡的信号。

在我们继续之前，我想向你展示中央银行如何介入并吸收过剩的债务供应，以将利率和流动性维持在理想水平上。让我们从之前的例子开始，稍做修改。假设在第一年，政府有10.5万亿美元的债务到期，并发行12.2万亿美元的新债务，以替换到期的债券、支付利息并覆盖支出。

与其让利率螺旋式上升以产生足够的债务资产需求，不如让我们假设中央银行介入并购买所有超额发行的债券，使私人部门持有的债务不超过政府收入的600%，并且利率保持在3.5%。在这个例子中，中央银行第二年将不得不购买0.1万亿美元的债务资产。在随后的几年中，购买量将越来越大。

从机制上讲，为了购买这些债务资产，即让政府债务货币化，中央银行印钞（通过创造新的储备/现金）并将这些钱交给私人市场参与者，以换取债券。这会增加货币供应量（M0[①]）。在这个例子中，假设初始货币供应量为5.7万亿美元，即政府初始收入的110%——这大约是美国目前的水平。**在我们的例子中，随着中央银行印钞以弥补政府赤字，货币供应量将大幅膨胀（具体见表3-7）。**

---

① 在本书中，达利欧对M0有不同的阐释。——编者注

第一部分 大债务周期概述

表 3-7 央行介入

央行购买债券

收入增长率	3.9%
不包括利息的支出（占收入的百分比）	112%
初始债务	30.1
初始利率	3.5%
每年到期债务占比	35%

年	0	1	2	3	4	5	6	7	8	9	10
政府											
名义收入（美元，万亿）	5.2	5.4	5.6	5.8	6.0	6.3	6.5	6.8	7.0	7.3	7.6
名义支出（美元，万亿）	—	6.0	6.2	6.5	6.7	7.0	7.3	7.6	7.9	8.2	8.5
债务偿还	—	11.6	12.2	12.9	13.6	14.4	15.2	16.0	16.9	17.8	18.7
本金	—	10.5	11.1	11.7	12.4	13.1	13.8	14.6	15.3	16.2	17.0
利息	—	1.0	1.1	1.2	1.2	1.3	1.4	1.4	1.5	1.6	1.7
借款	—	12.2	12.9	13.6	14.4	15.1	16.0	16.8	17.7	18.7	19.6
期末债务水平	30.1	31.8	33.6	35.4	37.4	39.4	41.6	43.8	46.2	48.7	51.3
债券持有量与货币存量											
央行债券购买量	—	—	0.1	0.6	0.6	0.6	0.7	0.7	0.8	0.8	0.9
央行债券持有量	—	—	0.1	0.7	1.3	1.9	2.6	3.3	4.1	5.0	5.9
货币存量（M0）	5.7	5.9	6.0	6.8	7.2	7.8	8.5	9.2	10.0	10.9	11.8
私人部门持有债券量	30.1	31.8	33.4	34.8	36.1	37.5	39.0	40.5	42.1	43.7	45.4
可持续性比例指标											
债务收入比	583%	593%	602%	612%	621%	631%	640%	650%	659%	668%	677%
债务偿还与收入比	216%	219%	223%	227%	230%	234%	237%	241%	244%	247%
利息与收入比	19.5%	19.9%	20.2%	20.5%	20.8%	21.1%	21.4%	21.8%	22.1%	22.4%

这是一个粗略的例子，但你可以看到实体经济中这种情况的大致轮廓。随着经济需要越来越低的利率来维持债务负担的可控性，私人部门对这些低利率债务的需求越来越少，这就需要中央银行介入。中央银行介入得越多，就越会被迫增加货币供应量，从而让货币贬值并降低持有债务的吸引力。

这是因为**在其他条件不变的情况下，中央银行创造货币和信贷会降低货币价值，从而加剧了通胀和货币疲软**。

这种关系并不精确，取决于印出来的钱如何在经济体中被传导。降低利率和增加货币供应量会降低货币的吸引力，从而使持有以该货币计价的债务变得不具吸引力。

在接下来的表格中，我将让你了解印钞的规模及其对货币的影响。

表 3-8 的横行代表政府不同的初始债务收入比，竖列代表私人市场参与者在当前利率下愿意购买的债券数量。**当政府的债务问题日益严重，以及私人部门愿意持有的债务减少时，货币存量就会增加得更多**。红框反映了之前描述的情景，即中央银行购买了 6 万亿美元的债券，使货币存量从 5.7 万亿美元增加到 11.8 万亿美元。

表 3-8　货币存量（M0）在 10 年内的变化（占收入的百分比）

私人部门最大的债务持有量（占收入的百分比）

初始债务收入比	700%	600%	500%	400%	300%	200%	100%
0%	—	—	—	—	—	—	10%
100%	—	—	—	—	—	6%	79%
200%	—	—	—	—	6%	75%	175%
300%	—	—	—	2%	71%	171%	271%
400%	—	—	—	67%	167%	267%	367%
500%	—	—	63%	163%	263%	363%	463%
600%	—	59%	159%	259%	359%	459%	559%
700%	55%	155%	255%	355%	455%	555%	655%

☐ = 当前示例所对应的范围

注：假设基本赤字 = 12%；初始基础货币量 = 110% 的收入。

第一部分　大债务周期概述

●购买债券并增加货币供应具有刺激经济的作用，同时会给货币带来贬值压力。

从机制上讲，压低利率通常会导致货币贬值。为什么？以下是其运作机制：

- 在通常意义上，且在其他条件不变的情况下，降低利率并不会改变投资者对货币长期价值的预期。10年期远期汇率的波动幅度相对较小。
- 如果你因利率下降而获得更少的利息，那么新的交易条件就变差了。
- 要使新的交易变得公平，现货货币就必须贬值。这样，你可以通过货币升值（当货币达到10年期远期价值时）来弥补利息的损失。

我的下一个观点对一些人来说可能太专业了，但对另一些人来说会很有帮助，所以你可以按需选择是否跳过这些技术探讨。从机制上讲，压低利率会推高远期汇率。例如，一个国家的10年期无风险债券收益率相对于另一个国家的10年期无风险债券收益率的上升，会推高10年期远期汇率。因此，如果投资者认为10年后的货币价值保持不变，即期汇率就不得不贬值，以抵销10年期利率差异的现值，从而使10年期远期汇率保持平稳。更准确地说，正如第2章所解释的，两国主权利率的差异将被远期汇率溢价抵销。例如，如果A国的利率比B国高2%，那么A国的远期汇率将比B国每年折价2%，因此如果A国的利率从该水平降低1%且远期汇率保持不变，货币将相应贬值。

此外，印出来的货币可能直接流出该币种，对货币造成抛售压力。也就是说，当中央银行购买债券并向其他市场参与者提供现金时，其可能会用这些现金购买其他货币，而不是持有它或在本国经济体内购买资产/消费。

表3-9展示了这种机制可能产生的一系列结果。竖列再次反映了私人投资者不同的借贷意愿（越向右移动，私人投资者越不愿意把钱借给政府）。横行反映了货币对货币供应量的敏感度。当市场认为一种货币作为价值储存手段越来越差时，我们预计该货币对货币供应量的敏感度会增加，因为其他市场参与者会更不愿意持有它。假设印出相当于GDP的1%的货币会导致约1%的货币贬值，那么在上述例子中，我们预计会出现约10%的货币贬值。**随着货币对货币供应量（M0）的敏感度增加，以及私人部门越来越不愿意借贷，我们预计会看到货币持续走弱。**

表3-9 汇率在10年内的预期变化

私人部门最大的债务持有量（占收入的百分比）

基础货币（M0）增发相当于GDP的1%所导致的预期汇率变动	700%	600%	500%	400%	300%	200%	100%
0.0%	0%	0%	0%	0%	0%	0%	0%
0.5%	0%	−5%	−13%	−21%	−28%	−34%	−40%
1.0%	0%	−10%	−25%	−38%	−49%	−58%	−65%
1.5%	0%	−15%	−35%	−52%	−64%	−73%	−81%
2.0%	0%	−19%	−44%	−62%	−75%	−84%	−89%

☐ = 当前示例所对应的范围

注：假设基本赤字 = 12%；初始基础货币量 = 110%的收入；初始债务收入比为5.8。

怎样的利率水平，才能使一个国家的债务负担变得可承受？

在这些例子中，我们探讨了债务如何因复利效应而变得不可持续。同时，我也想向你们展示一些数字，说明债务能够以可持续的方式被管理。

在那些负债累累且赤字高企的国家，债务及其偿债成本将成为一个重大问题，而它们随时间增长的幅度将取决于利率与收入增长及通胀的相对关系，正如我的计算所示。

中央银行可以通过将名义利率压低至名义增长率以下，来防止偿债成本相对于通胀和收入的上升，甚至使其下降。我所指的是这些因素对中央政府和中央银行财务状况的影响。当然，它们也会让经济的各个部分产生连锁反应，但让我们暂且略过这一点。

基于此，我们可以审视一个政府的债务水平和预计赤字，并计算出什么样的利率才能实现相对于收入的任何特定的债务水平和偿债支出，如保持债务负担不变，使其下降，等等。

如果由我来为美联储制定政策，那么我会首先审视当前的赤字和债务水平以及它们未来的可能走向，并据此设定一个利率，以确保随着时间的推移，债务负担不会变得过于沉重。举例来说，我很可能会关注并确定一个能够让偿债支出不变的利率水平。这一考量将直接影响我制定的利率政策。

我还想知道，为了不让美联储在资产负债表上遭受巨大损失，利率需要维持在何种水平。

让我们来审视这些因素，并看看它们在过去是如何发挥作用的。

确定未来债务负担的公式

提醒一下，下面的公式展示了未来债务水平和偿债支出相对于收入的驱动因素。这在本章的开头有更详细的解释。

$$\frac{未来债务}{未来收入} = \frac{（不包括利息的未来支出 - 未来收入）+ 当前债务 \times (1+利率)}{当前收入 \times (1+增长率)}$$

在表 3-10 中，我使用这个公式来估算当前美国需要什么样的利率来稳定债务负担相对于收入的比率。我还展示了其他可用的手段必须如何变化才能稳定债务负担。你可以看到，为了稳定政府债务负担，美国或者需要将名义利率降至约 1%，或者需要让名义增长率平均达到约 6.5%（比 CBO 预测的 3.9% 的名义增长率高出约 2.5% 的通胀率），或者需要让政府收入（税收）增加 11%。当然，这些路径中的任何一条都是难以容忍的，因此需要这些措施适当组合，以成功实现目标。在第 18 章"我的'3% 三部分'解决方案"中，我将展示我认为的最佳组合，用以限制债务负担和风险，并且是以一种非常可容忍的方式。

表 3-10　美国如何在未来 10 年稳定债务收入比

中央政府当前债务（占 GDP 的百分比）	100%
中央政府当前债务（占收入的百分比）	583%
2035 年债务预测（占 GDP 的百分比，CBO）	118%
2035 年债务预测（占收入的百分比，CBO）	648%
名义增长率预测（CBO）	3.9%
实际增长率预测	1.9%
通胀率预测	2.0%
有效名义利率预测（CBO）	3.5%
当前利率（3 个月与 10 年期平均值）	4.5%
如果降低利率是唯一的杠杆……	
稳定债务所需利率	1.0%
利率变化幅度（相较于当前利率）	-3.5%
利率变化幅度（相较于 CBO 的预测平均利率）	-2.5%
如果提升通胀率是唯一的杠杆……	
稳定债务所需通胀率	4.5%
通胀率所需变化幅度（相较于当前预测的通胀率）	2.5%
如果削减开支是唯一的杠杆……	
稳定债务所需削减的开支	12%
可自由支配支出	47%
如果提高税收收入是唯一的杠杆……	
稳定债务所需增加的税收收入	11%

第二部分

导致中央政府和中央银行破产的典型演进路径

历史上，导致中央政府和中央银行破产的基本事件序列反复发生，但人们对此理解不足。第二部分的目的是描述它，以便它被充分理解。其中，我提供了一个典型案例的模板，并解释了两种主要案例的最重要原因：（1）债务以该国央行可以印刷的货币计价；（2）债务以央行无法印刷的货币计价。然后，我在第8章中重点阐述了构成我所谓的"大周期"的五大力量——正是这些力量驱动着货币体系、国内政治秩序和国际地缘政治秩序的所有重大变革。在厘清这一框架后，第三部分将系统梳理自1865年至今的这个大周期，如何与这一永恒且普适的典型模板相互映照。

4
典型演进路径

基于在市场中的亲身经历，以及对过去 100 年间 35 次中央政府和/或中央银行破产的重大债务危机的深入研究，我对大债务周期的演变机制已形成清晰认识。下文将呈现这一典型过程，深入剖析从危机酝酿到中央政府和中央银行破产后各阶段的内在机理。本章内容对政策制定者和投资者极具参考价值，提供了应对此类危机的标准框架，但对普通读者来说可能过于艰深。我建议你先阅读加粗内容，再决定是深入研读还是跳过这一章。

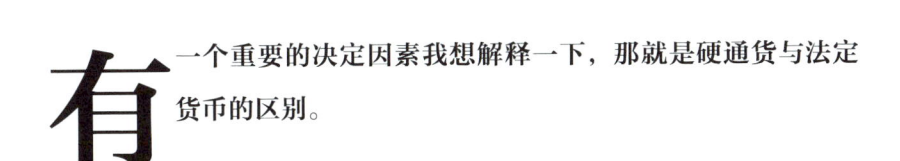

有一个重要的决定因素我想解释一下，那就是硬通货与法定货币的区别。

硬通货与法定货币的区别

我接下来分析的案例可分为两大类型——硬通货型债务与法定货币型债务，其运行机制存在关键差异，需要明确区分。简言之，硬通货型债务的核心特征在于，**政府承诺兑付其无法印制的货币**（例如，黄金、白银或其他被市场视为硬通货的币种，如美元）。历史经验表明，当政府无法通过获取这些不可印制的硬通货来偿债时，几乎总会

背弃兑付承诺，导致该货币及其计价债务的价值在违约瞬间暴跌。

在政府不再使用硬通货后，就转向了所谓的法定货币体系。在这种体系下，货币价值基于信任和央行提供的激励措施。 大多数货币从硬通货向法定货币的转变都始于1971年8月15日。我对此记忆犹新，因为当时我正在纽约证券交易所工作，这一变化让我感到惊讶；后来我在研究历史时发现，同样的事情在1933年4月也发生过，我也因此了解了它们的运作方式。

在法定货币体系中，中央银行主要通过利率、债务货币化的能力以及货币紧缩程度来激励贷款者-债权人发放贷款并持有债务资产。 纵观历史，采用硬通货制度的政府与央行同样会制造过量债务（人们认可的能兑换货币并用于购买商品的债权凭证），因而同样会触发债务/信贷的典型动态机制——政府纵容私人部门创造远超其偿还能力的债务，继而通过印钞减轻偿债压力，导致货币贬值与物价上涨。但与硬通货案例不同的是，在法定货币体系下，这种贬值不会像政府违背纸币兑换硬通货的承诺时那样瞬间爆发，而是渐进式演变。

例如，日本央行的政策就清晰地体现了这一点：积极地将大量债务货币化，并维持极低的实际利率和名义利率，这导致其货币和以该货币计价的债务贬值。自2013年初以来，日本政府债券持有人相对于黄金损失了60%，相对于美元债务损失了45%，国内购买力损失了6%（平均通胀率为1%）。日元是法定货币，贬值是逐渐发生而非突然发生的，但发生的根本原因与硬通货案例相同——需要货币化的债务过多。

在下一章的图中，你将看到3条曲线：蓝线代表全部案例的平均值，红线代表固定汇率案例的平均值，绿线则代表法定/浮动汇率案例的平均值。为简化说明，我将仅通过总量指标线来阐释这一动态机制。

需要说明的是，历史上的大债务周期往往伴随着货币制度在硬通货与法定货币之间的循环往复。这两种体系各自引发的极端后果必然催生反向变革：硬通货体系会因政府无法在货币约束条件下维持债务增长而崩溃，并伴随着货币大幅贬值；而法定货币体系则会因债务／货币丧失财富储存功能而瓦解。

导致最终危机的 9 个阶段

我在引言中概述了典型的大债务周期。现在我将重点关注大债务周期的最后时期，即中央政府和央行都破产的阶段。这一时期通常会经历 9 个阶段。虽然以下内容展示的是典型模式，但在具体发生的事件和时间上存在很大变化，且不一定严格按照我描述的顺序发展。因此，以下内容可被视为诱发危机的病态因素及经典危机的应对步骤。这些病态因素积累越多，中央政府与央行"心脏病发作"（破产）的风险就越大。具体而言，导致国家破产的原因众多，如长期超额支出与债务累积，耗资巨大的战争、干旱、洪水、疫情等冲击，或上述因素的组合，等等。无论具体诱因如何，本清单所列项目均可构成风险指标。病态因素越多，爆发债务／货币危机的概率就越高。**以下便是大债务周期末期典型的病态因素演进序列：**

1. **私人部门和政府深陷债务泥潭。**
2. **私人部门遭遇债务危机，中央政府因帮助私人部门而陷入更深的债务泥潭。**
3. **中央政府遭遇债务挤压，自由市场的债务需求无法匹配供给。** 这造成了债务问题。此时要么出现（a）货币和财政政策的转变，使货币和信贷的供需重新平衡；要么出现（b）债务的自我强化净抛售，引发严重的债务清算危机，并在危机结束后降低债务规模和债务偿还水平相对于收入的比率。债务的大规模净抛售是重要的红色警报。

4. **政府债务的抛售会让（a）自由市场驱动的货币和信贷紧缩，进而导致（b）经济疲软、（c）货币承压以及（d）外汇储备下降。由于这种紧缩对经济伤害太大，央行通常会放松信贷并经历货币贬值。**这个阶段在市场行为中很容易观察到：利率上升，长期（债券）利率的上升速度快于短期利率，同时货币走弱。

5. **债务危机爆发且利率无法进一步降低时（例如，利率为零或长期利率限制了短期利率的下降），央行会"印钞"（创造货币）并购买债券，试图压低长期利率并放松信贷，使债务偿还更容易。**它并不是真的印钱。在这个过程中，央行本质上是从商业银行借入储备，并支付极短期利率，如果债务抛售和利率上升持续，这会给央行造成问题。

6. **如果抛售继续且利率持续上升，央行就会亏损，因为它必须让为负债支付的利率高于从购买的债务资产中获得的利率。当这种情况发生时，这是值得注意的，但不是重大警报，除非央行出现显著负净值并被迫印更多钱来弥补其因资产收入少于债务支出而出现的负现金流。出现上述情况之所以是一个重要的红色警报，是因为其预示着央行的死亡螺旋（利率上升导致的问题使债权人不愿持有债务资产，这又导致更高的利率或需要印更多钱，进而导致货币贬值，引发更多债务资产和货币的抛售，如此循环）。**这就是我所说的央行破产。我称之为"破产"是因为央行已丧失正常偿债能力，尽管它可以通过印钞避免债务违约，但大规模印钞会导致货币贬值并引发通胀性衰退萧条。

7. **债务重组和贬值。**当以最优方式管理时，财政和货币政策的制定者就能实现我所说的"和谐的去杠杆化"——让通缩性降低

债务负担的方式（如债务重组）与通胀性降低债务负担的方式（如债务货币化）相互平衡，使去杠杆化过程既不会造成难以接受的通缩，也不会导致难以接受的通胀。

8. **在这种时期，通常会实施特别征税和资本管制等非常规政策。**
9. **去杠杆化过程必然会减轻债务负担并实现重返均衡。无论采取何种方式，债务和债务偿还水平最终都会与可用于偿债的收入重新匹配。** 在多数情况下，通胀性萧条会导致债务在周期末期贬值。此时政府通过资产抛售增加储备；央行通过将货币与硬通货或硬资产（如黄金）挂钩，加之中央政府和私人部门财务回归可持续水平，实现从快速贬值的货币向相对稳定的货币的严格过渡。此阶段的初期必须通过大幅提高持有该货币及其计价债券的收益，并严惩债务违约行为，来重新建立货币与信贷的信用，具体表现为奖励债权人、惩罚债务人。此阶段将实施极其紧缩的货币政策和极高的实际利率，虽然短期内会造成阵痛，但非常有必要。若其能持续实施，货币、信贷、债务、支出及储蓄的供需关系终将回归平衡。具体实现路径主要取决于两个关键因素：一是债务是否以央行可创造的货币计价，二是债权、债务双方是否主要为国内主体。这两个关键因素将决定中央政府与央行在此过程中的调控灵活度。若满足这两个条件，调整过程将较为平缓；反之则必然更加痛苦。此外，该货币是不是广泛使用的储备货币也至关重要——储备货币地位能带来更高的边际购买倾向，人们会更愿意持有该货币及以其计价的债务。但需要指出的是，历史经验表明，政府往往滥用发债特权，最终导致特权丧失，其衰落也将更为突然和痛苦。

在接下来的几章中，我将通过图表向你展示这一切是如何发生的。

5
私人部门与中央政府债务危机
（第1~4阶段）

在第4章中，我已概述了各类危机中普遍存在的典型演进路径。本章将更为详尽地阐述9个阶段中的前4个阶段，通过历史案例展示我所观察到的具体标志性特征与动态机制。对投资专业人士、政策制定者等关注债务危机爆发及演变过程中的典型序列、时间节点和其他具体细节的读者而言，这些内容可能极具参考价值；但对普通读者来说或许过于专业。鉴于第二部分多数章节均属此类，若你认可本章内容，建议通读这部分的所有章节；若不感兴趣，则可直接跳转至第8章。

在下文中，我将展示典型债务危机的动态。**图中的蓝线代表全部案例的平均值，红线代表固定汇率案例的平均值，绿线代表法定/浮动汇率案例的平均值**。你会发现，相较于法定货币体系（其调整过程更为渐进），在固定汇率案例中（其危机往往先加剧后爆发），这些事件的时间节点与特征表现都更为清晰。这是因为在固定汇率案例中，压力会持续累积，直至出现明显断裂；而在浮动汇率案例中，这些变化往往呈现更为渐进的演变过程。

第1阶段：私人部门和政府深陷债务泥潭

我们可通过以下典型方式观察到这一现象：

- 在危机爆发前的几年，政府往往因长期赤字支出而积累了**大量的且还在增长的债务**。在通常情况下，**用于消费/社会保障的支出比例持续上升，而提升生产率的投资占比不断下降**，这导致债务增长与收入增长严重脱节。这些国家通常对庞大的社会保障体系形成深度依赖，以致削减福利成为政治禁忌（如当今的巴西或美国）。
- **政府债务水平通常远超其税收偿付能力，偿债支出占财政收入的比重也持续高企**，这开始挤占其他必要支出项目的资金（见图5-1）。为填补缺口，政府不得不发行超出私人部门认购意愿的债务，从而推高利率（进一步加重偿债负担）。需特别注意浮动汇率与固定汇率货币体系在重大违约/贬值事件后的演变差异：固定汇率货币体系下的债务重组往往更为剧烈且彻底，这为后续的急剧反弹奠定了基础；而在法定货币/浮动汇率体系下，央行持续印钞的行为维持甚至加速了政府支出，债务呈现渐进式增长。请注意，接下来的图的横轴数值代表危机峰值前后的月数。[22]

---

22. 了更清晰地展示政府资产负债表在经济周期上升和下降阶段的变化，这些图排除了近期仍在演变的少数案例（如美国、欧洲、英国以及金融危机后的日本）。

第二部分 导致中央政府和中央银行破产的典型演进路径

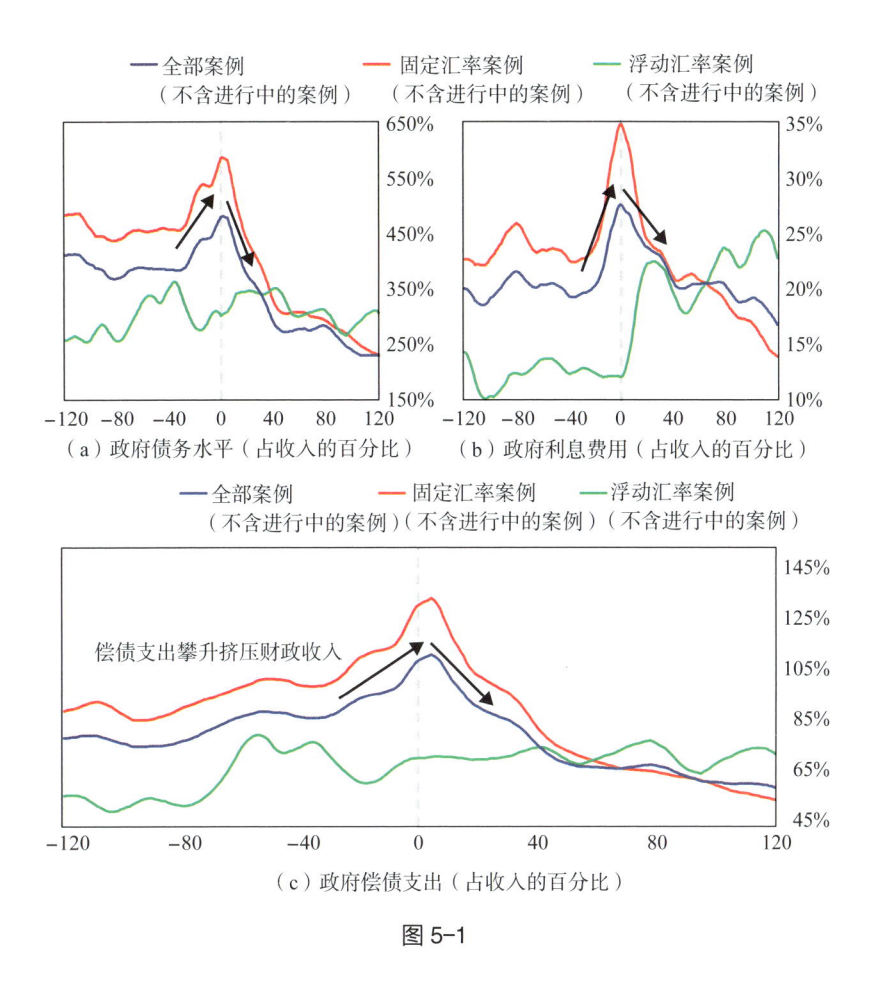

— 全部案例　　　　— 固定汇率案例　　　　— 浮动汇率案例
（不含进行中的案例）（不含进行中的案例）（不含进行中的案例）

（a）政府债务水平（占收入的百分比）　　（b）政府利息费用（占收入的百分比）

— 全部案例　　　　— 固定汇率案例　　　　— 浮动汇率案例
（不含进行中的案例）（不含进行中的案例）（不含进行中的案例）

偿债支出攀升挤压财政收入

（c）政府偿债支出（占收入的百分比）

图 5-1

- 图 5-2 展示了贬值前数年间的典型政府借款规模（包括总额及扣除利息支付后的净借款）。在我研究的 35 个案例中，有 31 例在危机爆发前均存在**大量的、持续性的财政赤字**。

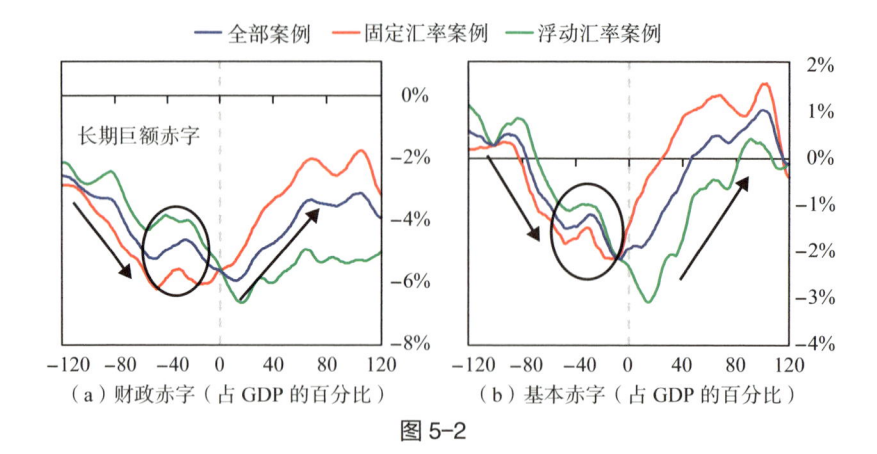

(a) 财政赤字（占 GDP 的百分比）　　（b) 基本赤字（占 GDP 的百分比）

图 5-2

- 值得注意的是，从表面上看，公共部门的资产负债表有时似乎问题不大。这有两种原因：**一是私人部门的大规模举债需要公共部门的支持（见图 5-3），二是政府为银行等"大而不能倒"的机构提供隐性担保**。这些问题本质上就是公共部门的资产负债表问题。

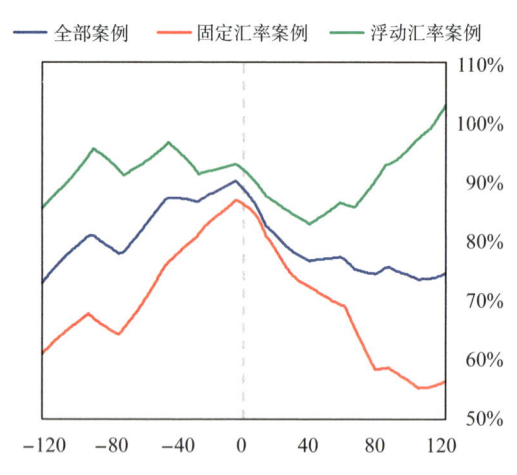

图 5-3　非金融私人部门债务水平（占 GDP 的百分比）

- **债务的累积需要通过大量外国贷款来进行融资**。这种贷款可以是借入该国货币（会增加货币贬值的风险）或储备货币（会增

第二部分 导致中央政府和中央银行破产的典型演进路径

加违约的风险)。这加剧了该国在外国资本撤资时的脆弱性。话虽如此，经常账户赤字并不一定意味着问题。它反映的是资本流入该国，这可能是该国资本市场具有吸引力的体现。不过，当需要通过快速发行大量债务和货币来应对危机，从而损害该国资本市场的吸引力时，外国投资者抛售该国货币和债务的可能性就成为一个额外的脆弱性来源。如图 5-4 所示，持续扩大的经常账户和双赤字通常会在危机爆发前数年出现。当危机出现时，其往往会表现为货币大幅贬值和债务融资需求（包括进口需求）收缩，这种效应会减少这些赤字。

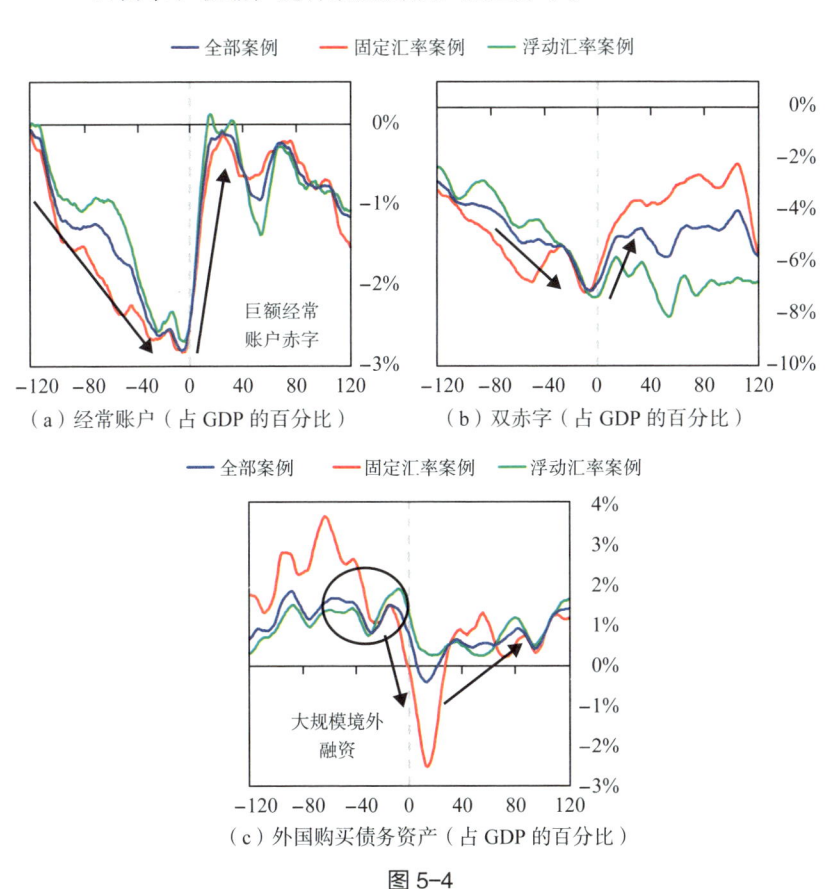

(a) 经常账户（占 GDP 的百分比）

(b) 双赤字（占 GDP 的百分比）

(c) 外国购买债务资产（占 GDP 的百分比）

图 5-4

长期大规模境外融资将导致对外债务持续累积，从而加剧该国面对外资撤出时的脆弱性。图 5-5 显示了国际投资净头寸（本国持有的境外资产减去对外负债总额）及调整后的版本，反映了该国可用流动资产与必须偿付的外债之比。当货币贬值发生时，该国可用于应对外债偿付的流动资产通常已处于极低水平。

（a）国际投资净头寸（占 GDP 的百分比）

（b）流动资产与债务负债比（占 GDP 的百分比）

（c）外资持有债务（占 GDP 的百分比）

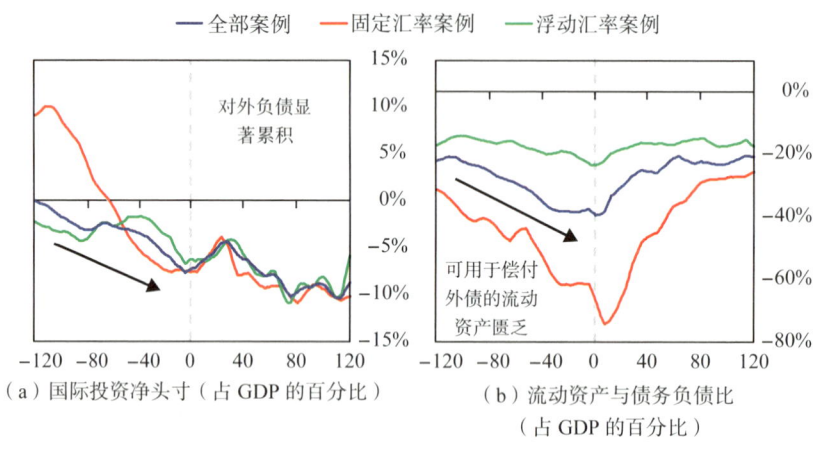

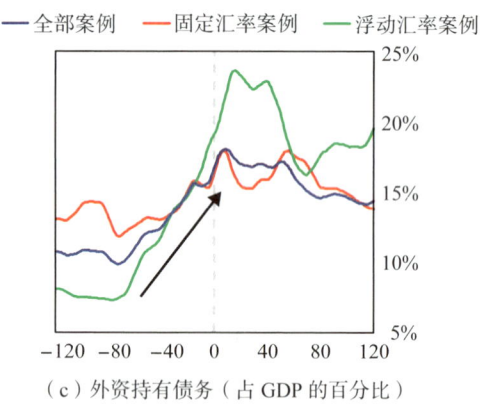

图 5-5

第 2 阶段：私人部门遭遇债务危机，中央政府因帮助私人部门而陷入更深的债务泥潭

通常，这种情况发生在周期的一个特定阶段：在货币贬值前的几年里，政府的资产负债表已经从适度紧张状态，发展到当政府被迫介入解决私人部门出现的债务问题时，变得极度紧张。**当私人部门面临财务困境时，政府通常扮演着更为重要的角色，因为政府比私人部门更容易获得资金和信贷。**在这些艰难时期，政府更容易借到钱，因为人们更愿意向政府提供贷款，知道中央银行可以印钞并能向政府提供用于偿还债务的资金，且政府还拥有征税的权力。对拥有成熟储备货币的政府而言，这种更强的举债能力尤为显著，因为市场对其债务/货币存在持续旺盛的需求。

因此，当债务状况恶化且政府需要出手相救时，政府债务增长的速度会快于私人部门债务。如图 5-6、图 5-7 所示，在危机爆发前约一年，政府债务水平通常会飙升，而私人部门债务水平则暴跌，政府债务水平相对于私人部门债务水平会大幅上升。在我拥有政府和私人部门资产负债表数据的 21 个案例中，有 15 个出现了这种模式。当私人部门债务水平急剧下降而政府债务水平急剧上升时，这是一个短期预警指标。

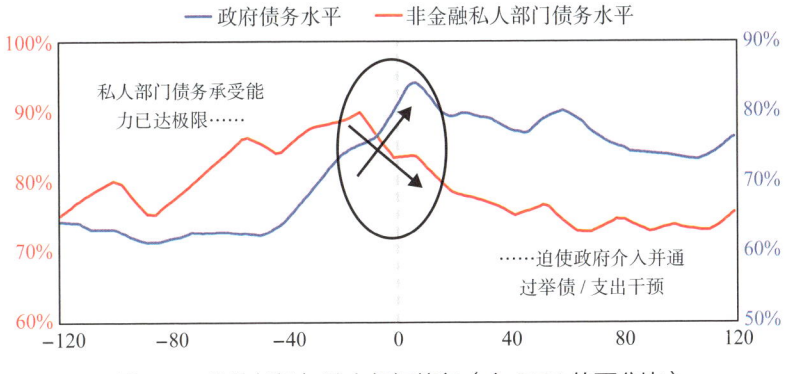

图 5-6　公共部门与私人部门债务（占 GDP 的百分比）

图 5-7 政府债务/私人部门债务

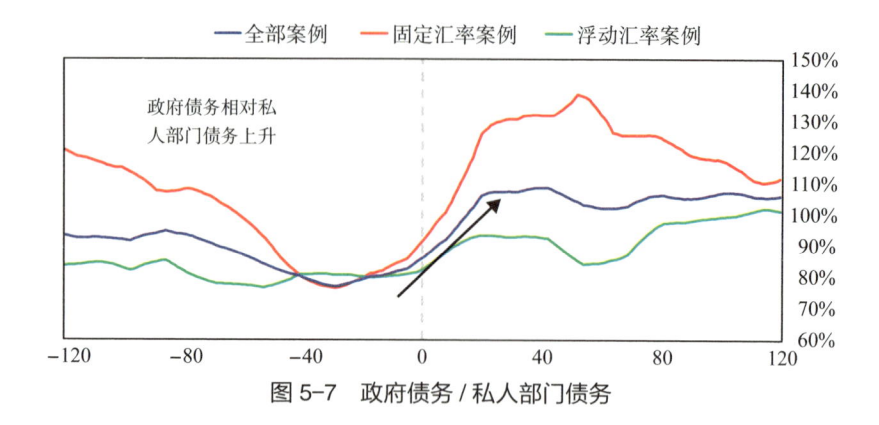

在这个时期，政府债务问题往往会加剧。 我将在下文展示更多衡量指标。

政府债务存量相对于以下几个方面都在增长：（1）财政收入，（2）可用于偿债的硬资产（通常以储备形式存在），（3）经济体中可为债务融资的货币供应量（直至央行最终介入，为政府提供更多货币与信贷支持），如图 5-8 所示。

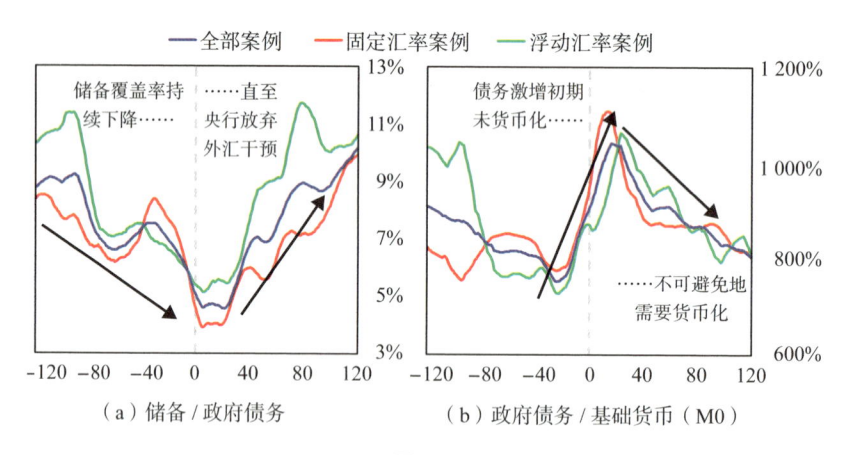

（a）储备/政府债务　　（b）政府债务/基础货币（M0）

图 5-8

第3阶段：中央政府遭遇债务挤压，自由市场的债务需求无法匹配供给

这个挤压引发了债务问题。如果债务出现净卖出，形势将变得更加严峻，因此债务的净卖出是一个重大危机信号。

当中央政府陷入财务困境时，通常有两种情况：（1）其财政被债务和偿债支出挤压，限制了其在必要支出上的能力；（2）为政府支出融资而创造的债务资产的持有者希望出售这些资产。这会给利率带来上行压力，进一步增加政府的融资成本，并迫使政府要么采取痛苦的支出削减措施，要么进行更多借贷以覆盖成本。

更具体地说，当偿债支出占收入的比例变得非常高（如100%）时，这是一个危险信号：（a）它挤压了大量其他支出，和/或（b）需要大量借贷和债务展期，而这些可能无法实现，因为贷款者-债权人看到这种情况会感到担忧，所以其可能拒绝放贷或抛售债务资产。在长期债务周期中，当偿债支出相对于收入规模过大时，往往会出现两种后果：要么挤压其他支出，要么导致需求严重萎缩（见图5-9）。在我研究的35个案例中，有25例显示危机爆发前政府偿债支出占财政收入的比重呈现加速上升态势。

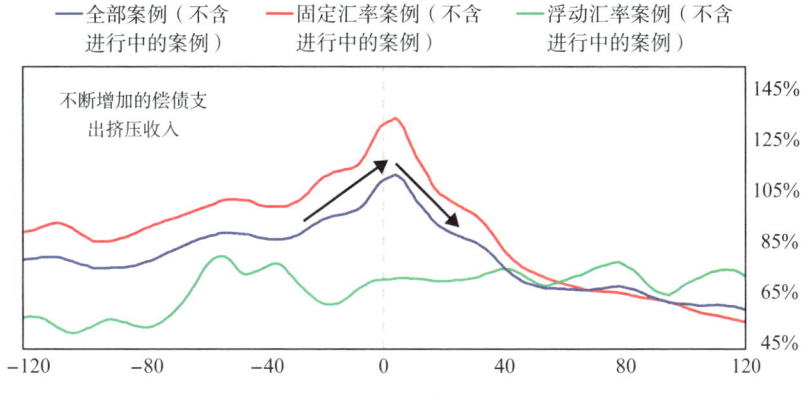

图5-9 政府偿债支出（占收入的百分比）

- **鉴于政府累积的债务（以及为弥补私人部门的疲软而持续运行的财政赤字），其债务及偿债负担将呈持续攀升态势。**图 5-10 展示了历史案例中货币贬值发生时政府债务与利息支出的平均预期路径。在最终贬值发生时，我们可以看到，若无债务贬值措施，政府债务及偿债成本通常将陷入无限增长路径风险。

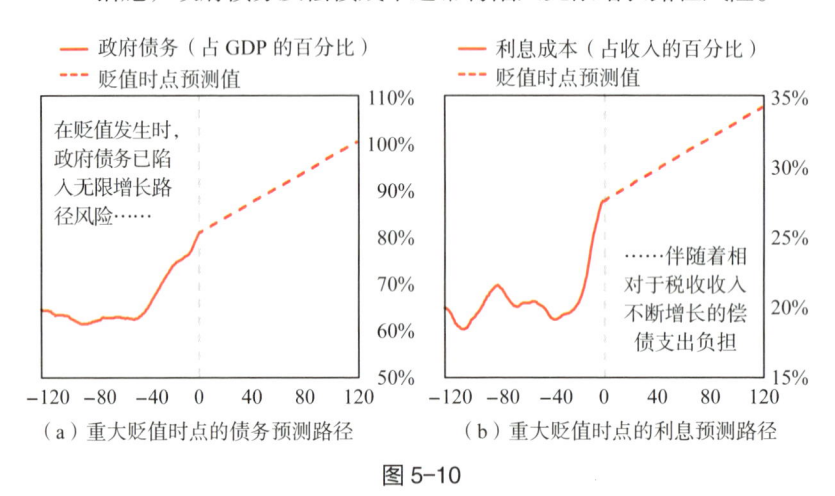

图例：
- 政府债务（占 GDP 的百分比）
- 贬值时点预测值
- 利息成本（占收入的百分比）
- 贬值时点预测值

在贬值发生时，政府债务已陷入无限增长路径风险……

……伴随着相对于税收收入不断增长的偿债支出负担

（a）重大贬值时点的债务预测路径　　（b）重大贬值时点的利息预测路径

图 5-10

这种情况在美国尚未发生，但正在朝这个方向发展。就欧洲、日本和中国而言，这些地区和国家的政府利息支出占 GDP 的比例约为美国的一半——欧洲和中国是因为政府债务较低（尽管其他部门的债务较高），日本则是因为其利率长期以来一直很低。但这种情况可能会迅速改变，特别是在日本，如果以更高的利率重新融资，其极高的政府债务（约占 GDP 的 215%）可能会成为问题。正如我们将在第 16 章看到的，巨额政府债务、日本银行的债券购买，以及日本银行人为地将利率维持在极低水平，都会导致政府债务资产的回报极差，这无疑受到了债务的低收益率和货币贬值的影响。

面对巨大且不断增长的债务负担和融资需求，典型的做法是采取粉饰问题的措施和**通过包括会计伎俩在内的创新性途径寻求融资：**

1. **利用政策性银行和发展银行**进行资产负债表外融资（这一手法在亚洲金融危机中屡见不鲜）。
2. **使用债务担保替代直接支出**（20 世纪 80 年代的秘鲁和近期的土耳其）。政府通过承诺为特定债务提供损失担保来刺激借贷，这实质上是一种补贴。但该支出在损失实际出现前不会体现在政府账目中，因而可能造成"零成本"的假象。例如 2017 年，土耳其政府在国际收支承压期间，就曾对企业推出贷款担保计划。
3. **强制或大力激励国内机构，特别是银行、养老金基金销售机构和保险公司，为政府提供融资**（近期的土耳其和巴西）。有时这表现为给予政府债务极其优惠的监管待遇（使风险工具看似无风险），有时则是通过操纵收益曲线和融资利率使其具有吸引力（二战期间的美国），这实际上是变相的货币融资（因为它激励银行以短期利率加杠杆向政府放贷）。
4. **政府发起的爱国主义筹资运动**（例如，土耳其近期呼吁民众出售美元，兑换里拉，二战时期号召民众购买国债；韩国在 20 世纪 90 年代相对成功地发起"献金运动"，号召民众用黄金偿还国际货币基金组织的贷款）。
5. **以未来可能永远不会落实的支出削减和增税来"承担"当前增加的支出**（例如，巴西近期虽通过宪法修正案限制支出，但保留了大量例外条款）。
6. **向国际债权人寻求援助和/或通过地缘政治交易获取融资**（例如，土耳其近期的举措，以及英国在二战后建立的英镑区）。
7. **缩短债务期限**，因为借款者通常更愿意提供短期而非长期贷款（下文有详述）。
8. 在相对严重的情况下，实施**资本管制**来防止资金外流是很常见的。

第4阶段：政府债务的抛售会让：（a）自由市场驱动的货币和信贷紧缩，进而导致（b）经济疲软，（c）货币承压以及（d）外汇储备下降（因央行试图维稳汇率）

由于这种紧缩对经济造成过于严重的损害，央行最终会放松信贷并允许货币贬值。

这些事件通常会加速投资者和储蓄者放弃该国的资产，导致货币和债务的挤兑达到崩溃点。在通常情况下，央行会试图通过货币紧缩和抛售外汇储备来捍卫货币，但最终会因为紧缩政策带来的经济痛苦效应和储备的不足而被迫改变政策方向。

当债务相对于偿债所需的收入增长到一定程度，以至于精明的投资者都意识到损失已经不可避免时，这对我来说就是一个明显的危险信号（因为到那时，要么违约，要么通过大量印钞、货币贬值和通货膨胀来稀释债务价值，以避免违约）。

当贷款者-债权人失去信心，认为他们将无法获得足够的偿付（因为债务人无力偿还债务，或者因为偿债支出不足以补偿贷款者-债权人所面临的通胀损失）时，债务的购买需求将不足以匹配其出售需求，因此债务价格将不得不下跌（从而导致利率不得不上升），直到借贷减少或储蓄增加为止。

在面临战争风险或战争发生时，这种情况会进一步恶化，因为制裁风险（没收债务资产）、过度借贷、债务违约和货币贬值的风险都会增加。无论是否有战争，这都是恶性循环开始的时候——利率上行压力会削弱经济并增加政府未来的借贷需求（或需要在这个关键时刻大幅增税或削减支出，这将造成过度痛苦），这又在债券市场上造成更大的供需失衡，给利率带来更大的上行压力。这时，央行必须通过"印钞"和购买债务来拯救局面，这就是我们所说的量化宽松。

第二部分　导致中央政府和中央银行破产的典型演进路径

正如图 5-11 所示,有两个现象会在这些时期同时出现:一方面,购买当地政府债券和企业债券的外国资金流入急剧下降;另一方面,实际利率突然飙升,这反映了通过提高利率和收紧信贷来支撑货币的典型失败尝试。

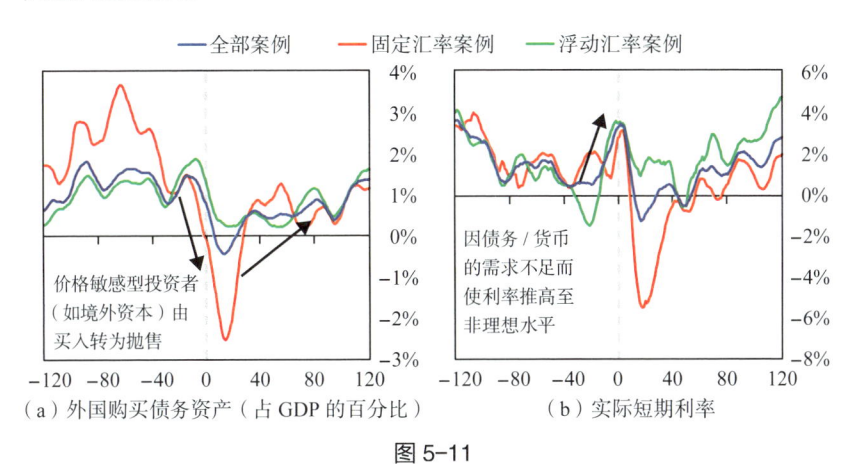

图 5-11

(a)外国购买债务资产(占 GDP 的百分比)

(b)实际短期利率

在这些时期,我们经常看到政府缩短其发行债券的期限,以使债券对市场更具吸引力(见图 5-12)。

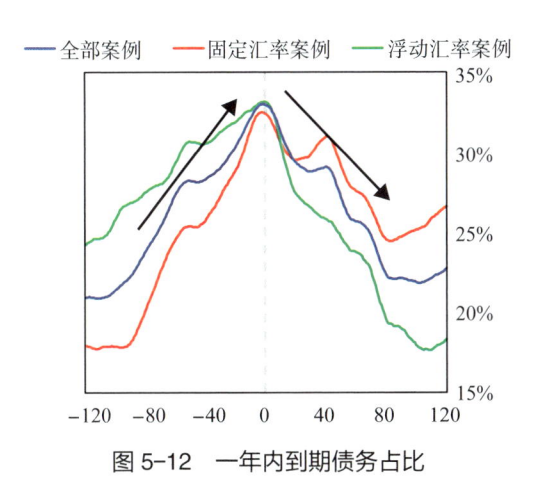

图 5-12　一年内到期债务占比

当市场参与者意识到这些限制正在逼近时,抛售行为就会出现,从而使供需平衡情况进一步恶化。当这种情况变得严重时,央行将面

103

临两种选择：（a）允许利率上升至一个能够抑制借贷的水平，并将原本流向其他领域（如购买其他投资品）的资金和信贷重新引向政府债务，从而增加对政府贷款的需求；或者（b）印钞并购买债务以弥补需求不足。历史经验和逻辑都表明，央行总是会选择（b）而非（a），而最佳路径则是在（a）和（b）之间取得平衡。当这种行为导致大量抛售，使得经济疲软时，通胀上升，如果央行选择印钞并大量购买债务，就会因货币极度贬值和通胀加剧而陷入困境；而如果央行不这样做，那么也会因引发极度紧缩的货币政策、极高的利率以及极其糟糕的经济状况而陷入困境。

当债务偿还压力对借款者-债务人来说变得难以承受，和/或贷款者-债权人不愿持有债务时（通常是因为实际回报率不够高，违约风险被认为很高，和/或央行大量印钞导致货币贬值的风险很高），这种情况就会发生。当这些事情发生时，政府债务价值会恶性螺旋式下跌，直到债务充分销毁或贬值，使债务负担不再过重，从而达到新的平衡。

这种情况在美国、欧洲、日本或中国尚未发生。

下面我们将更详细地探讨这些动态过程。

- **为了捍卫货币，政府采取了紧缩政策和/或货币干预措施，但由于对经济造成了过于严重的损害，紧缩政策被放弃；同时，由于货币干预措施无效且成本过高，这一手段也被摒弃，最终导致债务/货币贬值。**

当投资者和储户看清形势，并因无论通过何种方式都有可能无法收回其购买力这一高风险而做出抛弃该国资产和货币的理性决定时，这种局面就变得不可持续。这将危机推向顶点，因为央行被迫在经济可能遭受难以承受的恶果之时进一步收紧政策。**以下是这一更严峻阶段的若干危险信号：**

- **利率上升的原因在于该国债务资产遭到抛售，同时中央银行通**

常会试图通过紧缩政策来捍卫本国货币。然而，在经济低迷的情况下，实际利率的这种攀升是不可持续的，因为它会给本已疲软的经济和深陷债务螺旋（除非降低利率）的政府带来过大压力（见图5-13）。

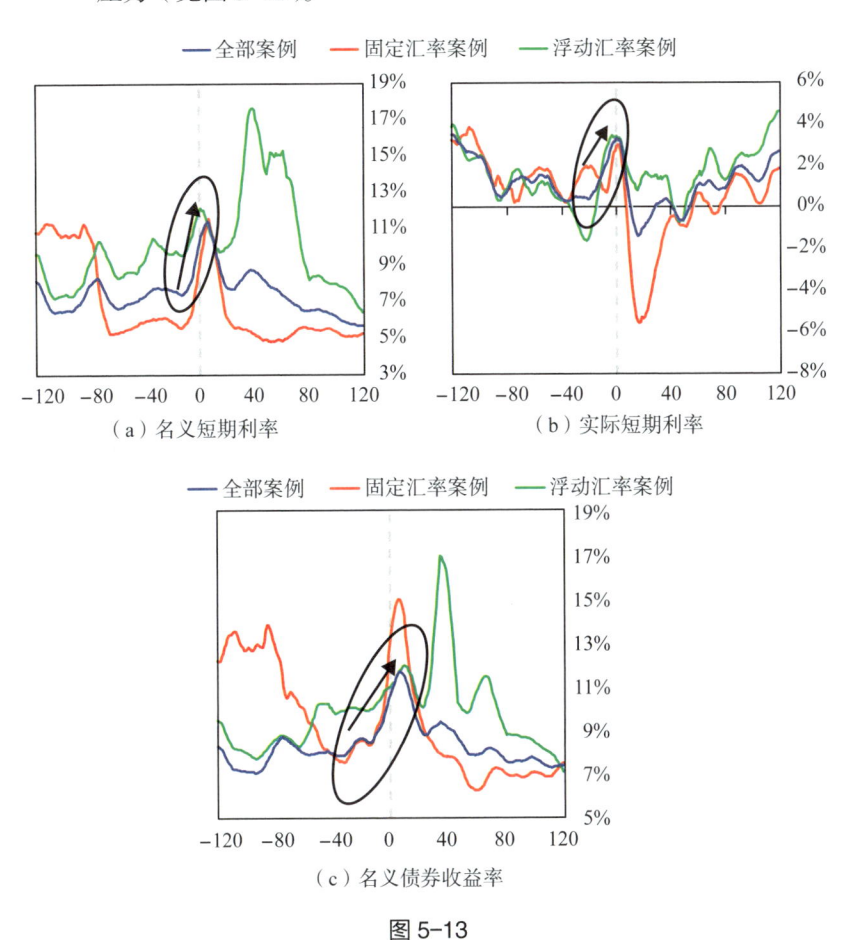

(a) 名义短期利率

(b) 实际短期利率

(c) 名义债券收益率

图 5-13

- **紧缩政策让本已疲软的经济进一步恶化**，这最终导致政府不得不放弃紧缩政策，并让货币贬值（见图5-14）。

图 5-14

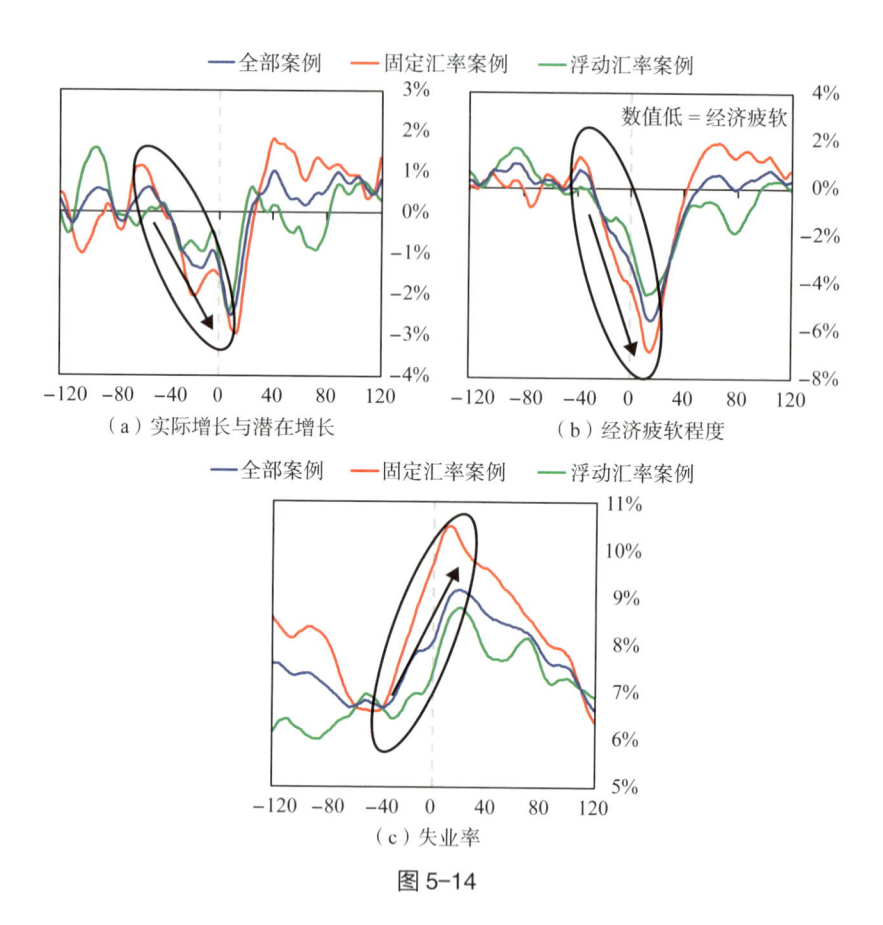

- 虽然并不总是如此，但在危机来临之际，**通货膨胀往往会上升并超出可接受的水平**，这限制了央行的宽松空间，因为宽松可能引发不可控的高通胀（见图 5-15）。

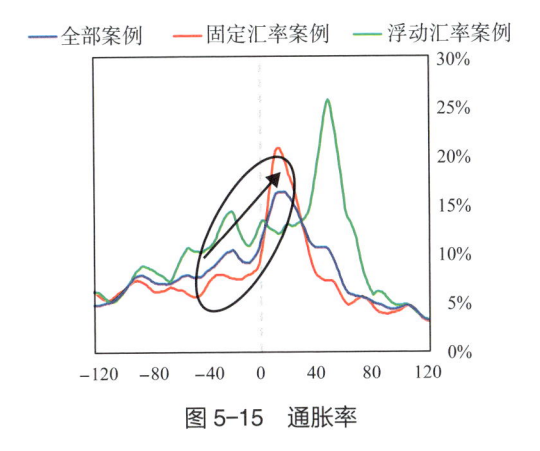

第二部分　导致中央政府和中央银行破产的典型演进路径

图 5-15　通胀率

- 由于经济疲软和通胀上升，货币面临巨大的贬值压力。在此阶段，固定汇率案例与浮动汇率案例呈现出显著差异：在固定汇率制下，政策制定者正竭力遏制货币贬值，而事实上，在高通胀环境下，当他们需要货币贬值时，本币实际汇率反而上升。与之相反，在浮动汇率制下，货币正随着经济疲软而逐步贬值（见图 5-16）。

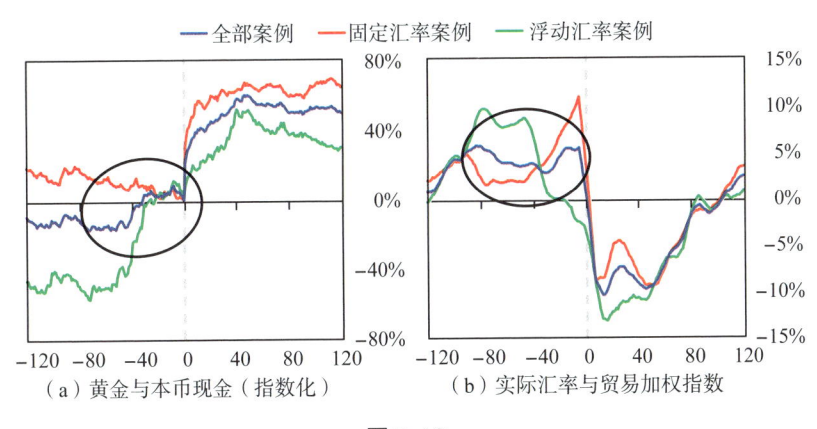

（a）黄金与本币现金（指数化）　　（b）实际汇率与贸易加权指数

图 5-16

- 对于拥有硬通货债务的国家，随着市场对违约可能性增大的预期，**信用价差也随之上升（见图 5-17）**。

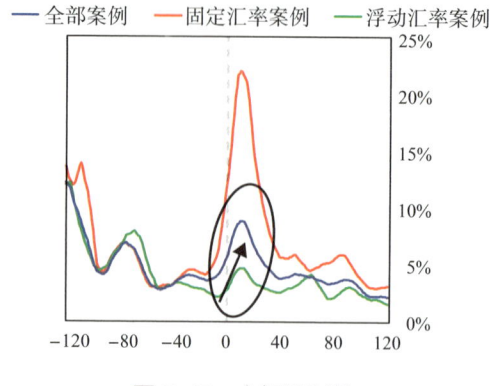

图 5-17 主权债利差

- **风险资产价格因风险溢价上升而下跌**（遭遇抛售），进而加剧经济下行压力（见图 5-18）。

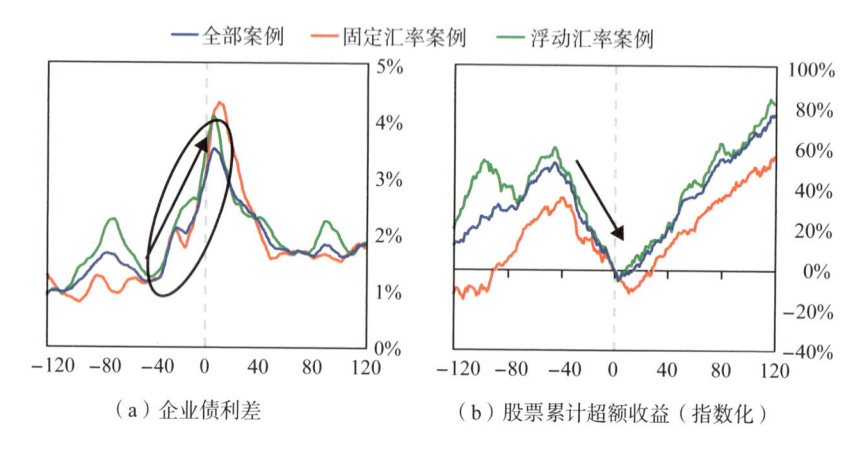

（a）企业债利差　　　　（b）股票累计超额收益（指数化）

图 5-18

- **在这个阶段，央行通常会出售储备**。需要注意的是，虽然政府的债务运作方式与个人和企业的基本相同，但这里有一个重要区别：对那些债务以本币计价且具有货币发行权的政府来说，它们可以通过印钞来偿还债务。此外，和个人、企业一样，政府也可以积累储蓄，以便在收入不足以覆盖支出时预防财务问题。因此，在评估任何债务人（包括政府）的风险时，我们还应该考察其流动性储蓄的规模。对政府而言，储备是流动性储蓄的主要形式之一，主权财富基金也是。观察这些储备的规模、消耗速度以及耗尽的可能性，对判断债务问题的时点至关重要。在这个过程中，我们需要密切关注政府往往会采取的卖出外币、买入本币的行为。由于这种操作会减少货币供应，因此这实际上是一种货币紧缩。如图 5-19 所示，在周期的这个阶段，出售储备是典型的做法。

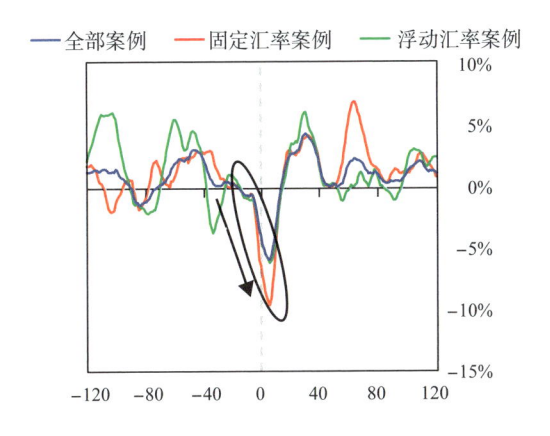

图 5-19　储备流动（占 GDP 的百分比）

- **值得注意的是，在最严重的情况下，央行的储备相对于其负债（如储户持有的货币存量）已经处于较低水平，这使得央行在面对货币挤兑时几乎无力招架。在这种情况下，其捍卫货币的努力会失败的预期开始显现，这进一步强化了投机者做空该货币的行为，并使以该货币计价的债务加速外逃（见图 5-20）。**

——全部案例 ——固定汇率案例 ——浮动汇率案例

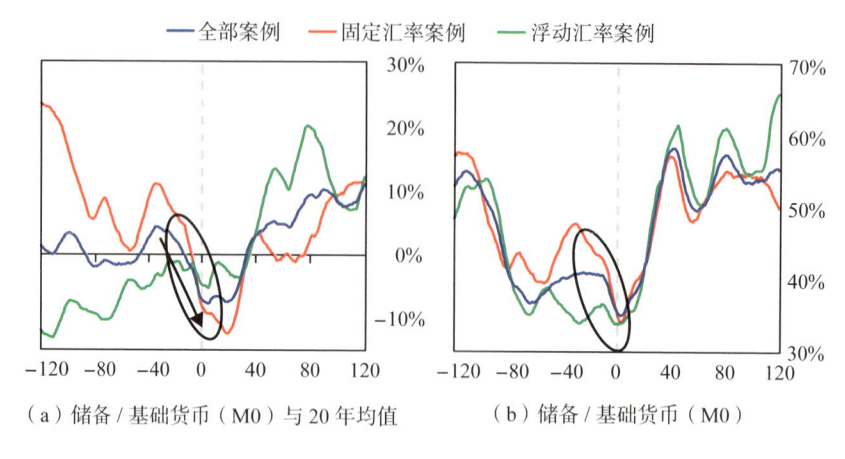

（a）储备/基础货币（M0）与20年均值　　（b）储备/基础货币（M0）

图 5-20

表 5-1、表 5-2 及表 5-3 展示了在所有出现过显著干预的案例中，央行通过外汇储备干预汇率的具体情况。我们可以看到：

- **通常在央行通过出售外汇储备进行干预之前，该国会持有相当规模的防御储备**（平均约为 GDP 的 5%，可覆盖 10% 的流通中货币供应量和未偿还政府债务）。
- **为遏制资本外逃和货币贬值，央行在干预阶段通常会消耗过半的储备来捍卫货币**。典型的情况是，这些抛售行为往往集中在相对较短的时间内。例如，在干预最剧烈的 6 个月期间，中位数值显示储备下降了 49%。此后，央行不再会为了支撑货币而消耗储备，因为其意识到这种努力终将失败，而储备耗尽的后果比货币贬值的风险更可怕。
- **在货币防御阶段，货币通常仍会贬值**（在中位数情况下，黄金上涨 42%）。尽管在某些情况下，央行的干预能够暂时支撑货币价值。
- **然后，在经过大约两年的防御后（具体时间因案例而异），央行会放弃干预**。此时，储备金仅能支撑约 6% 的货币存量和 3% 的

表 5-1 央行抛售储备干预汇率的重大案例研究（1）

案例	固定汇率与浮动汇率	初始干预能力 干预前储备水平 占GDP的百分比	10亿美元	占货币供应量(M2)的百分比	占政府债务的百分比	外汇防御持续时间（月数）	干预阶段 6个月干预峰值 占GDP的百分比	占6个月干预期初储备的百分比	为防御外汇消耗的总储备 占GDP的百分比	占初始储备水平的百分比	黄金与本币外汇超额收益 干预阶段期间	干预后阶段 干预后储备水平 占GDP的百分比	10亿美元	占货币供应量(M2)的百分比	占政府债务的百分比	黄金与本币外汇超额收益 至汇率触底时
中位数（所有案例）		5.1%	6.44	10%	11%	23	-2.6%	-49%	-3.3%	-62%	42%	1.9%	1.66	6%	3%	51%
固定汇率		6.1%	4.98	10%	13%	19	-2.7%	-48%	-3.3%	-65%	42%	2.0%	1.66	6%	2%	41%
浮动汇率		4.4%	9.03	14%	11%	29	-1.9%	-57%	-3.8%	-58%	36%	1.7%	1.65	5%	3%	66%
阿根廷：20世纪90年代恶性通胀	固定汇率	1.3%	5.16	—	3%	6	-2.6%	-50%	-2.6%	-50%	330%	2.0%	2.56	—	2%	—
阿根廷：2001年挂钩破裂	固定汇率	8.7%	26.85	43%	25%	19	-6.8%	-47%	-14.1%	-65%	107%	7.9%	9.42	27%	6%	—
巴西：1999年挂钩破裂	固定汇率	8.5%	73.62	34%	21%	11	-5.2%	-49%	-6.7%	-56%	52%	5.2%	32.72	21%	10%	—
德国：二战后	固定汇率	0.8%	0.25	2%	0%	64	-0.2%	-46%	-0.6%	-90%	107%	0.1%	0.02	0%	0%	—
法国：二战期间	固定汇率	30.9%	2.96	26%	29%	92	-8.2%	-48%	-7.0%	-84%	192%	1.1%	0.48	2%	2%	133%
英国：大萧条	固定汇率	6.1%	1.34	10%	4%	15	-2.7%	-36%	-3.3%	-43%	40%	5.2%	0.77	7%	3%	3%
英国：二战后贬值	固定汇率	6.2%	2.66	7%	3%	36	-1.0%	-21%	-2.4%	-38%	54%	4.7%	1.66	6%	2%	5%
英国：二战期间	固定汇率	14.7%	4.07	22%	11%	37	-3.7%	-66%	-12.8%	-89%	19%	1.5%	0.44	2%	1%	—
日本：大萧条	固定汇率	4.0%	0.49	9%	15%	26	-3.0%	-55%	-5.1%	-67%	35%	2.7%	0.16	6%	6%	56%
日本：二战期间	固定汇率	5.1%	0.37	10%	13%	38	-2.5%	-58%	-2.4%	-81%	10%	0.6%	0.07	1%	1%	>500%

注：对于外汇汇率在储备干预停止前就已触底的案例，其黄金超额回报数据以"—"标示。若央行消耗的储备超过其全部储备存量（如通过货币互换协议借入额外储备），则标注为"<100%"。

表 5-2 央行抛售储备干预汇率的重大案例研究（2）

案例	固定汇率与浮动汇率	初始干预能力 干预前储备水平 占GDP的百分比	10亿美元	占货币供应量(M2)的百分比	占政府债务的百分比	干预阶段 外汇防御持续时间(月数)	6个月干预峰值 占GDP的百分比	占6个月期初储备的百分比	为防御外汇消耗的总储备 占GDP的百分比	占初始储备水平的百分比	黄金与本币外汇超额收益 干预阶段期间	干预后阶段 干预后储备水平 占GDP的百分比	10亿美元	占货币供应量(M2)的百分比	占政府债务的百分比	黄金与本币外汇超额收益 至汇率触底时
墨西哥：1982年债务违约	固定汇率	1.6%	4.98	7%	5%	12	−1.8%	−57%	−2.7%	−65%	227%	1.7%	1.76	9%	3%	23%
墨西哥：特基拉危机	固定汇率	3.9%	20.89	18%	25%	11	−3.2%	<−100%	−6.4%	−128%	42%	−1.7%	−5.75	−9%	−7%	28%
土耳其：2001年恶性通胀	固定汇率	6.1%	18.44	26%	19%	5	−3.3%	−44%	−4.4%	−50%	27%	4.4%	9.24	19%	14%	16%
美国：1971年贬值	固定汇率	1.8%	18.61	3%	3%	23	−0.2%	−14%	−0.4%	−23%	−6%	1.2%	14.42	2%	2%	150%
美国：大萧条	固定汇率	6.6%	5.15	9%	15%	14	−1.0%	−15%	−1.3%	−18%	−1%	6.1%	4.25	9%	12%	55%
阿根廷：2020年债务违约	浮动汇率	5.9%	36.47	18%	11%	68	−5.0%	<−100%	−12.6%	−135%	163%	−3.2%	−12.93	−11%	−4%	43%
巴西：20世纪80年代贬值	浮动汇率	2.5%	7.13	18%	5%	6	−1.9%	−55%	−1.9%	−55%	42%	1.4%	3.18	10%	3%	−42%
巴西：2002年国际收支危机	浮动汇率	6.9%	34.88	31%	11%	20	−5.5%	<−100%	−9.5%	−159%	10%	−3.5%	−20.63	−16%	−6%	—
巴西：2014年国际收支危机	浮动汇率	15.9%	371.27	44%	28%	33	−2.9%	−18%	−7.1%	−31%	16%	16.2%	255.62	44%	25%	10%
德国：魏玛时期	浮动汇率	6.6%	0.59	7%	5%	63	−1.6%	−39%	−4.8%	−73%	>500%	1.9%	0.12	4%	2%	—
法国：20世纪20年代初	浮动汇率	4.0%	1.15	7%	4%	77	−0.7%	−19%	−2.8%	−28%	48%	6.3%	0.83	6%	3%	133%
英国：20世纪70年代贬值	浮动汇率	4.7%	10.94	11%	11%	25	−1.0%	−29%	−1.9%	−43%	−4%	2.4%	6.21	7%	6%	110%
意大利：20世纪70年代末贬值	浮动汇率	2.9%	6.67	4%	7%	15	−0.8%	−28%	−0.7%	−21%	−26%	2.4%	5.25	3%	5%	94%

对于外汇汇率在干预停止前就已触底的案例，其黄金超额回报数据以"—"标示。若央行消耗的储备超过其全部储备存量（如通过货币互换协议借入额外储备），则标注为"<−100%"。

表 5-3 央行抛售储备干预汇率的重大案例研究（3）

案例	固定汇率与浮动汇率	初始干预能力				外汇防御持续时间（月数）	干预阶段								干预后阶段				
		干预前储备水平					6个月干预峰值			为防御外汇消耗的总储备			黄金与本币外汇超额收益		干预后储备水平				黄金与本币外汇超额收益
		占GDP的百分比	10亿美元	占货币供应量(M2)的百分比	占政府债务的百分比		占GDP的百分比	6个月期初储备的百分比		占GDP的百分比	占初始储备水平的百分比	干预阶段期间		占GDP的百分比	10亿美元	占货币供应量(M2)的百分比	占政府债务的百分比	至汇率触底时
土耳其：1994年国际收支危机	浮动汇率	2.6%	6.44	22%	11%	4	-1.9%	-60%		-2.1%	-62%	31%		1.4%	2.47	14%	5%	47%
土耳其：2018年国际收支危机	浮动汇率	3.8%	30.34	8%	14%	41	-6.5%	<-100%		-10.2%	-293%	108%		-6.8%	-58.67	-15%	-30%	84%

对于外汇汇率在储备干预停止前就已触底的案例，其黄金超额回报数据以"—"标示。若央行消耗的储备超过其全部储备存量（如通过货币互换协议借入额外储备），则标注为"<-100%"。

政府债务。在中央银行停止干预后，货币被抛售（在中位数情况下，黄金价格再次上涨 51%）。

在这个阶段，货币要么风险极高，要么已经明显成为一个糟糕的投资选择。这不仅会导致投资者撤离债务／货币市场，在很多情况下，经济参与者，最重要的是银行、企业和家庭，也会采取审慎的降险措施，**退出债务／货币市场**。以下内容是我们在研究案例时观察到的多个动态，我认为这些是处于债务周期末期的典型迹象。

企业资金管理行为

1. **国内企业决定让其国际收入主要以外币（美元）的形式留存境外**，不再像以往那样兑换回本币。当发现以本币计价的收入波动剧烈，而美元价格相对稳定时，其开始将本币视为需要对冲的货币，尽管按照传统投资理念应该是对冲外币。
2. **国内企业决定扩大对本币的对冲规模**，特别是那些持有硬通货债务的企业。对冲涉及远期合约，即卖出本币，买入外币，这会压低远期汇率并拖累即期汇率。
3. 类似地，**在境内设有子公司的外资企业会让资金及时出境**。
4. **企业认为维持海外子公司的运营得不偿失**——为有限的业务扩张机会而承担汇率风险、政治动荡乃至职业风险已不符合商业逻辑。新的外商直接投资项目被搁置。

国内银行行为

5. **那些在政府政策下被迫购买债务的银行，在流动性枯竭时不得不抛售这些债务**。这加剧了危机最严重时期的债务抛售潮。
6. **央行维持宽松政策的部分手段（多重利率体系、资本管制）使得资金留存离岸市场比留存在岸市场更具吸引力**。国内银行和企业往往最擅长利用这一市场机会。即使保持相同币种，资金流出国内银行体系也通常意味着需要抛售政府债券。

国际银行行为

7. **国际贷款机构纷纷关闭了经营难度过大的业务线**，包括贸易融资、营运资本信贷额度等。
8. 当小型子公司可能造成的损失风险超过其价值时（更不用说给母公司带来的风险），**银行往往会直接出售或放弃这些子公司**。

大型国际投资者行为

9. 颇具讽刺意味的是，尽管债务规模持续扩大，但越来越多的债务被无法轻易抛售的机构（如银行）持有，同时以美元计价的资产贬值。**市场流动性逐渐枯竭，导致厌恶非流动性资产的境外大型投资者纷纷撤离**。
10. **大型政府储备持有者放弃该货币**，地缘政治往往是影响决策的重要因素。

11. 大型国际储备配置机构实际上无法抛售其资产，因为这会对市场造成很大冲击。**相反，储备管理者开始将所有新增储备配置在不同货币上**，导致需求枯竭。

12. 与此同时，国际投资者面临资产难以变现（市场流动性严重不足）的困境，**却选择不再延续其风险敞口。**

外资的流出是一个典型现象，往往会领先于货币贬值（见图 5-21）。

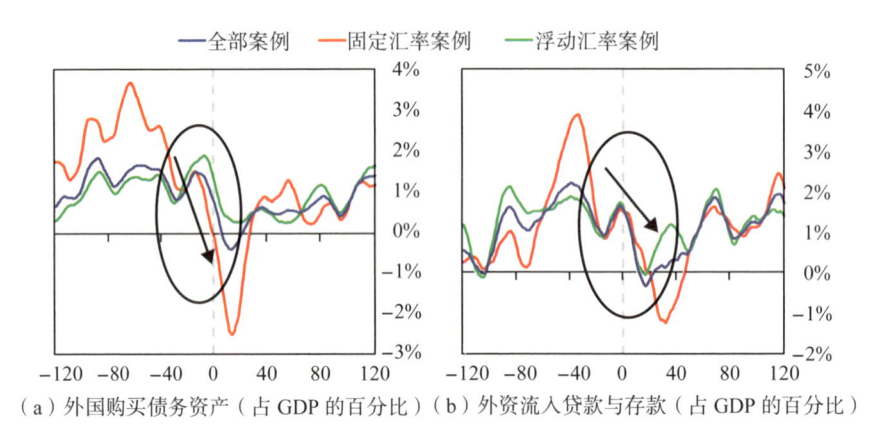

（a）外国购买债务资产（占 GDP 的百分比）（b）外资流入贷款与存款（占 GDP 的百分比）

图 5-21

国内储户行为

13. **国内储户开始寻求投资组合多样化，并在一定程度上押注抗通胀资产，推动资金朝这个方向流动。他们将银行存款兑换成硬通货**，这迫使银行不得不卖出本币，购入外币。

14. **人们购买实物商品以应对通胀。** 由于这些实物商品中有相当一部分是进口商品，这就产生了卖出本币的压力。这当然也会加剧通胀，使情况进一步恶化。

15. **高净值人士主要出于财富保值的考虑，以及担心税收上升和财富被没收，将资金转移到境外。
16. **国内储户认为持有外国股票是更可靠的投资选择**。相关金融产品也随之增多。
17. **由于国内银行看起来已经出现问题，开设外国银行账户似乎是明智之举**。这些外国银行能够提供便利的货币兑换服务（前提是政府尚未实施资本管制，在许多情况下，政府会让开设外国银行账户变得相当困难）。

更多传统意义上的投机交易

18. **债市义警（通过抛售债券迫使政策调整优化的投资者）的市场行动显现并开始自我强化**。
19. **随着环境恶化，股票投资者撤离该国，这给货币造成了负面影响**。

6
危机蔓延至中央银行（第5~6阶段）

本章继续探讨我在重大债务危机典型模式中列出的动态机制。这里我们将重点关注第5~6阶段，即问题开始蔓延至央行的阶段。

第5阶段：债务危机爆发且利率无法进一步降低时（如利率为零），央行会"印钞"（创造货币）并购买债券，以放松信贷和减轻偿债压力

央行并没有真正地"印钞"，而是从商业银行借入储备，并支付极短期的利率。

最终，政府无法回避一个事实：必须为其重点支出筹措更多资金。但在此阶段，政府通常面临难以承受的高融资利率，这往往源于货币与债务的被动抛售。由于急需资金，政府只能求助于中央银行，从而将难题转移给央行。

历史经验表明，在此阶段，中央银行通常会大规模创造货币与信贷来购买债券。我将此视为危险信号（但尚不是重大危机信号），毕竟央行仍掌握着货币与信贷创造的调控权。然而对中央政府及其债务而言，若财政赤字持续，其很难避免陷入困境：高债务负担将迫使政府支出日益朝偿债方向倾斜。我们稍后将深入分析美国政府的财政状况。

更具体地说，央行会通过两种介入方式来缓解政府（或其他系统重要性实体）的财政压力：一是直接购买资产，二是间接提供担保和后备支持。若这些资产是以非经济价格购入的，那么央行通常会因违约、通胀和/或利率上升而承受损失。在此阶段，资产负债表受到的冲击就从政府转移到了央行和货币持有者身上。

如前所述，**当政府债券需求不足时，央行将面临两难抉择：要么（a）放任利率上升至供需平衡水平，从而抑制信贷需求和支出，要么（b）启动印钞购债，通过量化宽松扩张资产负债表，即大量吸纳债务资产**。此类操作若长期持续，则应被视为早期预警信号。此外，当政府因长期债券需求不足而缩短债务期限时，这同样应被视为早期预警信号。当以下两种情况出现时：（a）债务总额攀升；（b）央行持有的政府债务由于自由市场需求不足而增加，这也应被视为早期预警信号。如图6-1所示，央行增持债券与缩短债务期限的趋势通常在危机爆发前近10年就已显现，并在危机出现后逆转，尤其需要关注央行购债速度的加快，以及政府债务期限的迅速缩短。

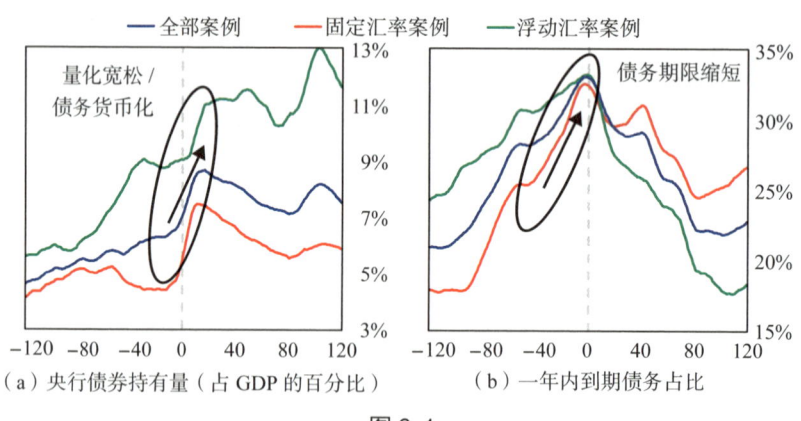

（a）央行债券持有量（占GDP的百分比）　（b）一年内到期债务占比

图 6-1

如前所述，当系统运行良好时，借款者-债务人的借款需求和贷款者-债权人的放贷意愿处于平衡状态。然而，当市场对正在出售的债务的需求不足时，中央政府和央行就会在私人部门无力承担的情况下承接更多债务。政府之所以能在私人部门无力承担时这样做，是因为在显现压力的时期，贷款者-债权人更愿意借钱给政府。他们相信中央政府会偿还债务，因为央行有印钞的权力，所以没有违约风险。实际上，**风险在于，央行可能为预防违约而过度释放货币与信贷，这将引发严重通胀，导致贷款者-债权人面临本币贬值带来的实质性偿付风险。当出现这种情况时，我会将其视为危险信号（但尚不是重大危机信号），因为历史表明，这种情况可能在供需失衡真正演变为问题之前持续较长时间。** 最近的一次这种情况始于2008年。这在过去被称为债务货币化，而这一次被称为量化宽松。在美国，它分四波出现，相当于潜在GDP的18%、总债务的5%和政府债务的16%。在欧洲，它同样分四波出现，相当于潜在GDP的30%、总债务的10%和政府债务的36%。在日本，它分三波出现，相当于潜在GDP的95%、总债务的22%和政府债务的46%。

当央行购买债券时，其承担着与商业银行和投资者购买债券时相同的风险。唯一的区别是央行有权通过印钞将债务货币化，并且可以用不那么明显的方式对损失进行会计处理。

具体来说，当央行购买债券时（如从某家银行购买），其支付方式是在央行账户系统中为该银行录入新的存款。央行需要为这笔存款支付利息（这与你我的银行存款的性质类似）。就像商业银行会在其资产收益低于存款付息时陷入困境一样，央行也面临这一问题。如果央行为这些存款支付的利率高于其持有债券获得的利息，就会亏损并出现负现金流。实际上，在这个阶段，没有人太在意这一点，但出于我将要解释的原因，其应该得到关注。

第6阶段：如果利率持续上升，央行就会亏损，因其负债端需支付的利率高于所持债务资产的收益率

当这种情况发生时，虽然值得关注但尚不构成重大危机信号。当央行出现严重资不抵债，且被迫增发货币来弥补现金流缺口（资产端利息收入不足以覆盖负债端偿债支出）时，这才是重大危机信号，因为其预示着央行可能陷入"死亡螺旋"（具体表现为：在利率上升引发问题后，债权人察觉风险并抛售债务资产，进而推高利率或迫使央行进一步印钞，导致货币贬值，继而引发更多债务资产和本币抛售，如此循环往复）。这就是所谓"央行破产"的实质：虽然不会让债务违约（因其可印钞偿付），但已无力正常履行偿债义务。大规模实施此类操作将导致货币贬值并引发通胀性衰退甚至萧条。

在这个阶段，央行通常会陷入困境：一方面要维持足够宽松的政策来支持疲软的经济和财政困难的政府，另一方面要保持足够紧缩以阻止储户和投资者抛弃本币。这是不可持续局势的典型特征，通常表现在以下几个方面。

1. 央行出现亏损和负资产净值。

在央行购买大量债务后，如果利率上升导致债券价格下跌，且央行的短期资金成本高于其购买债务的回报时，央行就会出现巨额亏损，大到产生负资产净值。这是另一个危险信号。不过，这些危险信号并不意味着大债务周期的终结，只是表明金融体系的健康状况在恶化。这并非终点，因为央行仍可通过大量印钞来提供充足的货币与信贷，并为自身亏损融资。但值得注意的是，在某些情况下，政府不愿维持虚假财政，中央政府需向央行注资，以进行资本重组。当这种情况发生时，中央政府必须通过增税、削减开支和/或借款来筹集资金，这将进一步加剧财政紧缩。

第二部分　导致中央政府和中央银行破产的典型演进路径

当央行购买大量债务时，债务的价值会降低，因为这降低了债务资产承诺获得的货币价值。当央行必须支付的短期利率比拥有的债务资产所获得的长期利率高时，就会亏损并可能产生负资产净值。这最初是一个中度危险信号——目前已有数家央行出现权益赤字（或类似情况），但这并未给其运作带来太大阻碍。然而，当亏损达到较大程度时，螺旋式循环就会出现，从而引发更严重的问题。

央行这么做的优势在于：（1）提供了原本不存在的信贷，使利率低于原来的水平；（2）当利率上升且债券出现亏损时，承担损失的将是央行。这就引发了一个问题：央行的亏损是否重要？如果重要，那么为什么重要。答案是，央行的亏损远不如私人部门投资者的亏损那么严重，因为私人部门还需要维持自身的信用评级。**当央行持有的债务资产出现重大亏损时，这标志着大债务周期已进入临近终局的更高阶段，因此我将其视为危险信号。**这一阶段通常不会立即引发危机，因为如前所述，小额或中等程度的亏损对央行的影响很有限。然而，当这些亏损从很小演变为非常大时，央行就会产生巨大的现金流需求，而满足这种需求的唯一方式就是大规模印钞。这种做法会对本币汇率形成重大下行压力：一方面，央行需要为其负债支付高额利息（以维持储户对本币的信心），另一方面，其资产收益十分有限（因其需要支持政府融资），最终只能通过印钞来填补缺口。表6-1展示了历史上因这类现金流亏损过大而被迫实施大规模货币化操作，最终引发货币螺旋式贬值的典型案例。

2. 央行被迫通过印钞将其债务和其他债务的亏损货币化，尽管这会加剧货币承压。

面对这些情况，央行最终被迫通过印钞使自身和其他机构的亏损货币化。这可以通过央行购买资产的方式直接进行，也可以通过担保和托底的方式间接进行。央行通常会在这些资产上（往往是以不经济

表 6-1 央行巨额现金流亏损的历史案例

案例	开始时间	结束时间	央行资产负债表（占GDP的百分比）	期间均值 央行现金流损失（占GDP的百分比）	央行净储备（占GDP的百分比）	亏损弥补方式	印钞资金支出倾向	货币供应量增长率（年度）	案例结果 通货膨胀率（年度）	累计汇率变动
阿根廷：20 世纪 80 年代末	1988 年 1 月	1990 年 12 月	31.5%	-3.3%	4.7%	印钞	高	107%	4 927%	-97%
阿根廷：近期	2019 年 1 月	2022 年 12 月	34.0%	-3.5%	1.4%	印钞	高	50%	49%	-86%
秘鲁：20 世纪 80 年代末	1985 年 1 月	1988 年 12 月	6.9%	-2.6%	2.5%	印钞	高	214%	246%	-100%
荷兰盾危机	1780 年	1796 年	5.8%	-3.3%	1.8%	印钞	高	27%	22%	-80%
土耳其：当前	2023 年 1 月	2024 年初	17.2%	-2.6%	-2.5%	印钞	高	20%	84%	-42%

小规模资产负债表下的巨额亏损（高负债成本与低资产收益）｜损失通过印钞货币化，而不是由政府进行资本重组｜印发的货币迅速外流，因为储户已蒙受损失且实际利率仍然很低｜这些亏损是货币大幅贬值的诱因之一

124

的价格购买的）以违约、通胀和/或利率上升的方式承受损失（这就让资产负债表的冲击从政府转移到了央行和货币持有者身上）。**这个阶段的一些典型特征如下：**

- **央行资产负债表扩张，因为需要通过印钱为政府融资或为其他受压实体滚动债务**。图 6-2 显示了央行购买政府债券的情况，但值得注意的是，央行的行动范围可能更广泛（包括购买公司债券或股票等私人资产）。央行还可以采取措施为受压借款者提供担保和支持，这些措施不一定都会出现在资产负债表上，但仍然意味着向受压债务人转移购买力，因为央行和政府需要承担损失（例如，1933 年的《紧急银行法令》、阿姆斯特丹银行对荷兰东印度公司的支持，这些最终都需要货币化）。

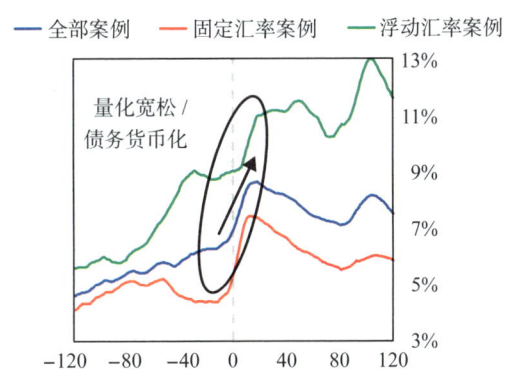

图 6-2 央行债券持有规模（占 GDP 的百分比）

- **当央行试图捍卫本币汇率并需要向有需求的机构提供货币和信贷时，就不得不出售外汇储备**。这导致央行的资产结构发生转变，从硬资产（黄金和外汇储备）转向软资产（对政府和金融机构的债权）。当投资者察觉央行捍卫汇率的资源急剧减少时，货币挤兑就会加速（在挂钩汇率制下尤甚）。这迫使央行以更快的速度抛售储备，直至最终丧失防御能力。这种动态机制在固定汇率制下远比在浮动汇率制下更为显著。

- **债务货币化加上储备的消耗导致央行的硬资产（储备）与负债（货币）的比率下降，削弱了央行捍卫本币的能力。**这再次凸显了实行固定汇率制与浮动汇率制的关键差异。实行挂钩汇率的国家往往有更多的货币供应，但当储备与货币的比率下降时，其会更快陷入危机。这些国家在周期中的汇率防御阶段也往往会消耗更多外汇储备（见图6-3）。

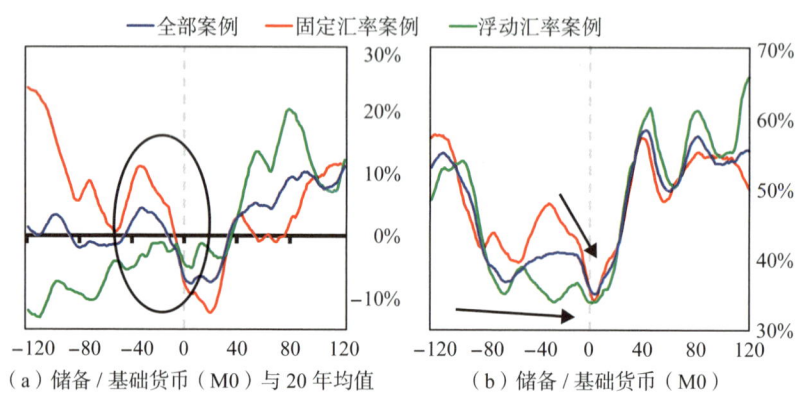

（a）储备/基础货币（M0）与20年均值　　（b）储备/基础货币（M0）

在固定汇率案例中，硬资产储备水平通常较高（平均货币发行准备率接近50%），但在贬值发生时仅维持了约1/3。

图6-3

7
上一场大债务危机消退，新均衡达成，新周期开启（第7~9阶段）

当市场力量和政策制定者的行动共同打造了一个底部，并从那里开始上升时，周期结束。本章将详细阐述这一时期的动态特征与关键监测指标。

第7阶段：债务重组和贬值

当以最佳方式（我称之为"和谐的去杠杆化"）管理时，通过通缩方式减轻债务负担（如债务重组）与通过通胀方式减轻债务负担（如货币化）达到平衡，去杠杆化过程就能在避免过度通缩或通胀的情况下进行。

当债务负担变得过重时，一个能大幅减少债务规模和价值的重大重组和/或货币贬值就会发生，这可能是自发的，也可能是在妥善管理下进行的。

货币贬值导致仍持有该货币及债务的投资者遭受实际价值的重大损失。 这种购买力的流失将持续下去，直至**新的货币体系建立**并具备足够的可信度，从而重新吸引投资者和储户持有该货币。在通常情况下，这一过程伴随着债务的大规模减记与重组（见图7-1）。

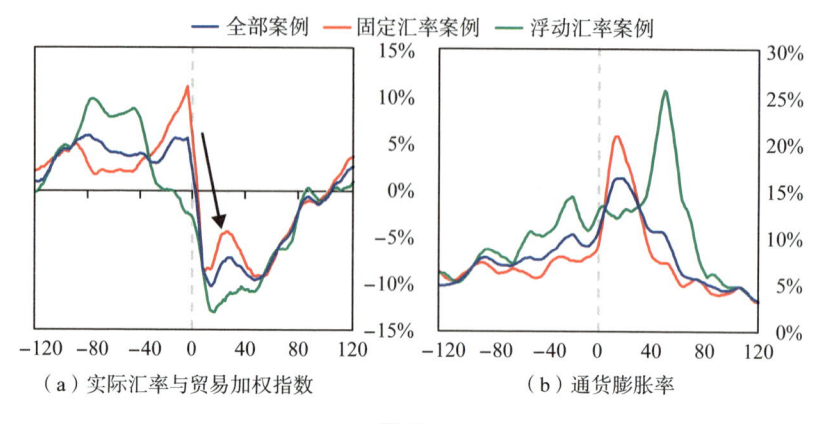

（a）实际汇率与贸易加权指数　　　（b）通货膨胀率

图 7-1

政府债务相对于黄金、股票和大宗商品等实物资产出现贬值。这一次，比特币等数字货币可能会受益。图 7-2 显示了各案例中货币和债务相

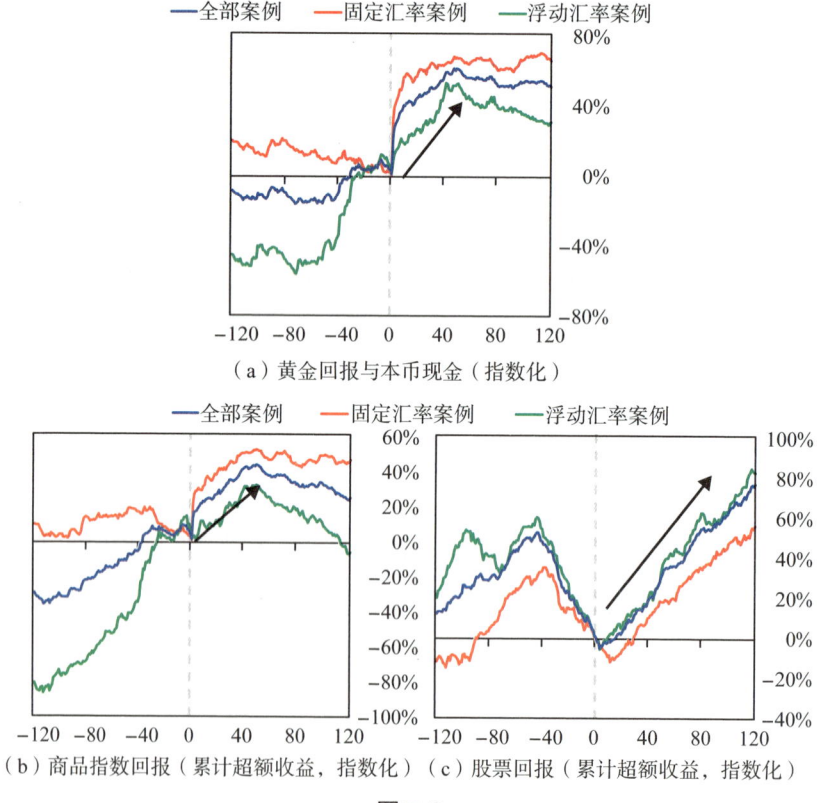

（a）黄金回报与本币现金（指数化）

（b）商品指数回报（累计超额收益，指数化）　（c）股票回报（累计超额收益，指数化）

图 7-2

第二部分　导致中央政府和中央银行破产的典型演进路径

对于以下资产的平均贬值幅度：（1）黄金，（2）商品，（3）股票。**在这些案例中，从货币贬值到触底期间，黄金回报比持有本币平均高出约60%**。需注意固定汇率与浮动（法定）汇率案例中的显著差异。

你可以在表7-1、表7-2中看到各个案例中不同资产的具体收益表现。

当债务进行重组和/或贬值时，市场和经济通常会经历一个严峻的时期，但这个艰难阶段减轻了债务负担，为后续的改善奠定了基础。在典型的案例中，危机爆发前的债务水平相对于基础货币显著上升，这要求私人部门在流通中的基础货币数量不变的情况下吸收更多的政府债务（这可能是我们最初在许多案例中看到利率上行压力的部分原因）。最终，当压力变得过大时，中央银行介入并通过债务货币化来应对，导致货币基础扩张，同时债务与货币比率下降。

储备与债务的比率通常先下降后上升。在这个阶段，我们看到储备相对于债务出现下降——最初是因为债务水平快速增加，随后是因为央行在试图捍卫本币时消耗储备（通过卖出外汇）。在政策制定者让货币贬值后，这个比率开始改善，因为货币贬值在机制上降低了本币债务相对于硬通货资产的价值，并提高了国家的竞争力，帮助其赚取更多硬通货收入（见图7-3）。

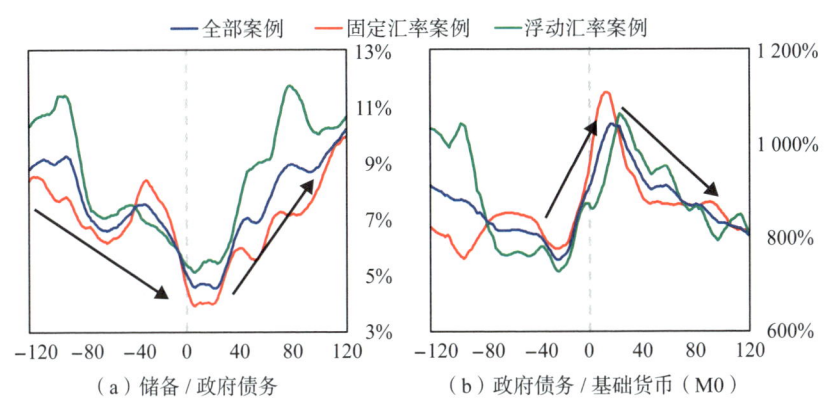

图7-3

表 7-1　货币贬值与债务减记期间的资产回报（超额收益）（1）

	单一资产回报（波动率15%）				资产与债务/外汇表现	
	黄金（以本币计价）	商品指数（以本币计价）	股票	名义债券	黄金与债券（波动率匹配）	股票、黄金及商品与债券（波动率匹配）
平均回报	81%	55%	34%	−5%	94%	71%
中位数回报	66%	49%	3%	−2%	71%	38%
日本：二战	282%	203%	100%	−53%	335%	260%
德国：魏玛时期的恶性通胀	245%	241%	754%	−99%	501%	516%
美国：1971年贬值	185%	162%	−44%	−6%	191%	141%
意大利：二战	173%	156%	92%	−28%	201%	154%
美国：大萧条	149%	70%	33%	19%	130%	68%
日本：大萧条	146%	73%	60%	30%	116%	72%
意大利：20世纪20年代初贬值	126%	105%	−22%	−15%	141%	71%
美国：20世纪70年代末贬值	109%	56%	3%	−33%	143%	104%
英国：20世纪70年代末贬值	88%	23%	22%	19%	69%	37%
英国：大萧条	81%	−4%	−8%	26%	56%	2%
英国：二战后贬值	75%	57%	11%	19%	57%	38%
意大利：20世纪70年代末贬值	73%	20%	−16%	−42%	114%	79%
法国：20世纪20年代初贬值	73%	87%	43%	−11%	84%	59%
法国：二战	71%	90%	11%	−14%	86%	66%
英国：2008年金融危机	71%	11%	24%	52%	19%	−4%
英国：二战	66%	52%	8%	18%	49%	31%
土耳其：2018年国际收支危机	66%	40%	63%	−27%	144%	165%

　　本表格展示了从货币贬值至汇率达到新均衡期间的回报率（例如，美国大萧条时期的数据从挂钩破裂当月开始计算，对于长期贬值案例则展示完整贬值周期的回报）。需注意，在市场休市、违约或拥有低质量数据的情况下，单个案例的回报率和波动率调整可能存在误差，因此具体数值仅供参考，并不精确。

表 7-2　货币贬值与债务减记期间的资产回报（超额收益）（2）

	单一资产回报（波动率 15%）				资产与债务/外汇表现	
	黄金（以本币计价）	商品指数（以本币计价）	股票	名义债券	黄金与债券（波动率匹配）	股票、黄金及商品与债券（波动率匹配）
美国：2008年金融危机	63%	2%	16%	55%	7%	−27%
墨西哥：1982年债务违约	53%	73%	−27%	−81%	134%	131%
阿根廷：20世纪90年代恶性通胀	47%	54%	—	—	—	—
土耳其：1994年国际收支危机	46%	51%	−1%	−50%	97%	99%
墨西哥：特基拉危机	40%	47%	−18%	−42%	82%	77%
日本：2008年危机+安倍经济学时期	38%	−21%	61%	49%	−11%	−22%
巴西：2002年国际收支危机	31%	33%	−11%	1%	25%	15%
意大利：欧债危机	28%	−2%	−16%	11%	17%	−6%
西班牙：欧债危机	28%	−2%	−15%	39%	−11%	−34%
巴西：1999年挂钩破裂	27%	16%	−3%	−6%	33%	26%
巴西：2014年国际收支危机	25%	−11%	−14%	−2%	49%	24%
日本：泡沫后贬值期	23%	64%	6%	48%	−25%	0%
希腊：欧债危机	23%	−13%	−50%	−49%	71%	30%
阿根廷：2001年挂钩破裂	20%	14%	−4%	0%	21%	16%
土耳其：2001年恶性通胀	13%	1%	−13%	22%	−9%	−22%

图 7-4 展示了政府债务和基础货币的典型演变路径。通常，我们看到政府债务首先上升（通常是为应对某种危机），而货币增长基本保持不变（实际上，在央行试图进行汇率防守的周期点上还会放缓）。政府通常试图通过各种技术手段进行控制，例如，外汇管制或货币管理（如有时官方汇率与市场汇率存在差异）。这些管制措施造成市场扭曲，弊大于利。在央行放弃防守并让货币贬值后，货币发行速度加快，推动了通货膨胀，从而提高了政府的名义收入相对于其债务的水平。这种动态模式在固定汇率和非固定汇率的案例中基本相似。

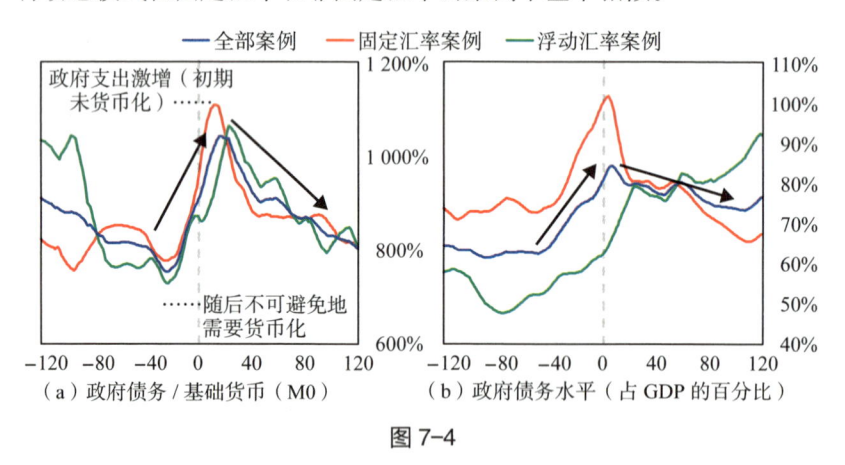

图 7-4

图 7-5 展示了储备与政府债务的比率。储备相对于债务的下降主要是由政府债务增加导致的，也有在周期后期抛售储备、抵御货币崩溃的作用。在停止出售储备且货币贬值后，这个比率通常会得到改善，因为货币贬值降低了本币政府债务相对于剩余硬通货资产的价值。

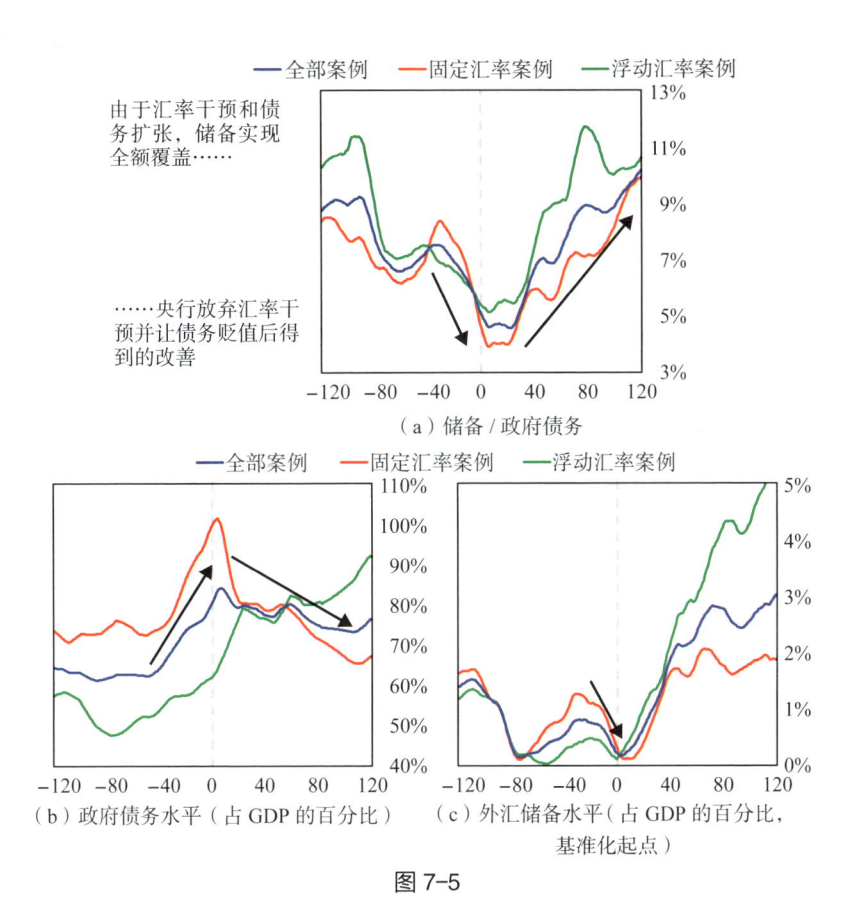

第二部分　导致中央政府和中央银行破产的典型演进路径

由于汇率干预和债务扩张，储备实现全额覆盖……

……央行放弃汇率干预并让债务贬值后得到的改善

（a）储备/政府债务

（b）政府债务水平（占GDP的百分比）

（c）外汇储备水平（占GDP的百分比，基准化起点）

图 7-5

第8阶段：实施非常规政策（如特别征税和资本管制）

在这个阶段，政府现金紧缺，其通常会提高税率以试图满足融资需求。更高税收的预期给家庭和企业带来额外压力，这促使他们将可能的资产转移出境。对此，政府通常会实施资本管制以试图遏制资金外流，但此时经济和货币外逃的压力已超出政府控制能力，难以有效止血。

图 7-6 从不同的角度展示了各种案例中的税率变化。例如，你可以看到，在货币贬值前的几年里，高收入者的边际所得税率和遗产税

率都上升了约 10%。[23]

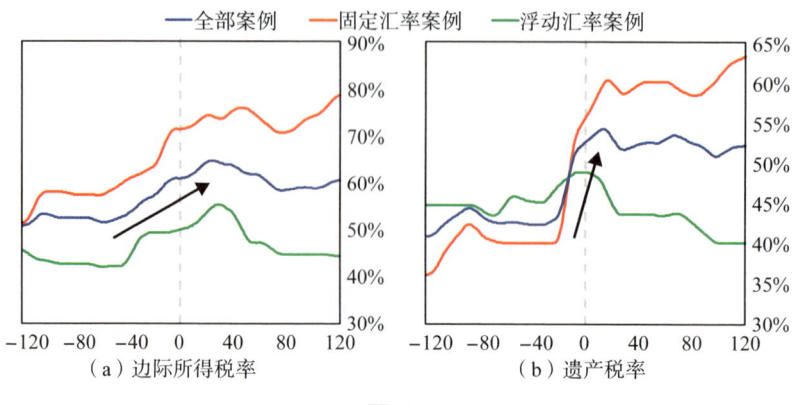

——全部案例 ——固定汇率案例 ——浮动汇率案例

（a）边际所得税率 　　（b）遗产税率

图 7-6

为了防止资金因此外逃，提高税率通常会与资本管制措施同时实施。你可以从表 7-3 中看到这种做法的普遍程度：

表 7-3　严格/加强资本管制的 20 年 [24]

	1900	1920	1940	1960	1980	2000
英国	是	是	是	是		
美国	是	是				
中国			是	是	是	
德国	是	是	是	是		
法国	是			是		
俄罗斯①	是	是	是	是	是	是
奥匈帝国	是					
意大利		是				
荷兰				是		
日本			是		是	

---

23. 需要注意的是，税率数据仅涵盖美国、英国、日本、德国和法国。
24. 尽管此表并未穷尽所有情况，但我已纳入能明确证实在所示 20 年间发生的各类实例。相关资本管制是指对投资者资金跨境流动及资产转移实施的有实质意义的限制（但不包括针对单个国家的定向措施，如制裁）。
① 跨多个历史时期时，本书使用"俄罗斯"指代，不再标注不同时期的名称。——编者注

第9阶段：去杠杆化过程必然会减轻债务负担并实现重返均衡

在通货膨胀性衰退导致债务贬值的情况下，政府通常会在周期末期通过出售资产来提高储备，同时，央行会将货币与硬通货或硬资产（如黄金）挂钩，并维持严格的货币政策和极高的实际利率，从而实现从快速贬值货币向相对稳定货币的转型。这种政策严厉惩罚了借款者-债务人，而有利于贷款者-债权人，从而促使资本重新购买债务/货币，最终实现债务/货币的稳定。

在此阶段，货币已贬值，仍持有该货币及债务的投资者已承受实际价值的巨大损失，这大幅减轻了债务人的偿债负担。此时，稳定债务与货币只需少量支持。若管理得当，政府将通过以下方式增加储备：抛售国有资产，或者获取国际货币基金组织等机构的贷款（此类贷款通常要求实施包括财政紧缩在内的稳健政策）。现阶段利率仍维持在高位（事实上，相对于预期通胀率和货币预期贬值幅度而言是极高的），这意味着若调控得当，央行能使债务/货币重获投资吸引力，同时令该币种债务融资成本变得极其昂贵。正是在此阶段，随着债务的大规模减记与重组，以及某种形式硬通货机制的回归，**一个更具公信力的、稳定的新货币体系得以建立**，从而重新吸引了投资者和储户持有该货币。这通常伴随着债务的大规模减记与重组及回归某种形式的硬通货。这还需要进行一系列根本性调整，以改善国家的资产负债表和收支状况。

实现转型通常需要以下 5 个经典步骤：

1. **将国家债务重组至可管理的水平**，使储备资产能够覆盖大部分负债，且政府的偿债支出不再超过其收入增长；通常还需要对外币债务和部分本币债务进行违约和重组（见图 7-7）。

── 全部案例　── 固定汇率案例　── 浮动汇率案例

(a) 储备/政府债务

(b) 储备/利息支出

── 全部案例（不含进行中的案例）　── 固定汇率案例（不含进行中的案例）　── 浮动汇率案例（不含进行中的案例）

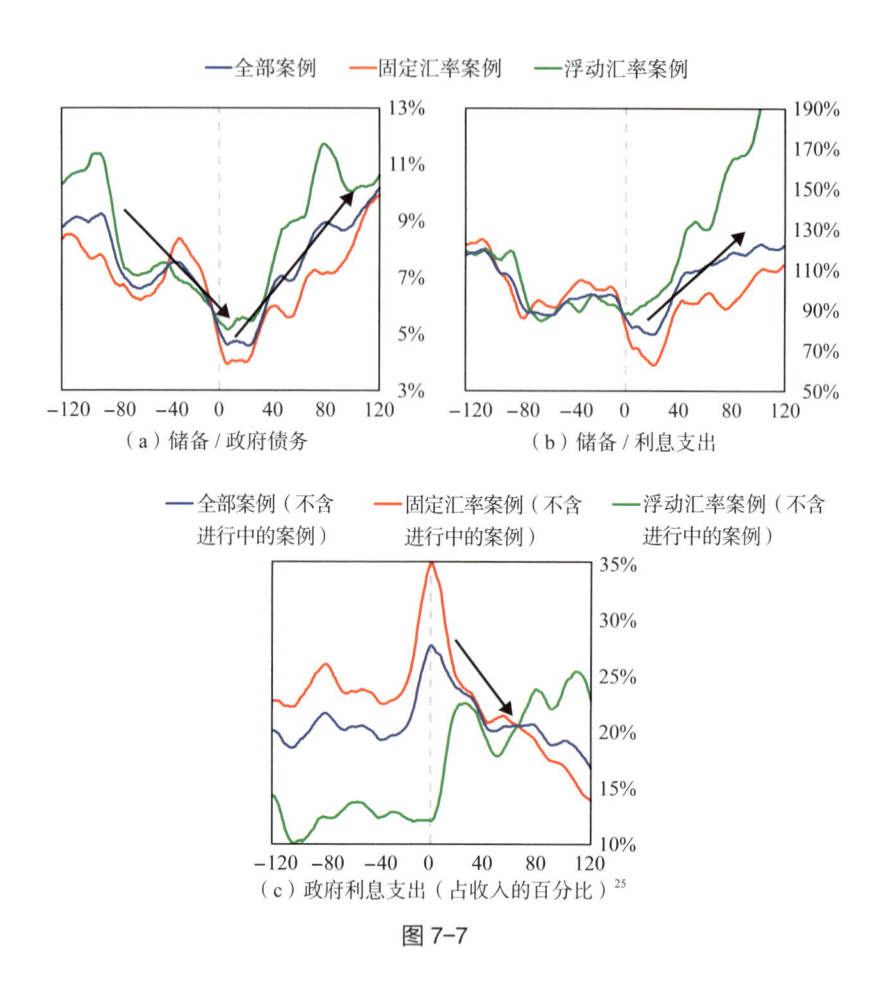

(c) 政府利息支出（占收入的百分比）[25]

图 7-7

图 7-8 展示了货币贬值后政府债务占 GDP 比重变化的归因分析（基于案例集的平均数据）。如图所示，在平均情况下，中央政府债务在货币贬值时约为 GDP 的 89%。绿色柱状图显示了债务与 GDP 比率下降的驱动因素：央行购债平均贡献 7%，通胀占 38%，实际经济增长占 26%，基本财政盈余占 16%，债务重组或违约占 8%；红色柱状图显示了推高债务的因素——利息成本占 76%。在这些因素的净影响下，

---

25. 为了更清晰地展示政府资产负债表在经济周期上升和下降阶段的变化，图中排除了近期仍在演变的少数案例（如美国、欧洲、英国以及金融危机后的日本）。

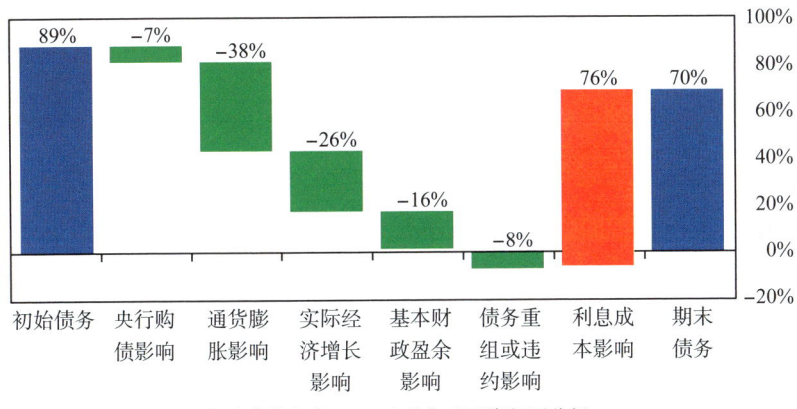

第二部分　导致中央政府和中央银行破产的典型演进路径

（a）政府债务占 GDP 比重典型下降归因分析

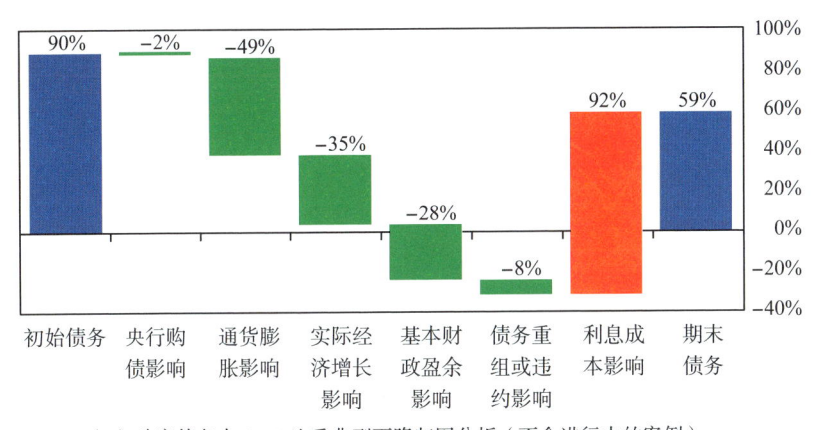

（b）政府债务占 GDP 比重典型下降归因分析（不含进行中的案例）

图 7-8

债务比例从 89% 降至 70%，其中通过激进刺激政策推升通胀和实际增长是减轻债务负担的核心力量。换言之，以本币计价的政府债务主要通过两个途径来化解：（1）央行通过创造货币与信贷、推高通胀、刺激实际增长以及债务重组等方式支付本息，从而使名义收入的增速超过偿债支出的增速；（2）按图示比例进行违约债务的重组。虽然图中显示的是全样本情况，但这种特征在可自主发行货币的国家尤为显著。在多数情况下，债务问题不会彻底消失，而是通过上述方式转化为可控负担。需要说明的是，这些虽是平均值且存在较大波动区间，但各个案例的模式高度一致。

2. **实施深刻、痛苦的财政政策调整**，使国家财政实现可持续性，而无须通过印钞实现债务货币化。中央政府通常需要实施深刻、痛苦的财政政策调整，并配合稳健的国际收支调整。一般而言，在政府能够以较低利率降低利息成本之前，基础财政赤字往往会出现更大幅度的改善（见图 7-9）。

（a）政府赤字（占 GDP 的百分比）　　（b）基本赤字（占 GDP 的百分比）

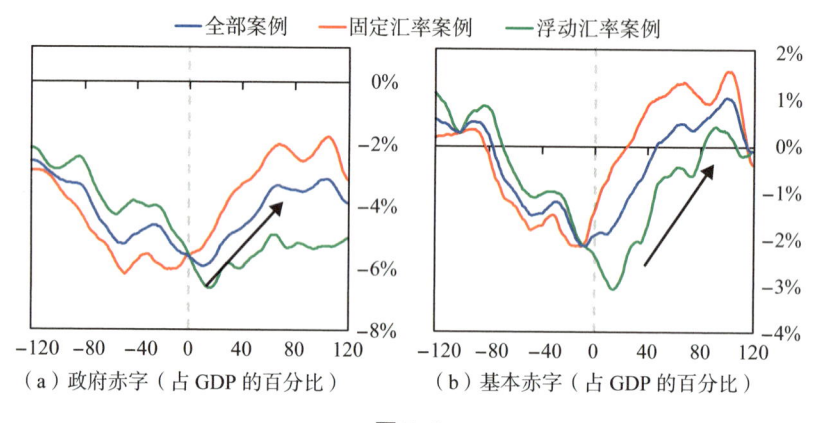

图 7-9

3. **获取充足的外汇储备来捍卫本币汇率（或在旧货币崩溃需启用新货币时提供支撑），通常是这一过程的必要环节**。货币贬值往往对此具有双重助益：一方面，汇率下跌会提升该国外汇储备相对于名义债务的价值；另一方面，其通过增强国家竞争力，使出口收入相对于进口成本实现增长。此外，我们通常观察到两种并行措施：通过资产抛售进一步充实储备，以及偶尔向官方债权人借款（此时仍愿放贷的机构已不多）。政府通常还会出售国有企业及其他资产，此举既能增加储备资金，又可提升这些企业的运营效率（见图 7-10）。

第二部分 导致中央政府和中央银行破产的典型演进路径

(a)外汇储备(占GDP的百分比,指数化)

(b)储备/基础货币(M0)

(c)经常账户(占GDP的百分比)

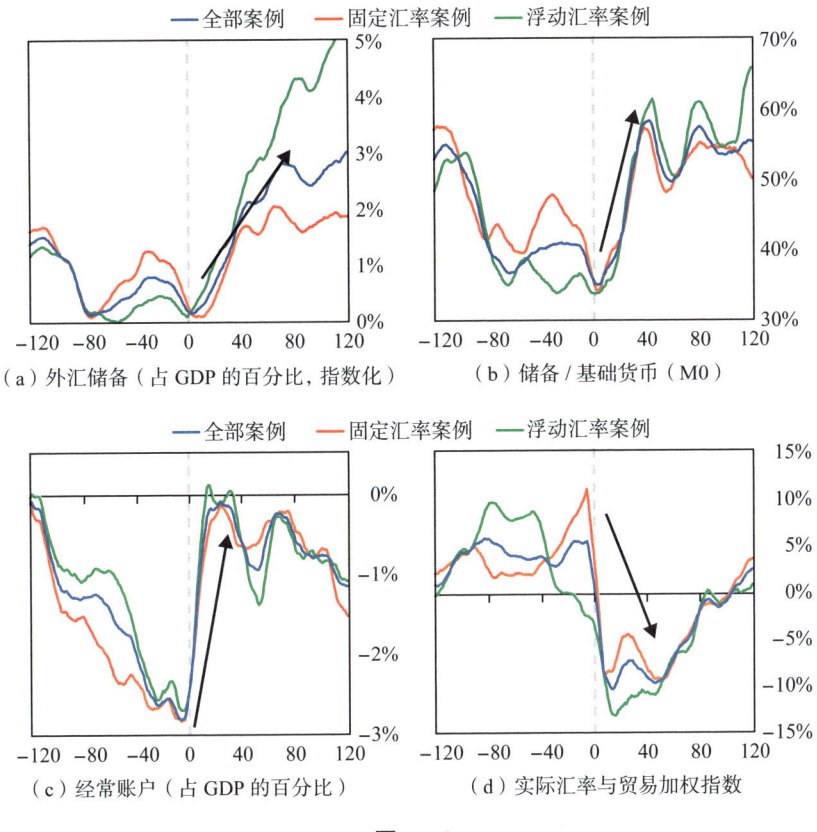

(d)实际汇率与贸易加权指数

图 7-10

4. 提供更高的实际利率,以超额补偿投资者持有该货币的风险。

图 7-11 显示了本币债务和硬通货债务的名义利率。

(a)名义短期利率

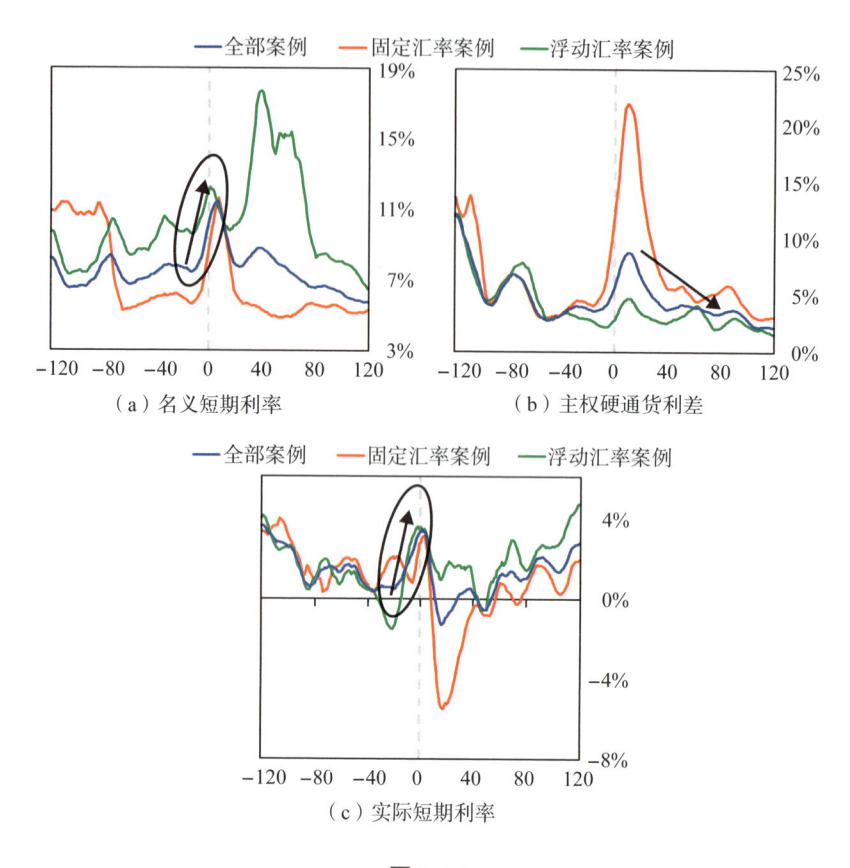

(b)主权硬通货利差

(c)实际短期利率

图 7-11

5. 对央行的行为进行限制，防止其损害新稳定货币的财务可持续性（见图 7-12）。

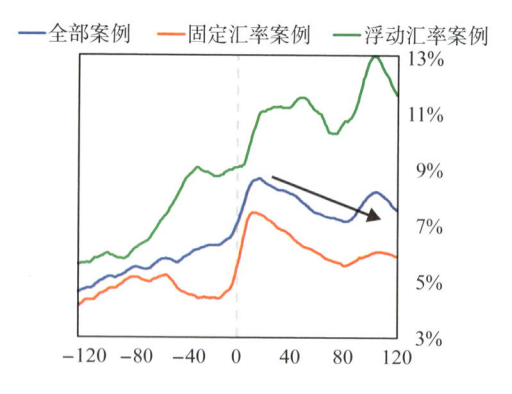

图 7-12 央行债券持有量（占 GDP 的百分比）

当这些条件得到满足时，就是持有该国货币和债务的最佳时机之一（见图 7-13）。

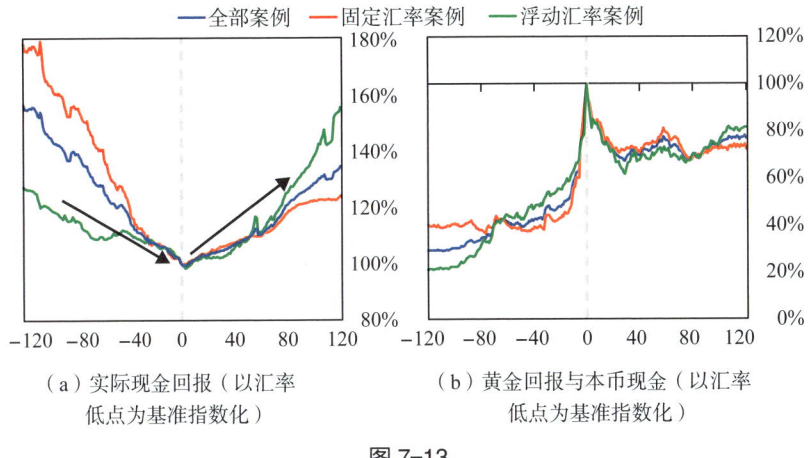

（a）实际现金回报（以汇率低点为基准指数化）

（b）黄金回报与本币现金（以汇率低点为基准指数化）

图 7-13

这就是我所认为的典型大债务周期的末期。现在让我们回到宏观层面，审视这个大债务周期在过去 80 年间是如何演进的。

8
整体大周期

如果我必须选出这本书中最重要的章节，那非本章莫属。这是因为本章探讨了正在深刻改变世界秩序的最强大且最重要的力量，并展示了这些力量如何以及为何反复推动历史进入大周期。在目睹了如此多的周期后，观察正在发生的事情就像观看一部我已经看过多次的电影，只不过我看到的是一个现代版本，其中人们穿着的衣服和使用的技术更现代。我希望向你展示我所看到的一切。同时，通过揭示过去发生了什么及其原因，我们可以理解那些曾经难以想象的发展现在是如何发生的，以及为何未来仍有可能发生。

尽管本书主要聚焦于理解债务/信贷/货币/经济周期的运行规律，但我们不能孤立地看待这些动态，因为它们的发展演变始终受到其他重大力量的影响。同理，要理解其他领域的变化，我们也必须把握债务/信贷/货币/经济力量，因为其对大多数领域的发展具有深远影响。五大力量共同构成了驱动货币秩序、国内秩序乃至世界秩序发生根本性变革的"整体大周期"。

我在《原则：应对变化中的世界秩序》一书中系统阐述了过去500年间"整体大周期"的作用机制及历史表现。但我不会在这里介绍那600页的内容，而是要提供简要介绍。这样，当我们探讨第三部分（回望过去）和第四部分（展望未来）时，各位便能对照"大债务周期"与

"整体大周期"的分析框架，验证实际发展与理论模板的契合度。

机器如何运作

世间万物皆有其运行规律，在我看来，一切变化如同永动机般周而复始。要理解这部机器，就必须洞悉其内在机制。由于万物直接或间接地相互影响，这套机制异常复杂。我有时会尽可能详尽地阐释其复杂性，正如我在前文中解析国家破产机制的时候所做的那样；有时会力求化繁为简。俗话说："愚者把事情复杂化，智者把事情简单化。"在本章，我将尝试用简明的语言阐释大周期的运作原理。首先，我将说明我的分析方法。

作为一生中大部分时间都在从事全球宏观投资的人，我一直试图理解因果关系，并为其建模，再利用我的模型来押注市场走向。为此，**在过去约 35 年里，我创建了计算机专家系统，使计算机能够像我一样做出决策**。这些系统基于以下原则：

● *决策系统应基于永恒和普适的原则，这意味着其应当能够解释所有时间范围内以及所有国家中发生的所有重大发展，尽管不一定精确或详细。如果其无法解释所有时间范围内以及所有国家中发生的所有重大发展，这就表明有一个重要的影响因素缺失，需要将它添加到模型中。*

我构建的专家系统是人工智能的早期形式。现在，随着人工智能领域的各种突破，我相信我们所有人都即将理解驱动一切的因果关系，尽管目前我们仍然需要以传统方式，通过当今可用的计算和人工智能工具来研究过往事件。正因如此，在我努力尝试去理解和阐述那些改变我们所知世界的最重要机制时，我进行了这些深入的研究，并对其进行了阐释。接下来我要描述的内容，正是这一过程中产生的成果。然而，由于驱动大周期的力量如此宏大，我们不需要纠结于细节和复杂性，便能轻易地把握并理解它们。

从宏观层面来看，最重要的 5 个驱动因素包括：[26]

1. **债务／信贷／货币／经济周期**
2. **内部秩序和混乱周期**
3. **外部秩序和混乱周期（变化中的世界秩序）**
4. **自然力量（干旱、洪水和疫情）**
5. **人类的创造力，最重要的是新技术的发明创造**

这些力量相互影响，共同塑造了最重要的历史进程，推动市场和经济沿着一条向上倾斜的趋势线周期性波动。这条趋势线的上升斜率主要取决于实干家（如企业家）的创造力——当他们获得充足资源（如资本）并能与各方（同事、政府官员、律师等）有效协作时，便能通过发明创造和生产实践持续提升生产力。

就短期（1~10 年）而言，短期周期，尤其是债务周期和政治周期，占据主导地位。而就长期（10 年及以上）而言，长期周期以及生产力上升的趋势线则会产生更大的影响。正如我之前所解释的，从概念上看，这种动态演变过程如图 2-2 所示。

现在我将深入探讨这五大力量。在阅读有关它们的内容时，请思考这些力量是如何发挥作用的，以及它们目前的作用。这将有助于你明白"历史重演"是怎样发生的，从而能更好地理解当下和预测未来。

---

26. 此外，人口结构的力量将不可避免地导致大量老年人不工作，赡养费用高昂（因为在这一生命阶段，他们的医疗费用会很高），发达国家的劳动力正在缩减，发展中国家的人口则大幅增长，但其中只有很小一部分人真正具有生产力。

整体大周期如何运作：五大力量

我们如今已处于始于二战结束后的"整体大周期"中的第 80 个年头，这一周期大体上正以经典的方式展开，并将催生剧烈的变革，只有通过在历史背景下想象这五大力量同时互动，我们才能理解这些变革。

更具体地说：

1. 债务 / 信贷 / 货币 / 经济周期

在这本书中，我阐述了那些对大债务周期产生重要影响的关键因素（如偿债支出与收入之比、新发行债务的规模与市场需求之比、债务资产持有者持有其现有债务资产的意愿，以及之前所解释过的其他因素等）。

因为我已经非常全面地分析了这个大债务周期，你可能都已经听腻了，所以我不会再解释太多。**我只想重申一下我的主要观点：**

- **一直以来，短期周期始终存在，并且我预计它们将持续存在。随着时间的推移，这些短期周期将累积成"大债务周期"。**
- 短期债务周期的平均持续时间通常约为 6 年，上下浮动 3 年（这一周期的长度取决于多种影响因素，我们可以通过监测这些因素来估算每个周期的持续时间）。
- 长期债务周期平均持续时间约为 80 年，上下浮动 25 年（这一周期的持续时间同样受到诸多因素的影响，我们可以监控这些因素，进而对每个周期的长度做出估算）。
- 这些债务周期受到其他因素的影响，同时也反过来影响其他事物，其中最为重要的是我提出的另外四大力量。

简言之，永恒的和普适的（历经数千年且在各个国家皆如此）驱动大债务周期变化并引发重大债务和经济问题的因素是，相对于现有的货币、商品、服务和投资资产数量而言，不可持续地创造出了大量的债务资产和债务负债。这总会引发严重的债务危机和银行挤兑现象。所谓"挤兑"，指的是债务资产（这些资产本身并无内在价值，其唯一的价值在于购买力）的持有者试图将其兑换成真实的货币，银行却无法满足这种需求。典型的情况是，当这些债务资产的持有者试图将其兑换为货币并购买商品时，发现无法获得其债务资产中存储的购买力，这就会让挤兑加速并自我强化，从而引发市场价值和财富的巨大波动，直到债务出现违约、重组和/或货币化，使得债务负担相对于收入得以减轻，最终达到新的平衡。几乎所有的债务最终都会通过货币化来解决，即中央银行通过大量创造货币和信贷来帮助偿还债务，但这会导致货币和债务贬值。

值得注意的是，当债务/货币力量、内部秩序力量和外部秩序力量处于周期的晚期阶段（债务高企、内部和外部冲突加剧）时，这通常意味着重大冲突以及货币秩序、内部秩序及世界秩序的巨大变革即将来临。**正如生命周期一样，大周期也会经历不同的阶段。我称之为"第 5 阶段"的晚期阶段，就在引发大周期终结的萧条和战争阶段之前。基于我稍后将解释的原因，我认为我们目前正处于这一晚期阶段。这是一个激进的且通常充满出人意料的变化的时期，这些变化在人的一生中可能未曾出现过，但在历史上屡见不鲜。**在这样的时期，我们了解过去重大变革的案例并思考它们是否会再次发生，具有极其重要的价值。

在《原则：应对变化中的世界秩序》一书中，我研究了多个这样的案例。由于历史能够有效帮助我们理解因果关系，并为当前正在发生和可能发生的事情提供视角，因此我们可以利用这些历史案例来思考在现有的情况下，哪些事情是逻辑上可能发生的。

那么，当前的形势究竟如何？此时此刻，美国以及所有其他主要国家都背负着巨额债务，同时这些国家的内部秩序正变得越来越民族主义化和分裂化，国与国之间的关系也日益紧张，自然灾害频发且代价高昂，而令人惊叹的新技术也在不断涌现。

通过研究过去具有相似条件组合的案例，我们可以帮助自己想象那些原本难以预见的可能性发展。例如，我多次观察到（且在本书接下来的部分中将会展示），当面临类似债务过剩的情况时，包括美国在内的国家曾采取了以下非同寻常的行动：

- 对其他国家施加压力，迫使其购买本国债务（如英国过去所做的那样）
- 选择性冻结债务和/或没收"敌对国家"的资产（如美国在1941年对日本以及近期对俄罗斯所采取的措施）
- 通过延长债务期限和/或债务货币化实现债务重组或违约，以削减债务负担（类似于希特勒上台后德国所采取的方式）
- 实施没收性税收和资本/外汇管制，以防止资产外流
- 重新评估/管理政府资产
- 创造新型货币

需要明确的是，我并不是在断言这类事件必然会发生，同时我也在犹豫是否应该提出这些可能性，因为这样做可能会引发过度恐慌，从而引发不恰当的和过激的行为。然而，正如一位负责任的医生在面对病情严重的患者时那样，如果我不将过去的案例所揭示的可能性如实传达，

那将是不负责任的，因为这些可能性有时确实会伴随这些状况出现。

2. 内部秩序和混乱周期

国家内部存在着短期的政治波动，平均持续时间约为 6 年，上下浮动 3 年。随着时间的推移，这些波动会累积成内部秩序的重大转变，这种转变通常持续约 80 年，上下浮动 25 年。需要重申的是，我并不是说这些时间框架是固定不变的，因为它们的持续时间存在很大的变数。但我强调的是，它们一直都存在。其持续时间受多种因素的影响，我们可以通过监测这些因素来对每个阶段的持续时间进行估算。[27] 这些周期存在于国家内部，并引发治理体系（我所说的"秩序"）的冲突和变革。

这些权力斗争在所有的政府体系、各类组织甚至家庭中基本上都以相同的方式展开，因为应对这些斗争的方式深植于人性之中。

那么，这些斗争是如何运作的呢？

道理很简单：没有什么能永远不变。这包括围绕既有领导者和治理体系建立的秩序。**秩序的变化是由那些拥有最大权力的人推动的，他们决定事情的走向。当那些不掌控现有秩序的人获得了比掌控者更多的权力，并希望改变秩序时，秩序就会发生变化。**当以下两个条件同时满足时，冲突就会发生：（a）一个强大的群体希望改变秩序；（b）双方的力量对比不明确，只有通过斗争才能决定胜负。如果（a）不存在一个希望改变秩序的强大群体，和/或（b）存在一个希望改变秩序的强大群体，但其力量远超现有秩序的掌控者，以至于能在几乎没有斗争的情况下实现改变，那么冲突就不会发生。

---

27. 我在《原则：应对变化中的世界秩序》一书的第 5 章《内部秩序和混乱大周期》中对此进行了更全面的阐述。

在民主国家中，选举周期与经济周期大致同步，因为糟糕的经济状况通常会导致政治变革。● *新的领导人上台之初，如新总统上任的前 100 天，通常会有一段蜜月期，并伴随着极大的乐观情绪。此时，人们对重大变革和巨大改善充满期待，而现实和对新领导人在塑造和处理这些变革方面的批评尚未到来。随着时间的推移，领导人为了当选而做出的重大承诺通常变得难以兑现，坏事也随之发生，失望情绪开始蔓延，批评者和敌人变得更加大胆，领导人的支持率逐渐下降。这一切都使得保住权力的斗争变得更加艰难，而这往往会导致为了达到目的而采取更加极端的行动。*

在我撰写本书的 2025 年 3 月，这些动态正在美国发挥作用。事态的发展通常主要取决于经济状况，而经济状况又主要取决于影响市场和经济的短期及长期债务/信贷/货币/经济周期所处的位置，尽管外生性事件（如干旱、洪水、疫情以及重大的国际或国内冲突）也可能起到重要作用。

国家内部的所有治理秩序都会从一种类型转变为另一种类型，如从民主制转变为专制，或从专制转变为民主制，而每种主要类型的秩序又有不同的表现形式，有些管理得当，有些则管理不善。接下来，我将重点关注民主制度失败时会发生什么。

● *当民主制度失败时，专制制度便会取而代之。*

在我对历史上秩序变化的研究中，我观察到从代议制民主共和制向专制制度转变的典型过程。这些变化在以下例子中得到了体现：古罗马的尤利乌斯·恺撒（公元前 49 年—前 44 年）、法国的拿破仑·波拿巴（1799—1815 年）、意大利的贝尼托·墨索里尼（1922—1943 年）、德国的阿道夫·希特勒（1933—1945 年）、日本由多位领导人组成的统治集团（1931—1945 年）、西班牙的弗朗西斯科·佛朗哥（1936—1975 年）、土耳其的雷杰普·塔伊普·埃尔多安（2016 年至今）以及其他许多国家的领导人如何转变为独裁统治者。我也在柏拉图于公元前375年左右撰写的《理想国》中读到了相关内容，这本著作至今仍是对民主如何转变为专制的有价值的描述。

在几乎所有案例中，代议制民主共和制国家都存在巨大的财富和价值观差距、糟糕且不断恶化的状况，以及软弱且分裂的领导层。这些民主国家无法解决自身的问题，因为民主制度本质上依赖于对立派系之间的妥协，而此阶段往往不会出现妥协。因此，对立的双方不再遵循法律和妥协体系，而是不惜一切代价地争夺胜利。这通常会导致极右翼、软弱的中间派和极左翼之间的民粹主义冲突加剧。冲突不断升级，尤其是在经济紧张时期，这引发了对控制权的争夺。这些权力斗争的方式在很大程度上具有相似性，其背后的逻辑我将在下文中解释。

柏拉图指出，且我的历史研究也证实，民主国家的领导人通常会迎合选民对眼前利益和暂时救济的诉求，而不是采取艰难的措施来解决深层次的系统性问题，从而在长期内使国家变得强大。我在历史记载中看到，领导层通常也会变得软弱、堕落和腐败，尤其是在经历了长期繁荣和缺乏挑战的时期之后。柏拉图认为，当民主制度变得软弱、堕落，并失去了对正义和美德的追求时，就会走过巅峰并开始衰落。这些时期通常伴随着腐败加剧、不平等加深，以及制度失效。当体制无法再满足大多数人的需求时，它就会失去合法性。事实上，早在柏拉图之前，这种动态就已在中国被认知（可追溯到公元前1046年）。这正是秩序瓦解的原因。

● **在混乱时期，金融、政治和军事力量比法律更为重要，而专制制度通常比软弱、混乱的集体主义更为有效。**

柏拉图把推动从民主走向专制的革命性变革的人称为"煽动者"。煽动者操纵公众舆论，煽动情绪，并使用非常手段来获取权力。他们通常会激起民粹主义情绪，承诺以简单的方式解决复杂的问题（往往以牺牲真相或理性讨论为代价），并通过宣传和恐吓来获取和扩大权力。他们通常来自受过良好教育的阶层，周围聚集着其他有权势者。当这些煽动者来自极右翼时，他们及其支持者通常是富有的贵族（在古代）或资本家（自工业革命以来），他们在信念和自身利益上结盟，认为伟大的领导需要强有力的领导层和来自顶层的强大合作，就像强大的公司必须紧密协作才能成就伟业一样。当煽动者来自左翼时，他们通常从弱势群体中获得支持。随着这些民粹主义领袖，无论是来自右翼还是左翼，逐渐掌握权力，他们通常会采取宣传、胁迫和权力集中等手段，削弱他们的敌人以及支持敌人的和/或支持那些助长问题而非解决问题的低效官僚机构的民主制度。这一过程最终常常导致民主被更为集中的独裁政体取代。

一位强势的CEO（首席执行官）管理公司的方式可能很难与煽动者的方式区分开来。事实上，一些强势的CEO是以煽动者的方式在治理公司，因此我们可以预期，如果他们管理政府，那么也会采取同样的方式。在这两种情况下，他们都是掌控权力并实施激进变革以实现根本性改进的人，而关键问题在于对他们进行制约的机制是什么，以及他们会将专制推行到何种程度。如果观察一家公司，我们应该看其是否存在强有力的监督和控制力量，比如一个强大的董事会和有效监管机构的制约；对政府而言，这种制约来自监督机制和权力分立。制约越少，领导者就越可能变成独裁者。一个相关的重要原则是 ● **权力导致腐败，绝对的权力导致绝对的腐败**，这句话通常被认为是历史学家兼政治家阿克顿勋爵于1887年提出的。

在新兴的秩序中，金融和政治权力比法律更为重要，而专制制度通常比软弱、混乱的集体主义更为有效。

**在大多数情况下，从民主制向专制制度的转变是在民主规则框架内进行的，并会在几年内（通常是3～5年）逐渐走向极端。这些领导人通常会对货币、内部政治和地缘政治秩序进行激进改革，并往往更倾向于民族主义、军国主义、扩张主义和专制化。如前所述，这样的例子包括罗马的恺撒、法国的拿破仑、德国的希特勒以及意大利的墨索里尼。

正如《原则：应对变化中的世界秩序》一书中详细解释的那样，对正在观察当今局势的人来说，这是显而易见的，重大的政治转变（主要是向极右翼倾斜）正在出现，其原因与过去相同。

3. 外部秩序和混乱周期（变化中的世界秩序）

国家之间如何相处至关重要，而这也呈现出了周期性。

正如国家内部存在内部秩序（和谐、生产力和繁荣）和混乱（重大冲突、破坏和萧条）周期一样，国家之间也存在外部秩序（和谐、生产力和繁荣）和混乱（重大冲突、破坏和萧条）周期。混乱时期通常发生在各国争夺由谁来制定何种秩序的权力时。然而，由于从未有过一个有效的全球治理体系，世界秩序更容易陷入混乱和冲突。

作为大周期的一部分，历史上也出现了以下两种模式之间的巨大波动：（a）单边主义，各国为自身利益而斗争，强者胜过弱者，遵循"丛林法则"或"适者生存"；（b）多边主义，各国追求全球和谐、和平共处以及平等主义。

从历史上看，多边主义唯一奏效的时期是在战争之后，当人们厌倦了冲突，并且有一个主导力量来强制执行秩序时。事实上，在历史上的大部分时间里，残酷和具有破坏性的单边主义是常态，而追求和谐、和平共处和共同利益的多边主义时期极为罕见且从未持续。例如，直到1648年，在惨烈的30年战争之后，欧洲才达成《威斯特伐利亚和约》，确立了国家边界的概念，并承诺尊重这些边界，而不是像以往那样通过战争掠夺他国资源（尽管这种承诺只是偶尔奏效）。

另一个例子是，直到第一次世界大战后，伍德罗·威尔逊，这位理想主义的普林斯顿大学校长，于1913年成为新崛起的美国的总统，天真地希望建立一个模仿美国治理体系的世界治理体系——国际联盟。然而，国际联盟未能持续下去，也未能阻止第二次世界大战的爆发。二战之后，美国主导的新世界秩序促进了联合国、国际货币基金组织、世界银行、世界卫生组织、世界贸易组织、国际法院、世界知识产权组织等多边机构的建立。**这些机构旨在促进全球合作、经济稳定和集体问题的解决。美国凭借其无与伦比的经济和军事实力，成为这一自由国际秩序的核心，推动民主、自由市场和人权的普及。尽管这一体系并非完美无缺，但它维持了相对的稳定，迄今为止避免了另一场世界大战的爆发。**

尽管我们所有人都曾经历过一个多边主义追求和谐、和平共处和平等主义的时代，这当然也是我们所有人所希望的，**但如今多边主义正逐渐失去影响力，单边主义正在崛起**，这一现象在历史背景下是可以理解的。因此，多边组织的权力正在迅速衰落，并逐渐转移到主要大国手中。我认为，现实主义者必须接受一个事实：随着钟摆朝着以自我利益为中心的单边主义和"适者生存"的方向摆动，全球合作的愿望和现实都在受到侵蚀。越来越普遍的现象是 ● ***强者欺凌弱者***。这些发展都是我们目前所处的大周期阶段的典型特征。

尽管从多边主义向单边主义的转变起初令人震惊，但很快就被正常化。 例如，就在我撰写本书的几个月前，唐纳德·特朗普关于格陵兰岛、加拿大和巴拿马运河的言论还被认为是不可思议的。

在这样的时期，● ***联盟关系往往会随着局势的快速变化而迅速改变，胜利比忠诚更为重要。***

第二部分　导致中央政府和中央银行破产的典型演进路径

为了帮助我们想象未来，我们应该密切关注历史的教训。在历史的大部分时间里，由于不存在有边界的国家，拥有共同利益的人群（部落）会为了掠夺其他部落的财富或保卫自己的财富而战斗。当胜利者变得更富有和更文明时，他们通常会变得更加堕落和软弱，最终被更强大的野蛮人击败，而这些野蛮人又会被后来变得更强的新一代推翻。例如，罗马帝国的崛起及其被高卢人击败的故事就是这样的，这也是大多数王朝兴衰更替的写照，而随着这些王朝的更迭，领导方式也在演变。这种野蛮与文明交替的时代导致了战争频发，当蛮族强大而文明社会衰弱时，更为先进的文明往往被推翻。

● ***历史一再证明，过度文明会导致软弱和堕落，最终败给强悍的野蛮。***

这种现象在当今社会的和平且富有成效的版本，就是商业领域中的"竞争"，其通过新颖且高效的商业理念或"武器"的发明，推动了创造性的破坏。我们喜欢观看这种竞争，就像观看罗马斗兽场中的搏斗一样，甚至更喜欢亲自参与。坦率地说，我喜欢参与这样的竞争，并且我厌恶不切实际的理想主义（尽管我最推崇的是务实的理想主义）。但这种冲动的破坏性表现会导致合作缺乏，进而引发内部政治问题、地缘政治冲突、应对自然灾害（尤其是气候变化）的问题，以及在新技术领域中的冲突，这让我深感担忧。

4. 自然力量（干旱、洪水和疫情）

纵观历史，自然灾害造成的死亡人数比战争更多，摧毁的秩序也比前面提到的力量更多，而数据显示，**干旱、洪水和疫情正在增加，且代价日益高昂。尽管产生这种现象的原因尚存争议，但已发生的事实是无可争辩的。人类对自然的污染和破坏、更高的人口密度、全球**

范围内更紧密的接触（由国际旅行的增加而产生），以及因土地开发而与其他物种更密切的接触（导致疾病在动物与人类之间传播）都是产生这种现象的原因。我们经常在新闻中看到这种现象，最近的一个例子是洛杉矶野火。**几乎可以肯定的是，这些问题将变得更加严重。**

与其他力量一样，这一力量也与其他重大力量交织在一起，塑造着正在发生的事情。例如，发达国家面临的移民问题（气候变化导致的移民压力）和欠发达国家面临的生存环境问题（人们正努力适应干旱、洪水和其他变化）显然因自然灾害的增加而恶化，而由于几乎所有国家都面临债务问题，因此能够用于缓解这些问题的资金也远远不足。

5. 人类的创造力，最重要的是新技术的发明创造

科技的巨大进步，尤其是人工智能，将极大地影响所有领域的思维，无论是积极的还是消极的。

回顾历史，科技进步提高了人们的生活水平和预期寿命，用于创造经济和军事力量，也在战争中造成了巨大的破坏。科技进步与其他4种力量密切相关。当科技进步得到良好的金融、经济和社会环境的支持时，其发展速度会比在不良环境下更快。但如果科技进步依赖于不可持续的信贷扩张，就往往会导致金融泡沫和泡沫破裂。1720年的南海泡沫，19世纪三四十年代的铁路狂热，19世纪70—90年代的电力泡沫（"电流之战"），以及1990—2001年的互联网泡沫和电信危机，都是重要技术进步在推动生产力和生活水平提升的同时，导致债务泡沫和泡沫破裂及重大积极变革的典型案例。

关于大周期的讨论到此为止。这些内容已经足以让你更好地理解第三部分中描述的动态，即自1945年二战结束以来当前大周期开启后

第二部分　导致中央政府和中央银行破产的典型演进路径

发生的事件。这也将帮助你在第四部分中理解我试图展望未来的视角。但在继续之前值得分享最后一个原则，在应对大周期中出现的挑战方面，它的影响是最大的：

- *最强大且最重要的力量是人们如何相处。*

人们如果能够共同应对问题和把握机遇，而不是彼此争斗，就能获得最理想的结果。不幸的是，尽管科技已经取得了长足进步，但人性并没有太大改变，因此这很可能依然超出了人类的能力范围。

第三部分

回望过去

正如前文所述，观察正在发生的事情就像观看一部我已经看过多次的电影，只不过这次是在不同国家和不同时间背景下上演的，因为所有这些大周期都以类似的方式展开。在前几章中，我描述了这部经典电影通常是如何发展的。在本书的这一部分，我将向你展示过去的180年中最重要的案例，这些案例涵盖了美国、中国、日本以及更广阔的世界的两个大周期。通过这种方式，你可以在大约100页的篇幅中对近两个世纪的历史进行一次全面回顾。你可以看到这些大周期的演变，并将它们与我在第一部分和第二部分中描述的大周期模板进行比较。

在第9章中，我将简单带你回顾1945年之前的80年大周期。随后，在接下来的章节中，我将更全面地展示从二战结束到2025年3月我撰写本书期间发生的事情。在第三部分的最后，我将用单独的章节介绍中国和日本在同一时期的大周期。在你看到所有这些案例以及货币、内部和外部秩序的大周期变化后，你会看到大周期模板反复出现，从而能够与我一起利用这一模板来观察我们当前所见以及未来可能发生的情况，我们将在第四部分进行探讨。

第三部分　回望过去

过去皆是序幕

在我开始描述历史之前，我想传递两条原则，我认为如果你牢记它们，就会获得帮助：

● 如果你想了解重大事件如何发生以及为何发生，就不要过于关注细枝末节。那些试图近距离精确观察事物的人通常会错过最重要的大事，因为他们一门心思追求精确。因此，在探寻重大事件时，你就应关注那些大事。

● 一切事情的发生都有其原因，因此我们应该努力理解并阐释驱动变化的因果关系，并从中建立一个逻辑模板/模型，这样既能解释过去的变化，又能与实际发生的情况相符。如果存在差异，我们就应该努力理解并解决它们。

我想说的是，在最基本的层面上，前面描述的过程和周期在所有国家和所有时代都曾发生过，尽管它们并不完全相同。因此，为了看到这些过程、周期以及它们提供的模板，你需要关注已经发生的那些重大变化，同时牢记这些重大变化以及重大差异背后的原因。

为了强调重大事件的重要性，我以一种简化的方式来描述它们，所以有些人可能会指出："那并不完全正确！"他们这样说也没错。我是有意以一种不太精确的方式来传达这一模板的，目的是让人们关注到最重要的东西。

当你阅读这些历史描述时，请你记住，这个永恒且普适的模板数千年来以基本相同的方式在所有国家中运作，它是由相同的、基本的且合乎逻辑的因果关系所驱动的。如果你不过分关注细节，这些因果关系对你来说就是显而易见的。

9
1865—1945 年概述

本章短短几页开启了一系列篇章，旨在阐述大周期在过去是如何展开的。它描绘了1865—1945年的约80年的历史。通过阅读它，你将获得对历史事件的深刻洞察，并了解我的模板如何很好地解释这些事件。在本章及后续章节中，你将看到典型的大债务周期，以及那些改变了货币秩序、国内政治秩序和国际地缘政治秩序的典型的国内与国际周期，这些周期往往以战争开始，也以战争结束。你将看到，战后初期往往伴随着巨大的创造力和生产力的爆发，进而引发大规模的债务融资投机，财富差距急剧扩大，随后泡沫破裂，引发对财富和权力的新一轮争夺，最终导致新的国内外战争爆发，产生新的赢家和输家，并建立新秩序，开启下一个大周期。

从美国开始，1945年之前的80年将我们带回到美国内战结束的时期。鉴于大周期通常始于战争之后，这是一个回顾历史事件的良好起点。

1865—1918 年

美国内战围绕的依然是那些常见的议题，即谁能预测与经济、政治和社会有关的事件的走向，如当时的奴隶制问题。正如这类冲突的

典型特征一样，战争代价极其高昂，且通过债务融资，债务最终膨胀到无法偿还的地步。美国政府的债务从占 GDP 的 2% 激增至 40%，仅利息支付就吞噬了预算的一半以上，这还不包括战败的南方邦联各州的债务，它们在战后违约。战争初期，美元与黄金挂钩，黄金的价格为每盎司 20.67 美元。战争期间，美国政府违背了偿还债务的承诺，禁止美元持有者将其兑换为黄金。它发行了不以黄金为支撑的纸币（称为绿背纸币），导致货币价值暴跌，而黄金在这种新发行的货币中的价值飙升至每盎司约 250 美元。1865 年，这种新货币的通胀率更是高达 80%。

一个永恒且普适的原则需要铭记于心：

● **当债务相对于偿债所需的货币数量过多时，政府往往会被迫打破承诺，采取以下一种或多种措施：（a）增加货币和信贷的供应量，（b）减少债务（如通过债务重组），和/或（c）限制硬通货（如黄金）的自由流动。在这样的时期，人们会逃离"劣币"转向"良币"，而政府则试图阻止这种行为。这通常会导致政府禁止良币的自由流动。**

这种货币贬值、债务违约和货币刺激措施减轻了债务负担相对于收入的比例。在内战结束后，随之而来的是一个生产力大幅提升和杠杆化加剧的时期，这催生了下一个泡沫和崩溃，我将在稍后详细描述。

这一切都是经典表现。

1870—1914 年，随着战争的结束和债务负担的减轻，第二次工业革命的生产力奇迹出现了。典型的是，由债务和股权融资推动的重大技术投资热潮带来了巨大的经济进步，但这也导致了巨大的财富和价值观差距，随后是泡沫和崩溃，从而引发了严重的内部冲突。与此同时，世界各地的类似情况也促使新兴强国挑战既有的强国和世界秩序，最终导致了战争。

伴随着这一伟大生产力飞跃的技术进步包括：铁路的开通和美国东西部的连接；用于建造桥梁、摩天大楼和铁路的钢铁；电力（如托马斯·爱迪生发明的白炽电灯泡和电力输送的革命性改进）；亚历山大·贝尔发明的电话；为这些进步提供了动力的石油；汽车的发明和广泛普及。与以往一样，**随着伟大的新发明转化为伟大的新产品，那些发明者和商业化这些产品的人变得非常富有，巨大的财富差距也随之出现。**富人因其商业策略和奢侈生活（这个时代被称为"镀金时代"）而越来越受到憎恨（他们被称为"强盗大亨"），这导致了20世纪初经典的左右派阶级冲突。

在此期间，美国没有中央银行，美元通过商业银行与黄金挂钩。当债务危机爆发时，美国无法通过印钞来缓解危机，所以一些危机非常严重且持续时间很长。例如，一场大债务危机导致了"1873年恐慌"，这标志着"长期萧条"的开始，以及持续到1896年的几次全国和地区性恐慌。1893年和1907年也出现了类似的债务危机。坚持金本位制成为美国一个主要的政治问题，这促使总统候选人威廉·詹宁斯·布莱恩发表了著名的宣言："你们不能把人类钉在黄金的十字架上。"**最终，这些经济繁荣与萧条的严重程度，尤其是1907年的经济大恐慌，促使政府在1913年建立了联邦储备中央银行体系，以便能更好地管理货币政策，应对这些经济的兴衰周期。**

1900—1914年，**所有经典的大周期晚期症状都出现了。债务过剩和内部政治冲突在右翼的富有商业精英/资本家与左翼的低收入工人和社会主义者/无政府主义者之间展开。资本主义与马克思主义的冲突在欧美成为经济和意识形态的战场，许多极端主义者宁愿战斗至死也不愿妥协。**

在美国，随着进步派的西奥多·罗斯福在总统威廉·麦金莱被无政府主义者刺杀后成为总统，政治逐渐向左倾斜。在这一时期，无政府主义者刺杀了几位世界领导人。德国及其盟友的崛起挑战了英国及其盟友（尤其是法国）的既有权力。日本与俄国开战并击败了俄国，成为主要的帝国主义国家。在这一时期，世界的联系远不如现在紧密，外国似乎遥不可及，因此本地区发生的事情比世界另一端的事情重要得多。但到了20世纪初，世界的联系越来越紧密，美国日益成为世界强国。

1914年，奥匈帝国的弗兰茨·斐迪南大公被刺杀。随后，**第一次世界大战爆发。**

我不会详细描述战争的每一个细节，但我要说的是，它导致世界秩序以经典的重大的方式发生变化，包括美国崛起为世界上最富有和最大的债权国。美国之所以能成为世界领先的金融强国，是因为它在战争融资、制造和销售战争物资方面发挥了重要作用，并且由于参战较晚，没有承担主要的战争开支或破坏成本。虽然美国从战争中获利了，但其他战胜国——英国和法国负债累累，其国力因战争而被削弱了，战败国则遭受了毁灭性打击。德国负债累累，奥匈帝国和奥斯曼帝国完全解体。德国不仅欠下了战争融资的债务（它立即违约），还因战争赔款欠下了战胜国的债务。德国经济被这些债务拖累，直到1933年希特勒违约。

在第一次世界大战期间，俄国富有的皇室（希望保留财富和特权）与贫困的民众（愤怒并渴望更多）之间爆发了冲突。这导致了内战，国内秩序发生了戏剧性变化，转向马克思主义-共产主义。1922年，苏俄、乌克兰、白俄罗斯和中亚部分地区组成了苏联。日本与战胜国结盟，成为亚洲的主导力量。

1918年战争结束时，一场大流行病暴发。

此后，战胜国聚集在一起，决定新的世界秩序将是什么样子。在这种情况下，由于交通和通信的进步，世界各国之间的联系显然变得更加紧密。第一次世界大战是第一次真正意义上的全球战争，而不是区域性战争，因此自然首次提出了世界治理应如何运作的问题。正如上

第三部分　回望过去

一章所述，威尔逊总统希望创建一个有序的世界，在某些方面复制美国的代议制治理模式。这导致了国际联盟的成立，但它未能阻止下一场大战。我们至今仍不明白，世界治理如何能够超越战斗来决定谁能得到他们想要的东西。

1918—1945 年

随后，从 1918 年到大约 1930 年，西方世界进入了另一个经典的和平时期，这一阶段充满了伟大的创造力和生产力。企业家们推出了许多划时代的新产品，这些创新通过债务和股权投资/投机活动得到了资金支持，从而推动了经济的繁荣。然而，这种繁荣也导致了财富差距的急剧扩大和资产泡沫的形成。

更具体地说，20 世纪 20 年代被称为"咆哮的 20 年代"，因为**快速的经济增长和技术创新在初期带来了巨大的生产力和生产性贷款，收入足以推动进步并提供良好的回报**。那些转化为大规模生产并极大地推动了世界进步的伟大发明，包括汽车、飞机、收音机、电视机、有声电影、冰箱、药品和许多其他物品。与以往一样，最初的生产性贷款和投资逐渐演变成一个大泡沫。当 1929 年债务违约和股市崩盘导致泡沫破裂时，随之而来的是大萧条。当崩盘发生时，债务/货币/经济力量极大地影响了国内政治和国际地缘政治力量，并改变了货币、内部政治和地缘政治秩序。

看到这次债务/股市/经济崩溃，我们应该想到什么原则？与我在前文中提到的原则相同：

- **当债务相对于偿债所需的货币数量过多时，政府往往会被迫打破承诺，采取以下一种或多种措施：(a) 增加货币和信贷的供应量，(b)**

减少债务（如通过债务重组），和/或（c）限制硬通货（如黄金）的自由流动。在这样的时期，人们会逃离"劣币"转向"良币"，而政府则试图阻止这种行为。这通常会导致政府禁止良币的自由流动。

通过一系列行动，富兰克林·罗斯福总统宣布私人持有黄金为非法，他违背了允许纸币持有者兑换黄金的承诺，并将官方汇率从1美元兑换1/20.67盎司黄金改为1美元兑换1/35盎司黄金，使货币贬值约40%。他还实施了严格的外汇管制，禁止美国人将资金带出国，并限制美国人开立外国银行账户的能力。

这并不是本章涵盖的时期中唯一的重大货币政策变化或债务问题的激进解决方案。1865—1945年，许多国家破产（违约或债务大幅贬值，正如我所回顾的那样），我无法在此一一列举，但可以提供一个部分清单：

- 美国在内战期间脱离了金本位制，导致战后货币贬值
- 除了美国之外，多个国家在大萧条时期也脱离了金本位制并使货币贬值
- 魏玛德国对其《凡尔赛和约》债务进行重组
- 中国于1935年放弃银本位制，转而采用纸币作为货币
- 希腊使货币贬值，导致其被当时的欧洲货币联盟驱逐（1908年）

正如历史上常见的那样，在20世纪30年代，极右翼（法西斯主义者）和极左翼（共产主义者）以各自的方式争夺国家内部的掌控权。在20世纪二三十年代，一些效率低下、冲突不断的代议制政府（如西班牙、意大利、日本和德国）转向了蛊惑人心的领袖和右翼独裁统治（法西斯主义），以在混乱中恢复秩序。正如我们现在在美国和其他几个国家所看到的那样，这种更多的转向右翼政府的趋势导致

第三部分　回望过去

了与左翼势力的对立，并且明显地背离了多边主义的尝试，协议被打破，强人单边主义崛起。例如，希特勒通过选择拖欠德国曾同意支付的债务，打破了《凡尔赛和约》。德国和日本都变得更加民族主义和扩张主义，夺取了欧洲、非洲和亚洲的领土（关于日本在这一时期的更多细节，你可以在第16章中找到）。这些崛起的强国在很大程度上是以牺牲先前的主要世界强国——英国、法国和荷兰为代价的，这些国家都已经过度扩张，无法保卫其在世界各地的殖民地。因此，● ***当国家处于虚弱状态时，对立的国家会利用其弱点来获取利益。***所有这些动态为国家间冲突的加剧创造了条件，最终导致第二次世界大战爆发。战后，下一个世界秩序开启，而我们现在正处于这一秩序的晚期阶段。

正如我之前在《原则：应对变化中的世界秩序》及其他著作中阐述的那样，在第二次世界大战爆发前，世界各国采取了所有典型的、预示着军事战争即将到来的手段。这些手段包括经济战、冻结金融资产以及军事扩张。一旦战争开始（德国于1939年进攻波兰，日本于1941年袭击珍珠港），所有常见的战争发展便随之展现，例如，使用常规武器，以及秘密开发并最终使用赢得战争的强大新武器。随后，战败国的无条件投降促使战胜国召开会议，建立新的货币、内部政治和地缘政治秩序。战利品归于获胜的同盟国，而战败的轴心国则根据《凡尔赛和约》受到惩罚。与以往一样，这些决定重塑了世界秩序，并对未来几十年产生了深远影响。

接下来我们将更详细地探讨从第二次世界大战结束到我在2025年3月写这本书期间发生的事情。虽然我会在大债务周期的框架下描述这一演变过程，展示大债务周期如何经历了各种货币体制，但我也会说明它是如何与其他4种力量相结合，共同塑造整体大周期的。

10
1945年至今的大债务周期简要回顾

本章是对始于1945年的大债务周期的简要回顾。我将解释这一周期如何按照前文所述的基于机制性因果关系的模板展开。如果你对那些驱动市场和经济的因素以及它们在1945年后的演变感兴趣，那么本章可能会吸引你。如果你对这些内容不感兴趣，或许可以选择跳过本章，直接进入第11~14章，在那些章节里，我将详细探讨当前大债务周期的货币政策阶段。

由于我出生于1949年，并且一直是一名全球宏观投资者，因此我亲身经历了我将要描述的大部分事件。我会分享一些个人的描述，以让相关情况的呈现更立体和全面，还会分享一些从这些经历中学到的教训，特别是从那些令人痛苦的错误中学到的教训——这些错误比成功的决策更深地印在我的脑海中。当你观察过去80年历史的展开时，你会注意到这5种力量几乎同步地在两个极端之间摆动。值得注意的是，这些变化如此极端，以至于每个十年与前一个十年相比更可能是对立的而不是相似的。然而在每个十年结束时，市场和投资者都期待着形势会继续保持不变，因此，这些关键时期正是深刻理解基本面、逆市布局的绝佳时机，那些看似意外、实则合乎逻辑的变局，往往蕴藏着最大的机遇。

现在，让我们来看看自二战结束以来，新世界秩序形成后所发生的一切。尽管我将这些事件置于大债务周期的背景下进行解读，但你会发现，其他 4 种力量也发生了巨大的变化，并与债务周期相互作用，共同塑造了历史的走向。你会看到这 5 种力量如同波浪般涌动，有时是细小的涟漪，有时是滔天巨浪；有时它们相互增强，有时又彼此抵销；而有时，几股巨大的力量汇聚在一起，便会引发"完美风暴"。就债务周期这一力量而言，你最需要牢记的核心要点如下：

● **在通常情况下，当中央银行想实施刺激政策时，它们会降低利率和 / 或创造更多的货币和信贷，这会带来更多的支出和债务。这种刺激既延长了周期的扩张阶段，也提高了债务资产和负债相对于收入的比例，使得债务资产和负债的平衡变得更加不稳定。历史表明，当中央银行无法再降低利率却想实施刺激政策时，就会印制货币并购买债务，特别是政府债务。这为债务人（最重要的是政府）提供了货币和信贷，以防止其违约，并允许其继续借款，以维持支出超过收入的状态，直到债务资产和负债变得太大而无法平衡时，就必须进行债务重组和 / 或债务货币化。**

当前大债务周期简析

在深入讲述具体发生了什么之前，我想通过几张图展示从 1900 年开始的美国大债务周期。我展示的从那时到现在的整个时期将给你一个更宏观的视角。我主要关注美元债务图，因为在这个大周期中，全球货币 / 债务市场一直是美元债务市场，尽管其他国家也有自己的大周期。

在美国，1945—2024 年共经历了 12 个完整的短期债务周期，现在正处于第 13 个周期的约 2/3 处。这些周期平均长度约为 6 年，累积形成了一个大债务周期，导致中央政府债务收入比上升，使中央银行的资产负债表恶化。换句话说，美国及其信贷市场一直处于长期债务周期的加杠杆阶段，尽管途中出现过一些短暂的去杠杆化，但还没有进入长期债务周期的去杠杆化阶段。接下来的图展示了全局。大多数人忽视了这个大趋势，因为他们关注的是短期波动，而这些波动在这些图中甚至都看不出来。

图10-1显示了自1900年以来美国私人债务相对于GDP的比例。**1945年开始的当前大债务周期清晰可见。注意，2008年的私人债务（占GDP的百分比）达到峰值，此后略有下降。**出现这种下降是因为美国中央政府和中央银行通过大规模介入来帮助私人部门，这在图10-2、图10-3中有所展示。如前所述，这是大周期晚期阶段开始时的典型特征。

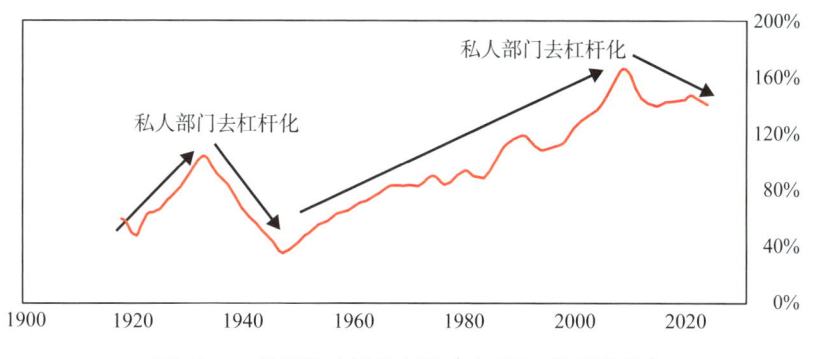

图10-1 美国私人债务水平（占GDP的百分比）

图10-2显示了美国中央政府债务相对于GDP的比例，圆点代表CBO对10年和20年后的预测。如图所示，这一比例正在一个大周期中演变，目前已达到自1946年（第二次世界大战结束后）以来的最高水平，预计未来会显著攀升。

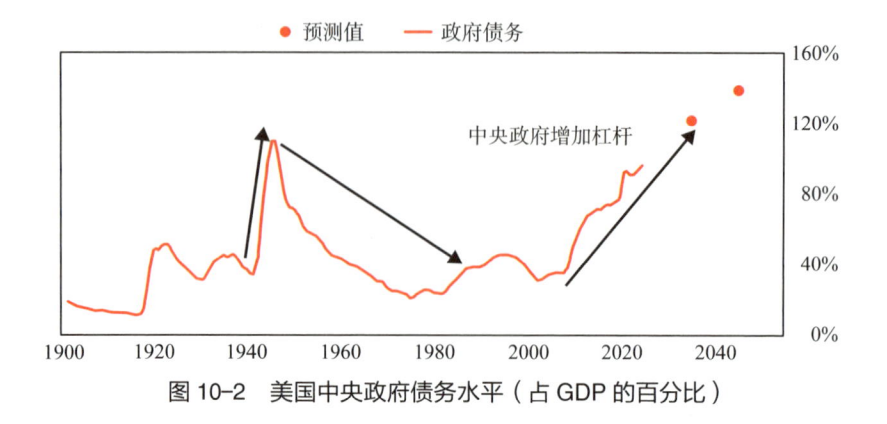

图 10-2 美国中央政府债务水平（占 GDP 的百分比）

现在，我将图 10-1、图 10-2 合并为图 10-3，以便你能更清楚地看到它们之间的关系。你可以观察到私人部门和公共部门的债务水平是如何相互关联的：**最重要的是，当私人部门减少债务时，政府往往会增加债务**。例如，你可以看到自 2008 年以来，政府债务占 GDP 的比例急剧上升，而私人部门的债务与 GDP 比例则有所下降。这是因为为了向私人部门提供更多支持，中央政府不得不增加自身债务。而这正是问题的症结所在。

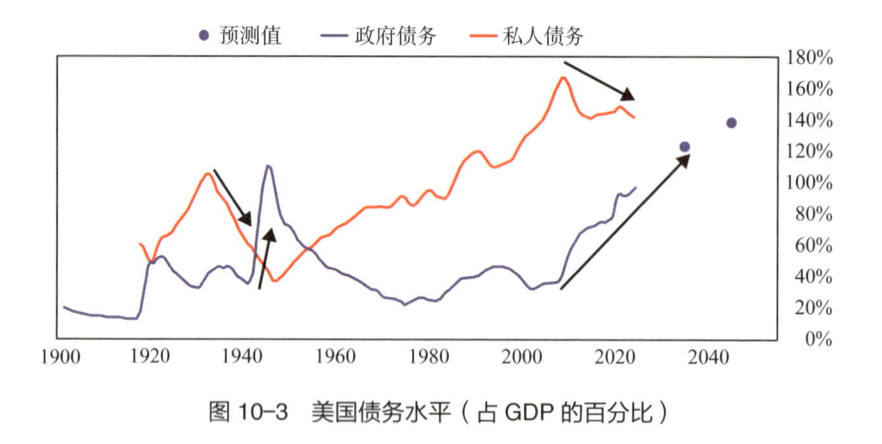

图 10-3 美国债务水平（占 GDP 的百分比）

图 10-4 展示了中央政府偿债支出占其财政收入的比例。如图所示，目前这一比例约为 100%，预计在未来 15 年内，比例将升至约

150%。为了更直观地理解这意味着什么，你可以想象一下，每年需要偿还的债务本息比你全年收入还要高 50%。这是难以想象的。那么，这种局面能够持续下去的信念是什么？这种信念认为政府能够：（1）对即将到期的债务进行展期，（2）发行新债务以弥补赤字所需的资金，以及（3）确保现有债务的持有者不会抛售债务（那些向政府提供贷款的人认为继续这样做并没有冒险）。

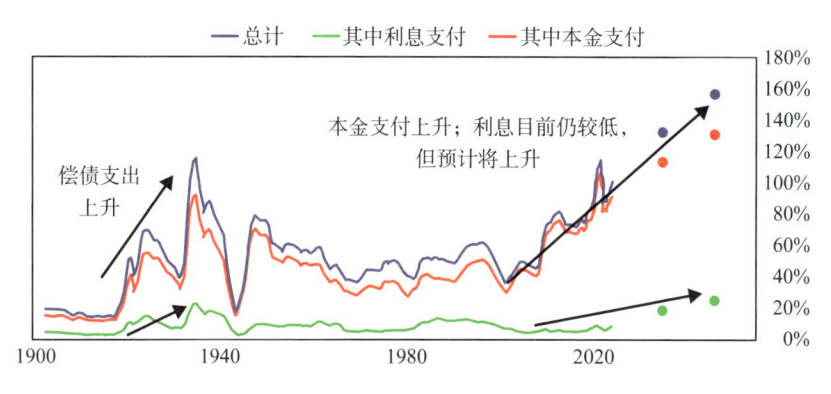

图 10-4　美国中央政府偿债支出（占收入的百分比）

因为所有发生的事情都有其背后的原因，所以我们只要仔细观察并思考这些原因，就能发现因果关系的迹象，看到它们如何展开，并将这些迹象作为预测未来可能发生事件的依据。为了更清楚地描绘出实际情况，我会再提供一些这样的迹象指标。

图 10-5 展示了 10 年期国债收益率和 3 年平均通货膨胀率。●*利率与通货膨胀率之间的关系非常重要，因为当利率相对于通货膨胀率较高时，人们会有储蓄以赚取利息的动机；而当利率相对于通货膨胀率较低时，人们会有借贷的动机，并持有那些能够从通货膨胀及低利率所促进的经济增长中受益的资产。*

国债收益率由两部分组成——预期通胀率和预期实际债券收益率。这两者在影响货币和债务作为财富储存手段和资金成本的价值方面都

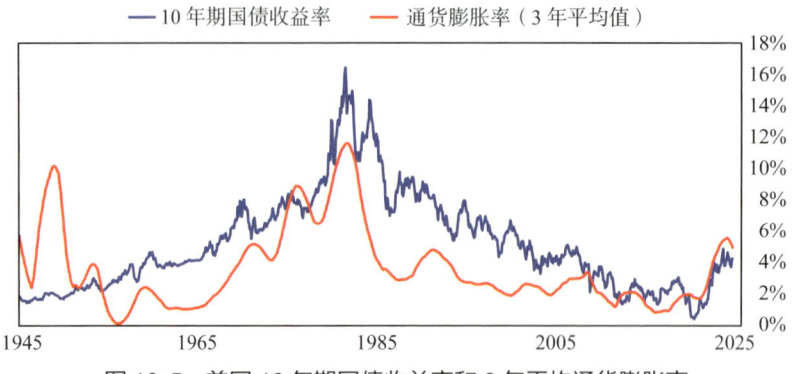

图 10-5 美国 10 年期国债收益率和 3 年平均通货膨胀率

至关重要。需要注意的是，在这个大周期的上升阶段，所有短期周期性波动中的债券收益率（在衰退、刺激、强劲增长和通胀上升时期导致的货币和信贷紧缩，进而引发衰退和债券收益率下降的周期中）以及所有周期性下降的债券收益率，都高于之前的水平（直到 1981 年）。同样值得注意的是，1981—2020 年，每个短期周期性波动中的债券收益率都低于之前的水平，直到名义利率几乎为零，而实际利率显著为负。这反映了通胀预期的大周期以及实际利率围绕这些预期的变动。虽然名义利率很重要，但实际利率更为关键，因为它是衡量国债作为财富储存手段的吸引力的指标。

在图 10-6 中，你可以看到实际的 10 年期债券收益率。对于 1997 年之后的年份，我使用的是 10 年期通胀保值国债的实际收益率。在我看来，债券的实际收益率是金融世界中最重要的观察指标。这是因为它展示了你可以从你的财富中获得的实际回报（无通胀风险和违约风险）[28]，这是所有资本市场中最基础的利率。要想获得高于这一利率的回报，就必须通过智慧来赚取。更重要的是，**它是判断成为借款者-债务**

---

28. 如果它没有税收风险，那么将是对你能获得的实际回报的完美估计。

第三部分　回望过去

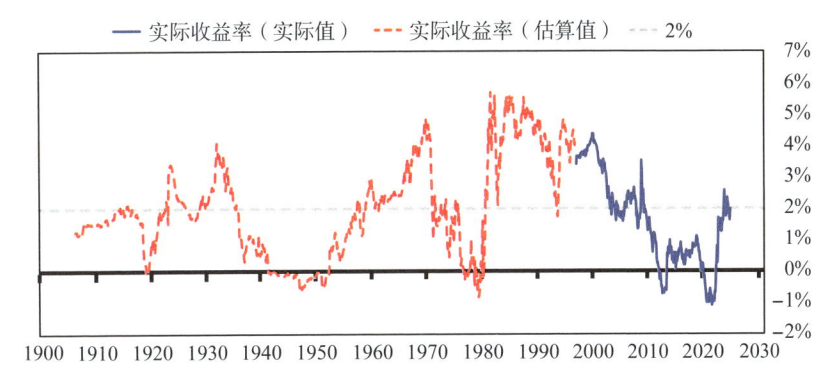

图 10-6　美国实际收益率[29]

人还是贷款者-债权人更有利的最佳单一指标。例如，当实际利率较低时，借钱并将其转化为利润要比实际利率高时容易得多。因此，它是中央银行用来调节信贷和经济活动的绝佳工具。如图所示，在过去 100 年中，实际债券收益率平均约为 2%，这一利率既不会对借款者-债务人来说太低，也不会对贷款者-债权人来说太高。与 2% 水平差异较大的时期，往往是信贷/债务过于廉价或过于昂贵的时期，这些时期极大地推动了"大债务周期"中的巨大波动。

当观察名义债券收益率相对于通胀指数债券的实际收益率时，我还能看到盈亏平衡通胀率，这是市场押注的通胀率。如果人们认为通胀率高于或低于市场预期，其就可以通过押注这一利率来获利。由于市场通常难以被击败，如果人们没有一种能够超越市场的方法来做出更准确的估计，那么可以将这一通胀率作为一个简单但相当不错的估算依据。因为我在市场价格中既能看到"贴现"（市场预期的）通胀率，也能看到我可以锁定的贴现实际利率，所以我认为债券收益率和价格由这两个重要驱动因素组成。我始终关注它们，而不仅仅是国债

---

29. 我们展示了对通胀挂钩债券市场中尚不存在的时期的实际收益率和盈亏平衡通胀率（使用调查的通胀预期和近期通胀）的粗略估计。

利率，并且我经常将这两个部分（通胀率和实际利率）分开交易。它们过去的估算价格如图10-7所示。

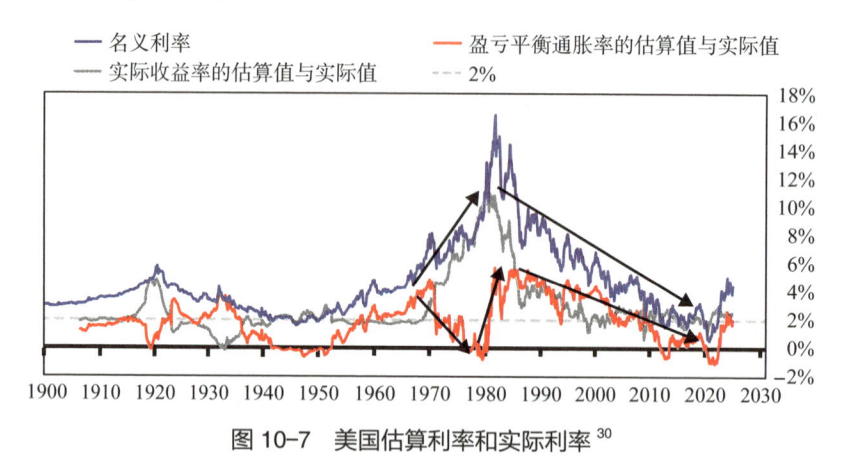

图例：
— 名义利率
— 实际收益率的估算值与实际值
— 盈亏平衡通胀率的估算值与实际值
--- 2%

图 10-7 美国估算利率和实际利率[30]

我始终关注10年期利率及其两个组成部分，因为它是所有资本市场中最重要的调节器。 长期以来，我一直深入参与其中。在美国尚未建立通胀指数债券市场的几年里，我投资了非美国的通胀指数债券，并通过货币对冲创造出一种类似于美国通胀指数债券的合成工具。这一想法的产生源于一位伟大的投资者——洛克菲勒基金会的戴维·怀特，他向我解释说他每年必须拿出5%的资金，并询问我认为最稳妥的投资方式是什么，这促使我开始考虑运用杠杆并对冲非美国的通胀挂钩债券。这使桥水成为全球最大的通胀指数债券管理公司，而我也受邀与拉里·萨默斯合作设计美国财政部通货膨胀保值债券市场，当时他正掌管美国财政部。自那时起，我们拥有了一个真实的市场，可以观察实际债券收益率并进行投资，这成为我所有投资思维的基石。我相信，正如我刚才所解释的那样，全球范围内的通胀指数债券市场相对于其潜力而言被严重低估了，也未得到充分利用。我建议你将其作为

---

30. 我们展示了对通胀挂钩债券市场中尚不存在的时期的实际收益率和盈亏平衡通胀率（使用调查的通胀预期和近期通胀）的粗略估计。

第三部分　回望过去

指标进行观察，并将其作为财富的储存工具。

● **短期利率与长期利率之间的关系（收益曲线）也非常重要，因为当短期利率相对于长期利率较高时，这表明资金紧张，并鼓励持有和借出现金，这比借贷和投资其他资产更具吸引力**。不同资产吸引力的变化会影响名义利率收益曲线，即 10 年期名义债券收益率与名义短期利率之间的差异[31]，反映了资金紧张程度的变化以及持有现金相对于债券的激励变化。[32] 这是因为在通常情况下，贷款者-债权人要求更高的利率以持有长期债务，而长期利率高于现金利率则为借贷提供了奖励激励。当中央银行希望减缓信贷增长和经济需求时，会提高相对于长期利率的短期利率；而当它希望刺激经济时，则会采取相反的措施。当（1）实际收益率较高且（2）收益曲线接近平坦或倒挂时，资金和信贷紧张，这通常对贷款者-债权人有利，对借款者-债务人不利；而当（3）实际收益率较低且（4）收益曲线相对正向时，这通常对借款者-债务人有利，对贷款者-债权人不利。当中央银行以极端的方式调整这些因素时，会导致极端的好与坏的环境，并为借款者-债务人和贷款者-债权人带来极大的波动，这也会破坏经济，引发痛苦和低效。

我认为美联储在利用利率来影响货币政策方面，不应像过去那样极端和反复无常。如果由我来制定货币政策，那么我的目标是保持长期实际利率相对稳定，使其既能平衡借款者-债务人和贷款者-债权人的需求，又不会导致债务泡沫和泡沫破裂。这意味着我会努力将实际国债收益率维持在 2% 左右，目标波动幅度约为 1%，并设定收益曲线的斜率，使得（a）短期利率比长期利率低约 1%，（b）短期利率除以长期利率约为 70%，分别允许约 2% 和 50% 的浮动范围（见图 10-8）。

---

31. 在衡量收益曲线时，我会同时考察以下两个指标：短期利率减去长期利率的值与短期利率和长期利率的比值。
32. 收益曲线通常呈上升趋势，短期利率大约比长期利率低 1%，是长期利率的约 70%。

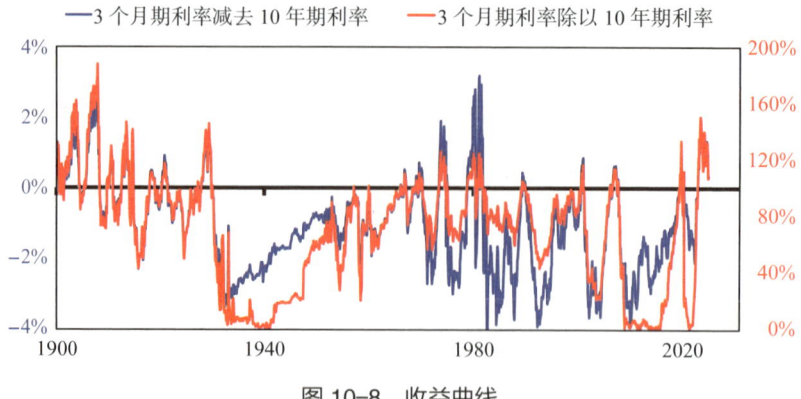

图 10-8 收益曲线

通过制定政策来减少实际利率和收益曲线的大幅波动，可以降低市场的波动性。反过来，这将减少对借款者-债务人和贷款者-债权人（以及他们在经济中影响的一切）的损害，并使他们能够更好地进行规划。换句话说，如果政策更加一致，借款者-债务人和贷款者-债权人都会知道他们可以预期一个合理的实际利率，这对双方来说都是可以接受的，从而可以相应地规划自己的活动。在这种相对确定的借款利率下，借贷和经济条件将适应这一合理利率。此外，设定这一利率将有助于为借款者和贷款者提供更稳定的资金成本和实际回报，从而使资本市场更加稳定，经济条件更加平稳，进而提高效率，促进资本市场和经济的运行。下面让我们回到对利率及其对经济的影响的探讨上来。

迄今为止，我仅仅展示了国债利率的大致情况，但这并非个人、企业及地方政府借款时所适用的利率。因此，关注信用价差是很有帮助的。图 10-9 展示了自 1920 年以来 Baa 级公司债券的平均信用价差。

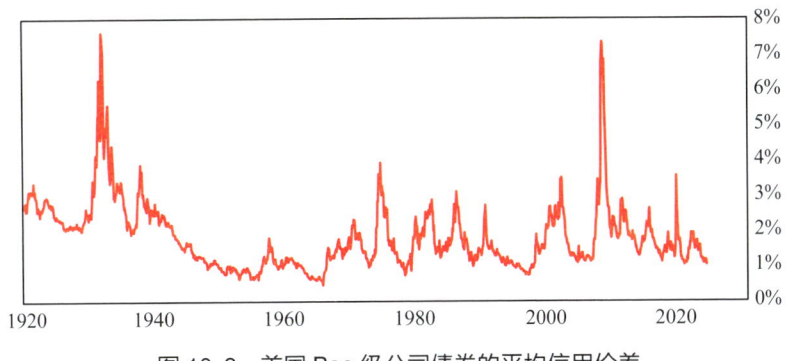

图 10-9　美国 Baa 级公司债券的平均信用价差

债务所欠利息的多少取决于借款金额和利率，它们再加上需要偿还的本金，共同构成了偿债支出的总额。

让我们审视图 10-10，它展示了美国中央政府的总偿债支出（本金支付加上利息支付）相对于其财政收入的比例，以及其中本金支付和利息支付各自所占的份额。值得注意的是，1950—2000 年，偿债支出大致持平；这是因为在那段时间，政府债务水平大致持平或略有下降，因此本金支付也大致持平或略有下降。1950—1990 年，利息支付略有上升，因为政府债务的平均利率缓慢上升，然后从 1990 年到大约 2022 年，利息支付有所下降，因为政府债务的平均利率缓慢下降。

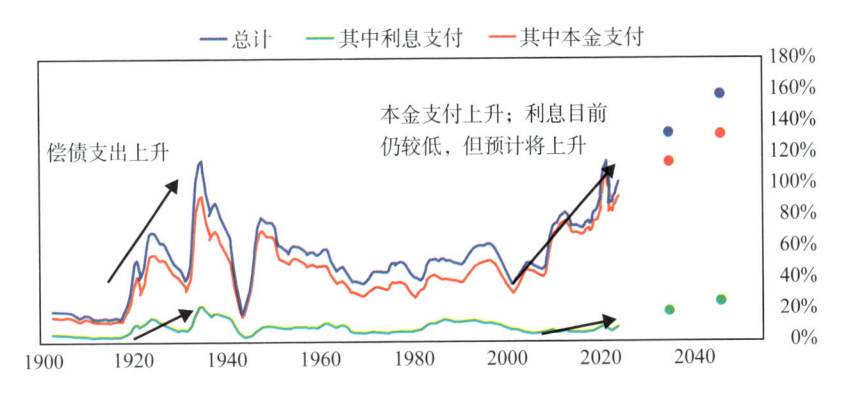

图 10-10　美国中央政府偿债支出（占收入的百分比）

我使用点状图来展示基于 CBO 的预测，未来 10 年和 20 年内这一趋势将如何增长。预测的情景与近期过往大不相同，因为中央政府的债务水平已经很高，并且预计会迅速上升，而这些高额债务的有效利率预计也会上升，这将导致政府偿债支出相对于政府收入的大幅增加，从而对支出形成显著挤压，除非进行更多的借贷，而最可能的资金来源是中央银行。问题就出在这里。

中央政府向谁借了钱呢？美国中央政府有很大一部分钱是向美联储（美国中央银行）借的。它也向商业银行借了很多钱，并且大约 1/3 的债务是从外国投资者那里借的。随着利率上升，这些持有美国债券的美国商业银行以及外国买家遭受了损失。从纯金融角度来看，其持有的美国债券在其资产组合中所占的比例过高。其中一些投资者担心美国政府不会偿还债务，就像二战前美国对日本所做的那样，所以开始抛售债券。以美国国债最大的外国持有者为例，其之所以持有如此多的美国国债，是因为想把购买力存储在世界上最强大、最具公信力的国家所使用的最被认可的货币中，换句话说，这是因为美元是世界头号强国的主要储备货币。展望未来，鉴于美国政府即将发行的美元债券供应量增加，而对这些债券的需求却未必能相应增加，我们很难想象这些大买家/持有者未来还会像过去那样大量购买美国国债，尤其是如果支撑这种需求的任何关键因素出现弱化的情况，如（a）美国政府不负责任地处理其债务问题以及国内外政策问题；（b）美国政府以拖欠偿债支出为理由对其实施制裁；（c）持有美国国债的收益不佳；和/或（d）美国失去其在经济和地缘政治上的主导地位。

1980—2008 年，即便债务水平持续上升，降低利率也足以让债务的还本付息在可承受范围之内。**但在 2008 年，利率几乎降至零，就如同 1933 年之后那段时期的情况一样，私人市场对债券的需求不足以消化债券的供给，于是中央银行介入，通过印钞来购买债券，这对**

长期利率形成了下行压力。这种情况出现过两次，第一次是为了应对1929—1933年由债务危机引发的大萧条，当时的利率降至零；第二次则是为了应对2008年由债务危机引发的大衰退，当时的利率也降至零。（你可以在图10-11中看到这一情况，小圆圈表示印钞的开始以及利率降至零的时间点。）如果我们没有研究过图中所示的这段时期，我就不会了解这些情况，桥水基金在这一时期也不会取得成功。这也是促使我首次发现大债务周期运行机制的原因。

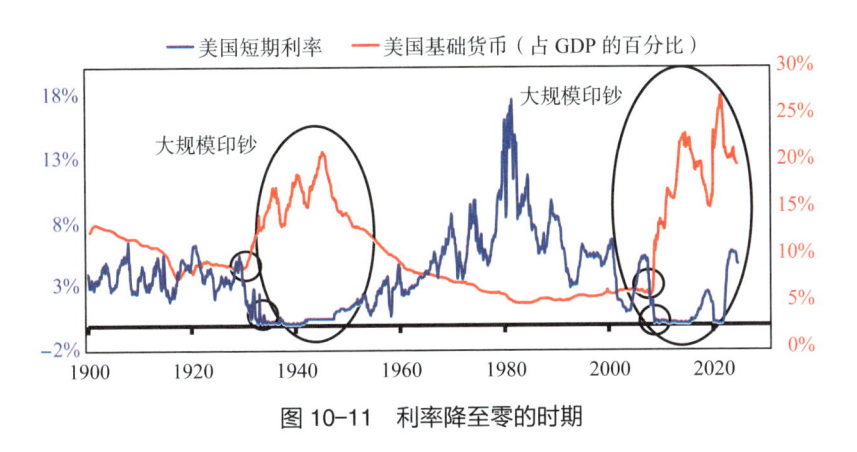

图 10-11　利率降至零的时期

对中央银行而言，美联储及其他央行所持有的债务资产所提供的回报低于其负债所需的成本，因此近期紧缩政策中利率的温和上升已导致美联储出现适度的运营亏损（见图10-12中的蓝线）。如果美联储资产负债表上的债券按市价计价，其亏损将约为7 000亿美元，相当于GDP的2.5%（见图10-12中的红线）。这听起来很重要，但与央行获取资金的能力相比，影响相对较小。然而，这是一个警示信号，如果出现大规模抛售美国债务的情况，那么这将成为一个重大问题；这种情况通常在美国债务被视为风险资产时发生。如前所述，对于像美国这样有能力自行印钞的国家，这将导致要么（a）名义和实际利率的大幅上升（通常是难以承受的），进而收缩信贷并出现严重的经济衰退，要么（b）央

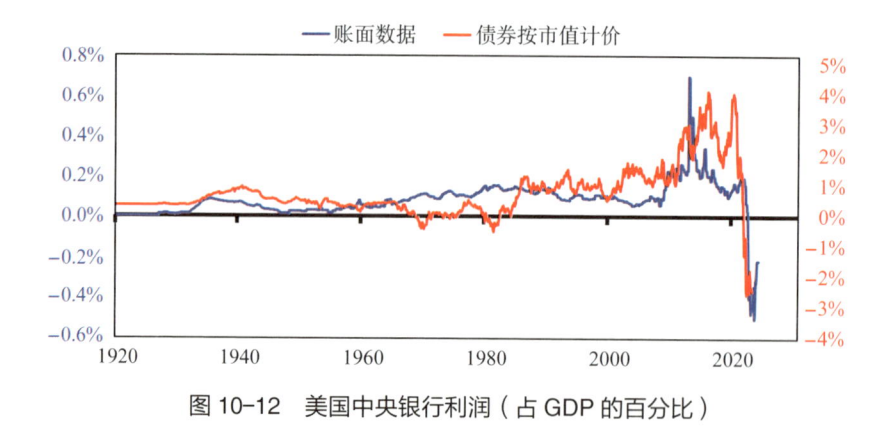

图 10-12　美国中央银行利润（占 GDP 的百分比）

行大规模印钞、购买债务并提供信贷，进而引发债务和货币的贬值。央行的巨额亏损和恶劣条件也将增加央行独立性受到质疑的可能性。对那些债务以非本国储备货币计价的国家来说，情况会更加糟糕。

全球债务负担将不断增加

在本章中，我重点关注了美国的债务状况。你可以在图 10-13 中看到，这并不仅仅是美国的问题。预计在未来几十年里，所有发达国家的债务负担都将大幅增加。要明白未来几年如何制定政策以及如何在市场中进行交易，关键在于了解这些动态将如何发挥作用。

接下来，我将带你详细了解 1945 年以来美国的完整大债务周期，因为美元过去是且现在仍是主导性的储备货币，大多数交易和储蓄都是以美元计价的。之后，在第 15 章和第 16 章，我们将深入探讨中国和日本的大债务周期。对我来说，过去 80 年的美国、泡沫破裂后的日本，以及我研究过的其他案例都是典型的大债务周期，它们都是按照前面描述的方式运作的，这对所有国家的投资者和政策制定者来说都很重要。当前，这一点尤其重要，因为一些国家正在经历其大债务周期的晚期阶段，可

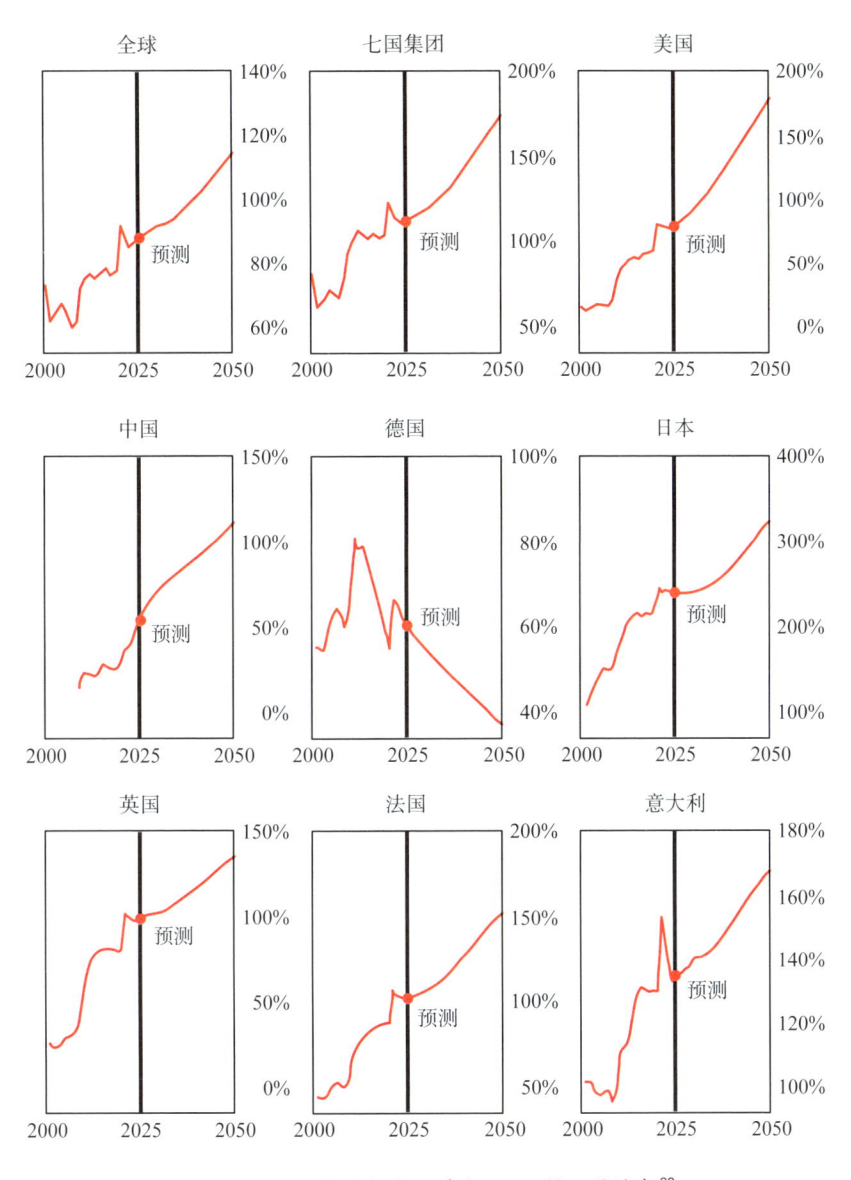

图 10-13 政府债务水平（占 GDP 的百分比）[33]

能会面对其大债务周期带来的严重后果，同时还要面对美国大债务周期及其对美元资产和负债的影响。

---

33. 来源：彭博经济。

现在我们将通过长期债务周期的各个阶段来看看发生了什么。为了清楚地说明事件是如何相对于前述的债务/信贷模板发展的，我把1945年后的时期划分为4个阶段，以表示自1945年以来推动债务/信贷动态的4个主要货币体制。我们将以1945年为起点，因为从那时起，新的货币秩序、地缘政治秩序及在许多情况下的内部政治秩序逐渐形成。

11
1945—1971年的挂钩货币体系（硬通货体系）

我强烈建议你阅读本章以及接下来 3 章的内容，这些内容将带你了解从 1945 年现行货币、国内和国际秩序开始直至现在的情况。我认为我们已接近这些秩序以及我们当前大周期的尾声。如果在读完这些章节后，历史的韵律没有在你耳边回荡，并且你没有对大周期的节奏有很好的感知，那么这会让我感到惊讶。有了这些认识，我们随后就能做好展望未来的准备。

如前所述，第二次世界大战结束了之前的世界秩序。像往常一样，战争的最大赢家（在这个案例中，是美国、英国及其盟友，以及苏联及其盟友）决定了新世界秩序的规则，包括新的世界货币体系，尽管一开始就出现了美国及其盟友与苏联及其盟友之间的分裂。1944 年，美国、英国及其盟友创建了所谓的布雷顿森林体系（因为它是在新罕布什尔州的布雷顿森林创建的）。这种体系是一个与黄金挂钩的（硬性的）货币体系。我将这种货币体系称为 MP0，表示它是应对大债务周期演变条件的一系列货币体系/方法中的第一种。

MP0 类似于过去几千年中存在的大多数货币体系，"纸币"与真实货币（黄金）挂钩，而黄金存放在银行（在这种情况下是中央银行）

中。在 MPO 中，货币可以用来以固定价格购买指定的硬资产（通常是黄金），正是由于这种能力，货币供应理论上是受限的。这是因为如果货币供应量变得过大，其价格就会下跌。如果相对于货币所支持的物品（如黄金）而言，货币太多，人们就会用货币兑换该物品，从而加剧货币数量与支持货币的硬资产数量之间的失衡。对这种恶性循环的担忧旨在限制货币创造，从而支撑货币价值。这个体系的问题在于，从长期来看，它从未成功运作过，因为即使与硬资产挂钩，政府仍然会创造超出应有限度的货币并允许更多的债务增长，这导致对该资产（如黄金）的索取权远超过可以按指定价格兑换的货币。这几乎总是会导致出现"挤兑"现象，即人们争相兑换，而交付硬资产的承诺却无法履行。

在布雷顿森林建立的与黄金挂钩的 MPO 一直持续到 1971 年。在这期间，当时被认为本身没有内在价值、类似支票的美元，可以按照固定汇率兑换成被视为真正货币的黄金。其他货币可以按照商定且可调整的汇率兑换成美元。这 27 年间出现了 5 个短期债务/经济周期，在这一时期内，这些周期都是围绕债务相对于收入的上升趋势波动的。现在我将描述这一时期是如何展开的，包括五大力量的情况。

像所有先前的货币体系一样，布雷顿森林体系也有其特殊性。在这种情况下，由于美国拥有世界上约 2/3 的黄金（由美国财政部持有），美元成了世界储备货币。其他国家只有自己的货币，因此要想从美国中央银行获得黄金，就必须先购买美元，然后用这些美元购买黄金。只有各国中央银行才能购买黄金，个人被禁止用纸币购买黄金。事实上，在美国和其他大多数国家，公民持有黄金是非法的，因为政府希望人们将储蓄投入债务资产，以建立信贷体系，而且不希望债务资产与黄金竞争。

这个体系是为美国和希望加入的国家创建的，美国也希望让其他国家加入。英国在这个新世界秩序中成了从属力量，因为战争削弱了其在金融和其他方面的实力，而美国因为较晚参战反而变得更加富有。苏联选择退出布雷顿森林体系，拥有了自己的货币体系和独立于美国主导体系的运作方式。

主要的地缘政治竞争发生在美国（一个资本主义国家）与苏联（一个社会主义国家）之间。 美国在经济和军事上远胜于苏联，因此能够提供诸如马歇尔计划之类的财政支持项目，支援其盟友重建，尤其是欧洲地区的重建。这些计划的实施旨在加强同盟关系，这在冷战时期尤为重要。由于美国当时非常富有，拥有世界储备货币，且其GDP占全球GDP的一半左右，它能够轻松地为盟友提供这种支持。拥有其他国家渴望的全球储备货币，赋予了美国巨大的购买力，而这种力量被其滥用。

当时，中国作为战胜日本侵略者的同盟国之一，却是一个饱受摧残、无力自保的国家，经历了所谓的"百年耻辱"。 在这段时期，外国列强瓜分中国，社会状况极度恶化，整个国家的治理体系也彻底崩溃。这一大约持续了百年的时期始于1839年，终于第二次世界大战结束。其间，日本于1895年占领台湾，二战结束后，战胜国将台湾归还中国。**1945—1949年，中国爆发了一场典型的内战，交战双方分别是国民党与中国共产党。最终，内战以国民党退守台湾告终，中国共产党与苏联共产党结盟，而美国则与中国关系疏远。** 那时，内战双方都认同只有一个中国，台湾是中国的一部分，争议的焦点在于谁来统治全中国。围绕这一问题的争论持续多年且日益激烈，其之所以尤为重要，是因为中美两国都拥有强大的力量，而且台湾是全球芯片制造的中心，如今芯片的地位甚至超过了上一个周期中石油的地位。

在战后初期，富有创造力的人们，尤其是在政府支持下主要由资本家资助的美国科学家和企业家，不断推出伟大的新技术，这些技术

最终将产生巨大影响。例如，1956年，"人工智能"的概念首次被提出；1957年，世界上第一颗人造地球卫星问世；20世纪60年代末，互联网诞生。当然，有太多具有重大经济、内部政治、地缘政治和环境影响的发明，在这里我无法深入探讨。

由于英国负债累累，经济与军事实力处于快速的相对衰落状态，其债券和货币以经典方式迅速且持续贬值，这些方式在前文中已有描述，并在审视当前美国情况时值得牢记。战后不久，英国背负巨额债务，且在40多个国家拥有殖民地和军事基地，但它已无力维持。虽然我不再赘述所有步骤，但需指出的是，这个过度扩张的大英帝国面临债务问题，导致其货币在1949年有计划地贬值30%，随后几年又经历了一系列贬值，这一切都是为了减轻其债务负担，但代价是债务持有者蒙受了巨大损失。货币和债务价值的下跌是典型的。债务偿还问题以及受控制的海外领土的不可避免的损失，让世界清楚地看到英国正在衰落，这进一步削弱了人们持有其债务和货币的意愿，导致它们进一步贬值。最明显的是，1956年当埃及接管苏伊士运河时，英国债券的忠实持有者纷纷抛售。1967年，另一场金融危机引发了又一次重大贬值，人们不再将其债务和货币视为财富储存手段，到了1976年，英国的财政状况恶化到不得不向国际货币基金组织寻求财务援助的地步。英镑和英国的衰落是储备货币衰落的最新经典案例，我在《原则：应对变化中的世界秩序》一书中对此进行了详细阐述。

在20世纪60年代初，美国的短期货币和信贷周期处于扩张阶段，这对美国市场和经济来说非常有利。1965—1966年，通胀率上升至3.8%，美联储收紧货币政策，使得收益曲线自1929年以来首次出现倒挂。这些事件导致1968年标准普尔500指数的通胀调整后价格达到了未来25年中的峰值，之后长期表现低迷，这主要是因为受到了我在前文中所描述的大周期的影响。这一时期还引发了

第三部分　回望过去

1969—1970年的经济衰退。股票和债券市场长期表现糟糕，而黄金及其他抗通胀资产表现优异，主要原因在于为应对过高的债务（债务人需要偿付的钱）不得不大量创造货币，而真实货币远远无法覆盖这些债务。这一范式让我深刻认识到，无论市场环境如何，具备盈利的能力及相应的技能都是有必要的。这也使得我如今的投资思维与大多数投资者截然不同，因为他们没有经历过类似的周期，仅凭自身有限的经验得出结论，认为只要单纯持有类似股票类资产、无视大周期变化，就是最好的投资方式。

在20世纪60年代，还有一些令人紧张的内部政治和地缘政治冲突给我留下了深刻印象，尤其是1962年的古巴导弹危机。这场危机将世界上最强大的两个国家推到了核战争的边缘。我当时13岁，至今还清楚地记得观看约翰·肯尼迪向全国发表讲话并解释局势的发展；我心中一直在想，会不会爆发核战争，或者哪个国家最终会让步。我当时确信，这种地缘政治灾难的潜在风险肯定会对市场产生巨大影响，但在接下来的几天，股市的表现远没有我想象中那么糟糕。最后发生的情况是，苏联取消了在古巴部署导弹的计划，而美国也撤销了对古巴的武装封锁。这让两国都能够在没有向本国民众公开让步细节的情况下，对外宣称自己取得了胜利。

这段经历也让我第一次真正明白了边缘政策式外交是如何运作的，以及市场在这种戏剧性事件中的表现（当冲突可能带来的损害高到无法接受时）。1963年11月，肯尼迪遇刺，这一事件同样只对市场和经济造成了短暂且有限的影响；随后是民权运动，以及在"枪炮"（越南战争）和"黄油"（美国国内社会项目）上的大规模支出。事实上，这些事件以及许多其他看似震撼世界的大事件并未对市场产生太大影响，这让我开始思考其中的原因，我逐渐明白了哪些因素真正影响市场价格和经济，哪些则并不重要。虽然我不会在这里展开讨论所有重要因素，但我要告诉你，市场真正关心的是投资所能带来的收益，因此，诸如战争威胁等重大政治事件，往往只有在影响到现金流时才会对市场产生实质影响。这也是为什么从投资的角度来看，我并不为当下那些吸引眼球的新闻事件感到担忧，也建议你采取同样的态度。此外，我还意识到，大多数全球性威胁都是听起来比实际更可怕，因为大多数国家的领导人通常会在关键时刻选择后退，而不是一意孤行地越过临界点。当然，需要说明的是，确实存在某些国际冲突会对供应链、货币价值等产生影响，在极少数情况下，当领导人未能悬崖勒马时，局势会失控，以致产生严重的后果。正因如此，我把防范这些极端事件视为购买保险，以应对那些不太可能发生的、不可接受的损失，所以我会设法为自己"投保"，即使我并不真的认为这些事件会发生。

在20世纪60年代，中国与苏联之间的关系发生了重大的地缘政治转变。两国关系逐步恶化，这相应地导致了中国与美国之间的关系从"敌人"转变为"朋友"。 这一转变促成了亨利·基辛格在1971年秘密访问中国。随后，尼克松在1972年初访华。这些发展，就像之前提到的技术进步一样，它们如同播下的小小变革种子，最终成长为影响全球五大力量的巨大变化。尽管它们在当时似乎不那么重要，但影响极为深远。

1945—1971年，美国过度支出，并通过借贷来为这些支出融资，尤其是在20世纪60年代，越南战争和"向贫困宣战"使这一趋势加剧，因此美国承诺用纸币兑换真正的货币（黄金）的规模远远超过了其银行中的储备。这在当时似乎并不重要，但事实上影响深远，因为糟糕的财政状况逐渐积累，最终导致了危机的爆发。 你可以看到，在20世纪五六十年代，大多数国家乐于接受这些"纸质"美元作为商品和服务的交换，因为它们希望通过积累美元来储蓄。因此，美国可以随意过度支出。此外，在这些年里，其他国家，尤其是德国和日本，

第三部分　回望过去

逐渐从战争的巨大损失中恢复，并在经济上变得具有竞争力，这导致美国的国际收支状况恶化。**到了20世纪60年代末，美国和英国都出现了对中央银行的挤兑，纸币持有者纷纷将其兑换为真正的货币（黄金），这导致美国中央银行的黄金储备持续下降。**

你可能记得以下原则：● *当债务相对于偿债所需的货币数量过多时，政府往往会被迫打破承诺，采取以下一种或多种措施：（a）增加货币和信贷的供应量，（b）减少债务（如通过债务重组），和/或（c）限制硬通货（如黄金）的自由流动。在这样的时期，人们会逃离"劣币"转向"良币"，而政府则试图阻止这种行为。这通常会导致政府禁止良币的自由流动。*

看到美国中央银行即将耗尽真正的货币（黄金），时任法国总统夏尔·戴高乐于1965年公开呼吁改革货币体系。其他美元持有者也察觉到了这一点，挤兑愈演愈烈，而美国的支出和赤字并未减少，因此美联储最终的结局和大多数央行遭遇挤兑时一样。正如之前所说的原因，债务的抛售导致利率上升，货币贬值，同时经济也在走弱。**美国中央银行没有足够的真正的货币（黄金）来履行其以承诺价格兑换纸币的义务。**

1971年8月15日星期日的晚上，尼克松总统在电视上宣布，美国将不再允许美元持有者将美元兑换成黄金。这一决定终结了我们所熟知的货币体系，也彻底改变了货币的本质。这一举措立即导致了货币贬值、通货膨胀加剧，并使得偿还债务变得更加容易，原因正如我之前所解释的那样。当时我正在纽约证券交易所的交易大厅实习，这是我在本科毕业后、读商学院之前找的一份暑期工作。我以为，终结我们所熟知的货币体系并阻止人们获取真正的货币是一件极其糟糕的事情，因此我预计股市会大幅下跌。事实却恰恰相反，终结这一货币体系的第一天成了当年股市表现最好的一天——星期一，股市上涨了超过 3%。

由于我之前从未经历过货币贬值，我对它的运作机制一无所知。这促使我开始研究历史，并发现 1933 年罗斯福总统也曾做过完全相同的事情（他违背了允许美元持有者以承诺的汇率兑换黄金的承诺），出于完全相同的原因（美国承诺的黄金数量超过了其实际持有的黄金数量，并且在银行挤兑期间，黄金和货币都即将耗尽），并产生了完全相同的效果（货币贬值，股市和黄金大幅上涨）。与尼克松的唯一真正的区别在于，罗斯福是通过广播而非电视宣布这一决定的，因为当时电视尚未普及。

在这两种情况下，货币与黄金脱钩意味着中央政府不必再提供真正的货币，从而解放了自己，得以大量创造货币和信贷。这使得偿还债务和刺激经济变得更加容易，导致股票、黄金和商品价格上涨，经济也随之复苏。我正是在那时了解到，当中央银行大量创造货币和信贷时，货币和信贷的价值会下降，而大多数商品的价格会上涨。我意识到，这些举措是"硬"货币（与黄金挂钩）汇率体系崩溃的典型案例，最终导致货币和债务的贬值。一旦我在这两个案例中看到了这一现象，我就能发现它在历史上几乎所有类似情况下都会发生，并总结出了一个原则：● *当出现一个难以承受的巨大债务问题时，中央银行会"印钞"并进行货币投放，以使债务人更容易偿还债务，这会导致货币和债务相对于其他资产贬值*。这一原则帮助我赚取了大量财富，并避免了许多损失。

12
1971—2008年的法定货币与由利率驱动的货币政策

货币体系于1971年8月的崩溃改变了货币的价值及其运作方式，即与黄金挂钩的体系被法定货币体系取代，中央银行通过调整利率来刺激或抑制债务/信贷/货币的增长。我将这种类型的货币体系（通过利率变化来管理法定货币的体系）称为MP1。[34] 我之所以区分这些不同类型的货币政策，是因为它们的运作方式截然不同，人们理解这些差异至关重要。MP0与MP1之间最重要的区别在于：在MP1类型的货币体系中，（a）贷款者-债权人向借款者-债务人提供的货币和信贷数量主要由货币成本（利率）驱动，且（b）其不受硬通货（如黄金）挂钩的限制。因为货币和信贷供应没有受到约束，加上作为全球中央银行的美联储也倾向于顺应这种情况，这样的政策改变最终导致经济停滞和通货膨胀同时发生，也就是人们所说的"滞胀"。

---

34. 长期债务周期的后期阶段还存在另外两种货币政策类型，我称之为MP2和MP3。我将在本研究的后续部分提及它们。如果你有兴趣了解更多，可以参考我在《债务危机》一书中的详细描述，你可以购买纸质版，或在economicprinciples.org上获得PDF版本。

1971—1982 年：滞胀与紧缩政策以及从政治左翼向政治右翼的转变

在 1971 年至 1982 年的约 10 年中，为五大力量的周期如何相互关联从而形成整体大周期提供了一个很好的例证。在这一时期，大债务周期受到了政治和全球冲突的大周期的影响，并反过来推动了这些周期的发展。

我们将从债务／信贷／货币／经济周期开始探讨。当尼克松总统终结了 MP0 并转向 MP1 时，中央银行与中央政府利用制度约束的减少，开启了货币扩张进程。1971—1981 年底，美联储将货币供应量增加了 100%，而包括部分银行账户和现金工具在内的更广泛的货币供应量（称为 M2）则增加了 180%。商品和服务的价格〔以 CPI（消费者价格指数）来衡量〕上涨了约 140%；股票上涨了约 30%，而黄金价格则上涨了约 10 倍。按实际价值计算，股票价格下跌了 45%。当然，债务人受益了，因为他们可以用数量更多且贬值更多的美元来偿还债务，而债权人则遭受了损失，因为别人承诺要还给他们的钱贬值了。在那 10 年，持有 10 年期美国国债的投资者按通胀调整后的价值计算损失了约 40%，而持有 Baa 级企业债券的投资者，其获得的回报率按通胀调整后略为负值。**换句话说，从 1971 年开始，在接下来的几年里，美联储通过大量增发货币和信贷来应对债务危机，这极大地减轻了债务人的债务负担，但让债权人的购买力大幅受损，起到了鼓励借贷、抑制放贷的作用。**这 10 年债务货币化的发展给我留下了深刻的印象，也让我明白了在各种市场中创造资金的必要性，并获得了相应的能力。我认为，如今那些只生活在权益类资产能带来正实际回报的环境的投资者，在进行投资时只想着买入权益类投资产品以获取丰厚的实际回报，这是一个错误。

第三部分 回望过去

今天的美元与1945—1971年的美元的最重要区别在于，自1971年以来，现今的货币是法定货币。这意味着美联储（由于美元是世界主导的交易媒介和财富储存手段，美联储实质上是全球的中央银行）可以比过去更自由地创造货币和信贷。其他中央银行也可以这样做，因此这影响到所有交易媒介和财富储存手段。由于前文解释的原因，这是政府减轻债务负担和没收财富最简单和最隐蔽的方式。顺便说一下，法定货币体系在历史上一直存在，因此研究过去的法定货币体系可以获得关于其运作方式的宝贵经验，这些经验可以为我们当前所处的债务周期发展提供线索。

尽管以金本位制为基础的体系在1971年崩溃，但美国在经济、军事以及其他大多数方面仍然是世界主导力量，且大多数世界贸易和资本交易仍以美元进行。因此，美元依然是全球首选的货币，各国政府、企业和个人仍倾向于将其作为储蓄手段，尽管它在20世纪70年代作为财富储存工具的表现极为糟糕。

1971—1982年，成为借款者-债务人是有利可图的，因为1971年8月开始的大幅贬值立即带来了通货膨胀效应。与此同时，地缘政治冲突也在塑造这一环境的过程中发挥了作用。

更具体地说，1971年与黄金脱钩后的大规模货币政策宽松引发了通货膨胀。与此同时，1973年，大英帝国和殖民主义体系开始瓦解，中东地区因此发生了重大的地缘政治转变。由于更多的资金追逐有限的供应（在这里指的是石油），中东国家趁机制造了第一次"石油危机"，这进一步加剧了通货膨胀。这本质上是一场关于金钱的斗争。更具体地讲，当时中东（以及其他地区）的殖民地国家正在推翻控制它们的殖民主义者，并将殖民主义者对殖民地资产的所有权收归国有。沙特阿拉伯、伊朗、伊拉克和利比亚将"七姊妹"（七家主要石油公司）所拥有的大部分石油产业国有化了。1973年10月，阿拉伯国家和以色列之间爆发了战争。这些事件导致油价大幅上涨。

债务/信贷/货币/经济周期在不同国家中呈现出不同的发展轨迹，这取决于它们是从价格变动中受益还是受损。生产大宗商品的国家（尤其是新兴国家）蓬勃发展，经历了由债务融资支撑的泡沫，与此同时，美国增发了更多的货币和信贷来为其债务提供资金支持。

自然而然地，来自欧洲、美国及其他地区和国家的美元开始流向新兴国家的大宗商品生产商，这催生了它们的债务泡沫。 20世纪70年代初期，大量美元积存在其他国家，尤其是欧洲国家，这促成了所谓"欧洲美元市场"的兴起。这些美元需要找到出路进行放贷。由于此前提到的货币贬值引发了全球性通胀，大宗商品价格高企，因此向那些产出大宗商品的新兴国家放贷看起来很有吸引力。这推动了这些国家的经济繁荣并最终形成泡沫，贷款者主要是美国、欧洲和部分日本的银行。然而，对大宗商品生产的大量投资最终导致了价格下跌，尤其是在20世纪80年代货币政策收紧时期。

在这一时期的早期，即1971—1974年，货币供应宽松，通胀和经济活动双双上升，而石油出口国实施石油禁运，这导致油价和通胀进一步飙升。因此，从1973年底到1974年，美联储收紧货币和信贷，提高利率并导致收益曲线倒挂，这引发了市场和经济的严重下滑，最终导致了经济衰退。至此，这一短期债务周期宣告结束，而正如以往一样，一个新的周期随之开启。

接下来的周期以同样的方式展开。经济衰退后的宽松的货币和信贷政策促使经济活动加速，通胀也随之上升，同时，内部政治冲突与国际地缘政治冲突引发了第二次石油价格冲击。 在伊朗，沙特阿拉伯的统治被推翻，导致美国大使馆被占领，掌权者扣押了美国人质，这引发了与伊朗的长期对峙。这一事件不仅加剧了通胀，也使美国蒙受羞辱。图12-1展示了1971—1981年平均利率（90天期国债收益率与

第三部分　回望过去

（a）美国利率与通货膨胀率

（b）收益曲线

（c）美国估算的实际债券收益率[35]

图 12-1

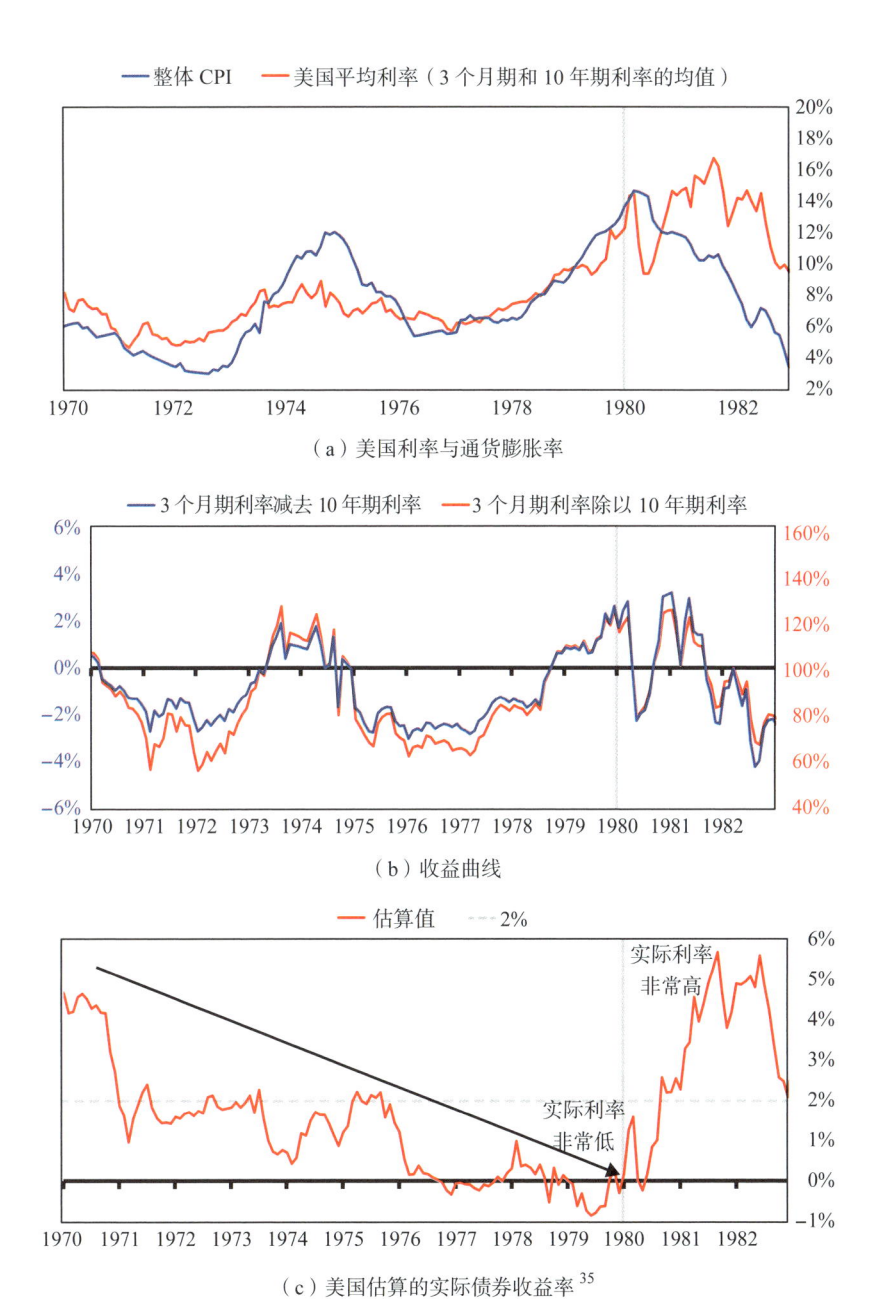

35. 我们展示了对通胀挂钩债券市场中尚不存在的时期的实际收益率和盈亏平衡通胀率（使用调查的通胀预期和近期通胀）的粗略估计。

10 年期国债收益率的均值）与 CPI 通胀率的变化。如图所示，在 20 世纪 70 年代，利率的上升速度慢于通胀率，因此实际利率一直处于低位，甚至转为负值（最低触及-4%，而历史平均水平为 2%）。这种相对于通胀率被人为压低的利率对债务人极为有利，却严重损害了债权人的利益，进而刺激了借贷和消费，推动通胀率进一步攀升，利率也随之上涨，直至通胀恶化到必须采取行动的地步，最终引发了反向调整。你可以在图中清晰地看到两个短期债务周期。图中的竖线代表 1980 年 1 月。

在图 12-2 中，你可以看到其他几种实际利率的表现形式。

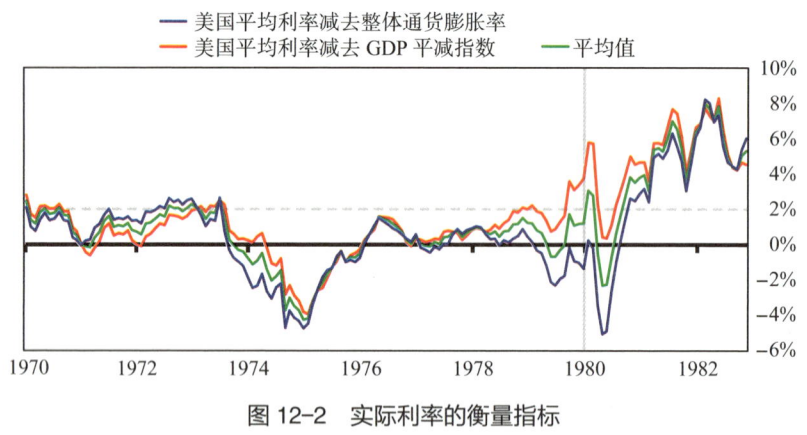

图 12-2　实际利率的衡量指标

与此同时，工人和工会的力量逐渐增强，这推高了工资通胀并挤压了公司利润。如图 12-3 所示，劳动力报酬在收入中的占比从 1965 年的 68% 上升至 1980 年的 74%，这是美国历史上的最高水平。这一现象既反映了伴随债务周期的政治周期，也对其产生了影响。

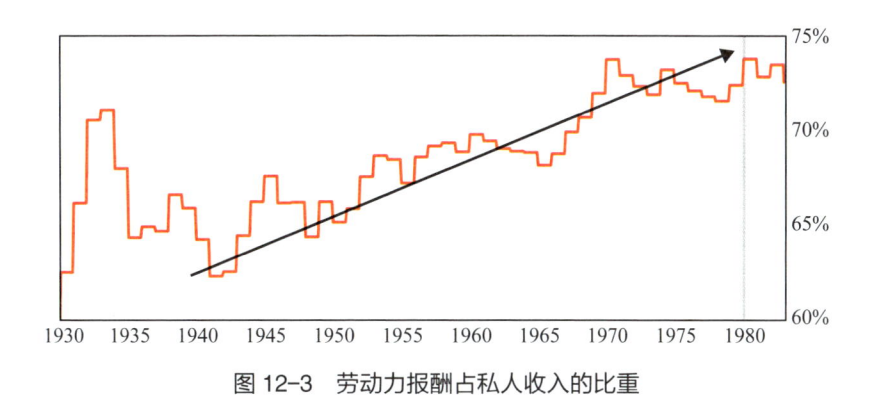

图 12-3 劳动力报酬占私人收入的比重

人们已经忍无可忍了。高通胀、美元疲软、经济状况恶化、企业经营困难，再加上地缘政治危机，这样的组合对选民来说已经无法容忍。

债务/货币/经济、国内政治和国际地缘政治的钟摆/秩序已经摆动到了极端，因此重大变革出现了，形势发生了逆转。几乎所有方面都朝着相反的方向发展了。具体来说，为了应对不受控制的通货膨胀，1979年保罗·沃尔克被任命为美联储主席，其将货币政策从非常宽松转向最严格的货币政策和"自耶稣诞生以来"最高的利率水平（按照当时的德国总理赫尔穆特·施密特的说法）。同时，由于左倾政府领导下普遍糟糕的状况，罗纳德·里根、玛格丽特·撒切尔、赫尔穆特·科尔和其他右倾领导人获得了控制权。换句话说，出现了一种典型的、大致同步的债务/经济与政治波动，这种波动通常是因为民众对自身处境的不满，进而引发了其对国家领导人和执政党的不满。

图12-4展示了CPI通胀率（作为通胀的简单代理指标）、3个月和10年期利率的平均值（作为利率的简单代理指标），以及收益曲线（3个月期利率减去10年期利率作为货币政策紧缩程度的简单代理指标）。你可以从图中看到20世纪70年代的两个短期信贷周期，并可以看到下一个周期在20世纪80年代初开始显现。你可以看到，为了对抗1980年左右的高通胀，货币政策大幅收紧。

图 12-4　美国利率与通货膨胀率

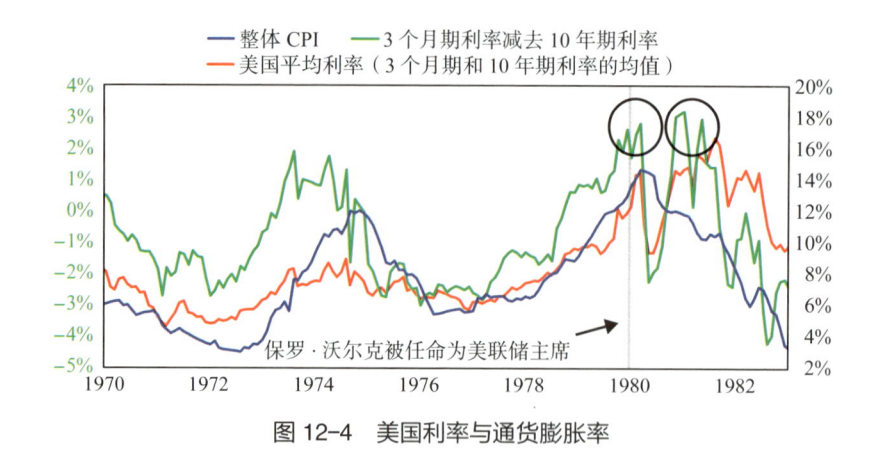

　　除了货币紧缩、高实际利率和通胀下降之外，从自由主义向保守主义劳动政策的转变也出现了。英国的撒切尔夫人、美国的里根和德国的科尔（均为温和的保守派）领导了针对劳动力通胀和工会的强硬斗争，削减了劳动收入在总收益中的份额，从而降低了通胀并提高了企业利润。这些保守派领导人还削减了收入和公司利润的税收，并采取了更为强硬的地缘政治政策。

　　就在里根就职时，伊朗新领导层释放了人质，作为对里根发出的若不释放人质就将面临严重后果这一威胁的回应。撒切尔夫人与阿根廷开战并取得了胜利；这场战争的起因是阿根廷企图夺取马尔维纳斯群岛，那是一群由英国控制的、面积狭小且并无特别之处的殖民岛屿。而里根则使与苏联之间的冷战局势加剧，最终导致了苏联的解体。

　　美国中央政府和中央银行的强势举措改变了资金和权力的流向，以及几乎所有事物的方向。市场尊重实力，并喜爱利率下降、通胀率下降、实际利率高企、利润率改善以及税率降低的组合。这是资本家的福音。我清楚地记得政策的转变和情绪的变化，尤其是这些领导人愿意为做艰难的事情而战斗，即使做这些艰难的事情令人痛苦。

由于所有这些因素，20世纪80年代与20世纪70年代相比，更多的是相反而非相似。也就是说，这是一个通货紧缩性增长的10年，发达国家的股票和债券价格强劲，而债务泡沫破裂，导致新兴国家出现典型的通货膨胀性萧条。

在这段时期，我深入了解了这些市场以及推动它们发展的环境，这让我获得了洞察力，能够识别出重大的投资机会以及阐释这一过程的机制。但这并不意味着我从一开始就完全理解这些大变动背后的所有机制。1982年，我曾犯下严重的错误，因为我预期这场重大的债务危机会给美国银行、股市以及美国和全球经济带来巨大的债务问题。我的错误在于未能预见到全球资金流动从新兴市场转向美国市场的力度会有多大，以及美联储和监管机构会如何有效地保护美国银行。这次失败给我带来了深刻而痛苦的教训，它让我意识到必须密切关注资本流动以及如何做到这一点，如何在降低风险的同时不减少回报，以及如何保持谦逊。这次痛苦的经历，就像我其他的经历一样，最终变得非常宝贵，因为它教育了我，进而极大地提升了我和桥水基金在接下来30多年中的表现。

正如你所见，所有这些对内部政治、地缘政治和科技发展产生重大影响的市场和经济大变动，都是由债务／货币／资本流动所驱动的。正因如此，我决定成为一名资本流动领域的专家。

1971—1982年，是一个极为痛苦且非常典型的债务重组和债务货币化时期，其演进过程遵循了之前描述的典型模式。而随后的10年，则与这一时期截然相反，这也是相当常见的现象。

1982—1990 年：通胀下降、强劲增长与杠杆增加；从一场债务危机到另一场；仍以 MP1 运作

1979—1982 年的货币政策变化将环境从有利于借款者-债务人（如 20 世纪 70 年代初的情况）转变为有利于贷款者-债权人（如 20 世纪 80 年代的情况）。图 12-5 至图 12-9 显示，**这一变化降低了通胀率，从而降低了名义利率，同时，保持了 20 世纪 80 年代比较高的实际利率**。这些图中的数据均已更新，展示了截至 1990 年的利率和通货膨胀率，以便可以看到 20 世纪 80 年代与 20 世纪 70 年代有多么不同。结束了 20 世纪 70 年代长达 10 年的通胀上升、名义利率上升和实际利率低企的货币政策举措，创造了 20 世纪 80 年代通胀下降和相对较高实际利率的环境，这开启了一个长期利率下降的时期。随着这些变化的发生以及利润率的扩大，20 世纪 80 年代与 20 世纪 70 年代相比更像是相反的情况。它们对市场和经济来说几乎是理想的，因为强劲的增长伴随着通胀下降、利率下降以及美国和大多数发达国家股市和债市的大幅上涨。从 20 世纪 80 年代初到 20 世纪 90 年代初，通胀大幅下降，利率的降幅和信贷紧缩幅度更大，因此，经济环境从对贷款者-债权人极为有利、对借款者-债务人极为不利，转变为对借款者-债务人略微有利、对贷款者-债权人略微不利。

图 12-5　美国利率与通货膨胀率

第三部分 回望过去

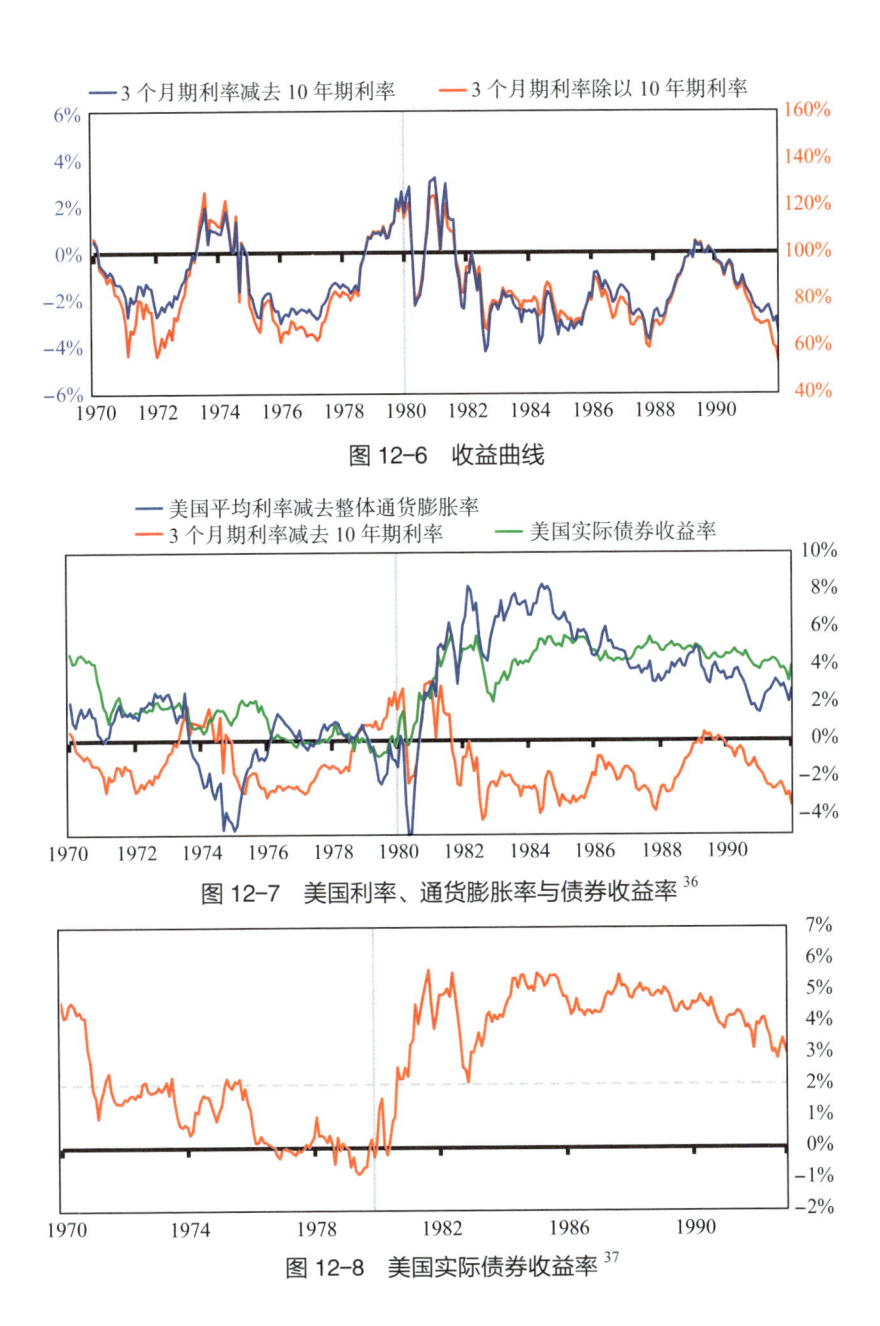

图 12-6 收益曲线

图 12-7 美国利率、通货膨胀率与债券收益率[36]

图 12-8 美国实际债券收益率[37]

---

36. 我们展示了对通胀挂钩债券市场中尚不存在的时期的实际收益率和盈亏平衡通胀率（使用调查的通胀预期和近期通胀）的粗略估计。
37. 同上。

图 12-9 美国估算实际利率

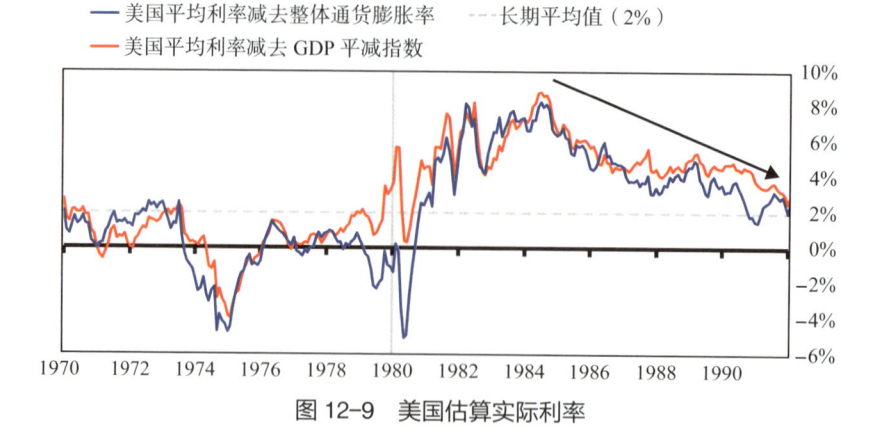

在 20 世纪 80 年代，之前所述的紧缩货币和美元短缺（债务）条件推动美元持续走高，直到 1985 年《广场协议》的签署。该协议旨在促使美元贬值，而美元无论如何都会贬值，因为巨额经常账户赤字以及对美元的巨大需求是不可持续的。

在这些年里，利率和通货膨胀出现了巨大的波动，当你亲身经历这些波动时，你会深切感受到其影响之巨大。但整体动态是清晰的（如图 12-9 所示）：在 20 世纪 80 年代，由于 1980—1982 年的货币紧缩政策，通货膨胀率开始下降，随后名义利率也跟随通胀一起下降，但仍保持着相对较高的实际利率水平。**高实际利率对贷款者–债权人极为有利，而对借款者–债务人则极为不利**。随后，当通货膨胀开始下降，名义利率也随之降低时，这对债券和股票价格十分有利，因为用于对未来现金流进行估值的贴现率下降了，而且更低的利率使得借款变得更加容易。所有这些都有利于经济活动，再加上通货膨胀率的下降，为美国市场和经济创造了一系列理想的条件。

但这些财富转移是从哪里来的？它来自那些持有高利率债务负债和债务资产的借款者–债务人，特别是那些用美元借贷但收入是本币的新兴市场借款者，以及那些向他们提供贷款的机构（尤其是美国跨国银行）。其经历的周期是典型的。高利率不仅使美元债务的偿还成本更高，还推动了美元走强。那些拥有以紧缩外币（美元）计价的债务负债和资产却无法自主印制美元的国家面临债务违约问题；而那些债务以可以自主印制的货币计价的国家，则因为印钞导致本币价值暴跌。换句话说，这产生了货币通胀（在能印制的货币中）和货币紧缩（在无法印制但需要偿还的货币中）。

20世纪70年代末的债务泡沫在20世纪80年代演变为典型的债务崩盘，当时的大幅紧缩政策导致了一场痛苦的去杠杆化，给各方带来了巨大的折磨。那些面临债务崩盘的国家，包括许多新兴国家，在这20多年里经历了一个完整的债务周期，其中包括通胀性萧条，因为大规模的债务货币化导致以本币计价的货币和债务贬值，而无法货币化的外币债务则出现了通缩性违约问题。 这一周期依照第二部分所述的模板展开。这些国家的债务危机导致了典型的"失去的10年"，这些国家出现了通胀性衰退，而向它们提供贷款的银行则进行了典型的债务清理。最终在1991年，债务危机以第二部分所描述的方式迎来了一个典型的结局，即本币债务贬值和外币债务重组。此外，在这一周期临近结束时，大多数负债过重的政府出售了政府资产，以积累外汇储备，并且将本币与美元挂钩，至此完成了它们的大债务周期。

当然，每个国家都经历了其自身的周期，我们将探究其中的一些案例，尤其是会在第15章和第16章分别探讨中国和日本的情况。但这一时期也出现了重要的地缘政治变化，这些变化以重要的方式影响了所有国家的大周期。

20世纪80年代，随着苏联衰落、中国崛起以及贫富差距扩大，地缘政治格局发生了重大变化。这些变化主要是由苏联不健全的金融和经济体系所驱动的。 具体而言，美国在资金和生产效率上远超苏联，因此在几乎所有领域都超越了苏联，尤其是在军事方面。这导致了苏联在债务、经济、货币、内部政治以及地缘政治上的全面崩溃，这一崩溃在1989年底柏林墙的倒塌和1991年12月苏联的正式解体中得到体现。

1978年，中国开始了重大变革，这些变革对塑造至今不断变化的世界秩序产生了深远影响，开启了中国的大债务／信贷／货币／经济周期。在此之前，中国的债务／信贷／储蓄／经济活动极为有限。中国通过推行"改革开放"政策改变了这一局面，吸引了外国资本家及其资金和人才。这一转变释放了巨大的生产力，使中国成为有史以来最强大的贸易和制造大国，因为它能够以远低于其他地区的成本生产大量可贸易商品。这对中国和其他国家产生了深远影响，我们将在后续内容中进一步探讨。 由于我在中国的关系网和对金融市场的了解，我得以亲身参与并近距离观察这一时期中国的重大转型。我将在第15章中更详细地阐述中国的"大周期"演变。目前只需指出，中国变得极其高效，以至于以极具吸引力的价格向全球输出商品，赚取了巨额资金，并向美国和其他国家借出了大量资金，以便它们购买中国商品。因此，美国人获得了商品，而中国人则获得了美国人的债务。我仍在试图弄清楚，谁在这场交易中占了上风，谁又吃了亏。

20世纪80年代，最重要的重大发明包括笔记本电脑、锂离子电池、互联网、思维数字化、应用程序和DNA（脱氧核糖核酸）分析技术，同时，GPS（全球定位系统）、视频游戏机、微处理器和卫星电视方面也取得了巨大进步。美国仍然是主要的发明者和投资者，而其他国家则是主要的生产者。最重要的是，在20世纪80年代，由资本家支持的企业家所推动的科技发展力量，促进了互联网的开发，进而导致了1991年万维网的推出，并在20世纪90年代引发了互联网泡沫。这引发了2000年互联网泡沫的破裂，当时美联储收紧货币政策，以遏制那种依靠债务融资、针对互联网奇迹的快速投机行为。

第三部分　回望过去

1990—2000 年：更多的通货紧缩与杠杆增加，最终导致泡沫形成

简言之，与所有年代一样，20 世纪 90 年代带来了许多在当时看来意义重大，但如今回顾几乎难以记起的发展。我不确定是否给你提供了过多的细节。对我而言，在这些事件发生时，每一分钟都仿佛永恒；而如今我却难以回忆起它们，这让我得出了一个原则：● *在近距离观察时，一切似乎都显得更为重大*。这一原则帮助我保持宏观视角，并在变化中游刃有余。

回顾过去，我很高兴看到自己在这些事件中应对得当，这要归于我所学到的知识，以及我在这项研究中试图传达的内容。我希望将这些事件置于大周期的背景下展示，以便你能够从更宏观的视角看待问题，并理解五大力量如何运作及相互关联。简言之，我将重点说明的变化如下文所述。

在 20 世纪 80 年代中期和 20 世纪 90 年代初期，紧缩的货币政策和充足的大宗商品供应导致商品生产商不得不以低价销售。更具体地说，20 世纪 70 年代和 20 世纪 80 年代初期对大宗商品生产的投资导致供应大幅增加，同时货币政策紧缩，那些持有美元债务的生产商受到挤压。这些因素导致主要的大宗商品价格在 20 世纪 80 年代中期暴跌，并在整个 20 世纪 90 年代保持相对低位。这造成了流向大宗商品生产商的资金和信贷枯竭。典型的情况是，这些由债务/信贷/货币下行引发的重大金融/经济变化导致了国内秩序和国际秩序的重大改变。例如，这些紧缩的货币政策和强势美元的环境导致 1986—1991 年油价平均只有每桶 20 美元左右，这些极低的油价对苏联造成了重大负面影响，并促成了其解体，这极大地改变了世界秩序。

苏联的解体开启了一个全球化的时代。在此期间，惊人的新技术得

以发展，其中最重要的是 Wi-Fi（无线局域网）、智能手机和电子商务，同时 GPS、电子游戏也取得了重大进展，或许最具革命性的是人工智能的突破。**如同所有大周期一样，这些重大发明伴随着债务和股权周期的推动（例如，蒸汽机和铁路的兴起便是如此）。在本轮周期中，早期的技术发展引发了市场狂热，最终演变成泡沫（1995—1999 年）。这种泡沫经济导致经济过热和通胀攀升，促使中央银行（此处是指美联储）收紧货币政策，最终于 2000 年 3 月戳破泡沫。**随之而来的市场和经济短期周期性衰退，通过信贷紧缩和经济下行抑制了通胀压力，这又促使美联储以经典方式重新放宽货币政策。

对具有高度竞争力且劳动力成本较低的国家，尤其是亚洲国家而言，这一全球化时代，加上大宗商品价格的下跌，创造了从 20 世纪 80 年代中期到 20 世纪 90 年代中期的繁荣期。中国在 20 世纪 90 年代开启了加入世界贸易组织的进程，之后引来了一个中国的廉价商品涌入世界市场的时代，中国变得非常富裕，在金融和经济上变得强大。但也正如经典案例所示，经济繁荣产生了债务泡沫。 1997—1998 年，这一泡沫破裂，引发了亚洲金融危机。尽管危机主要集中在泰国、印度尼西亚、马来西亚和韩国，但"亚洲金融危机"波及了该地区的所有国家。正如典型模式所示，这些债务/经济危机在不同程度上引发了相关国家的内部政治冲突。纵观这些危机的发展轨迹，无论是演变过程还是预警信号，都完美契合前文所述的经典周期模式。

在欧洲，各国需要作为一个经济整体运作，并达到足以与其他经济集团竞争的规模。同时，欧洲经济集团需要协调一致的货币政策，这导致主要的欧洲国家通过汇率机制将它们的货币联系在一起。因为各自独立的货币被捆绑在一起，但又保持各自独立的货币政策，这种做法是行不通的，所以这个汇率机制最终瓦解了。对那些理解货币运作机制的人来说，成了 20 世纪 90 年代最大的交易机会之一，最终导致各国放弃各自的货币和中央银行，在1999年建立了统一货币（欧元）和一个央行（欧洲中央银行）。尽管要统一这些具有长期战争历史的不同且独立的民族是一个难以想象的挑战，但主要的欧洲国家仍然选择了统一，因为在这个全球化的世界中，如果作为单独的国家运作，它们将无法成为具有生存力的经济或地缘政治力量。然而，欧盟仍然是一个高度分散的联盟，其竞争力正在下降。

同样在这一时期，克林顿总统成功地将巨额预算赤字转变为预算盈余，因此这是值得铭记的诸多案例之一，以帮助我们思考如何妥善处理事务。

2000—2008年：从泡沫破裂到去杠杆化，再到重新加杠杆，最终形成新的泡沫并破裂，导致全球金融危机和债务货币化

● *投资者通常会犯一个错误，他们认为优秀行业中的优秀公司就是优秀的投资标的，因为他们没有充分关注当投资这些公司时需要付出的价格。当许多人都这样思考，并且大量借贷来杠杆化这些投资时，泡沫就形成了。泡沫通常在央行收紧货币政策、利率上升时破裂。*2000年就出现了这种情况。债务/资产泡沫在2000年3月破裂，以科技股为主的纳斯达克指数下跌了约80%。更糟糕的是，2001年9月11日，世贸中心和五角大楼遭到袭击，这开启了反恐战争以及阿富汗和伊拉克战争。这两个事件（主要是第一个）都导致了短期债务周期的收缩。

图12-10清晰地展示了这些变化。在泡沫阶段（1），失业率降至非常低的水平，股价则攀升至泡沫水平。这些情况在21世纪第一个十年发生了逆转（2）。这些变化导致了经济衰退，进而降低了通胀，并引发了下一个短期债务周期的信贷宽松，随后经济开始复苏（3）。2006—2007

(a) 失业率　　(b) 股票价格（2000年1月定基指数）

图 12-10

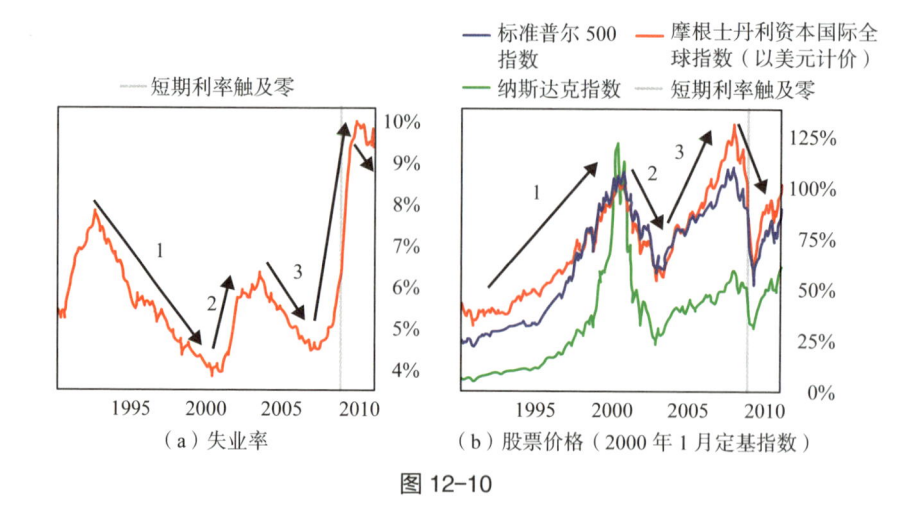

年，另一个典型的泡沫形成；尽管它在房地产抵押贷款领域最为显著，但同样波及银行和企业。

这是 MP1 时代的最后两个短期债务周期。从 1981 年（利率达到"自耶稣诞生以来的最高水平"）到 2008 年（利率降至零），大周期包含了 4 个短期债务／信贷／经济周期。1981—2008 年，每一个利率的周期高点和低点都比前一个更低，直到利率最终降至零。这标志着 MP1 时代的终结（在这一时代，中央银行的货币政策主要通过利率变化来实施），随后被以量化宽松为驱动的 MP2 取代（见图 12-11）。

在研究了 1918—1945 年，即从第一次世界大战结束到第二次世界大战结束后新货币体系开启这段时期的大周期之后，桥水基金在投资体系中制定了一些规则：如果出现债务收缩危机，且短期国债利率和联邦基金利率几乎降至零，那么在中央政府和中央银行采取像 1933 年 3 月那样的强刺激措施之前，我们会押注经济将出现严重收缩。这一规则在 2008 年对我们很有帮助，因为我们理解其中的逻辑，所以能够很好地帮助客户应对那场危机。通过对历史的研究，我还发现实际利率和名义利率的下降，使得经济环境从有利于贷款者-债权人转变为有利

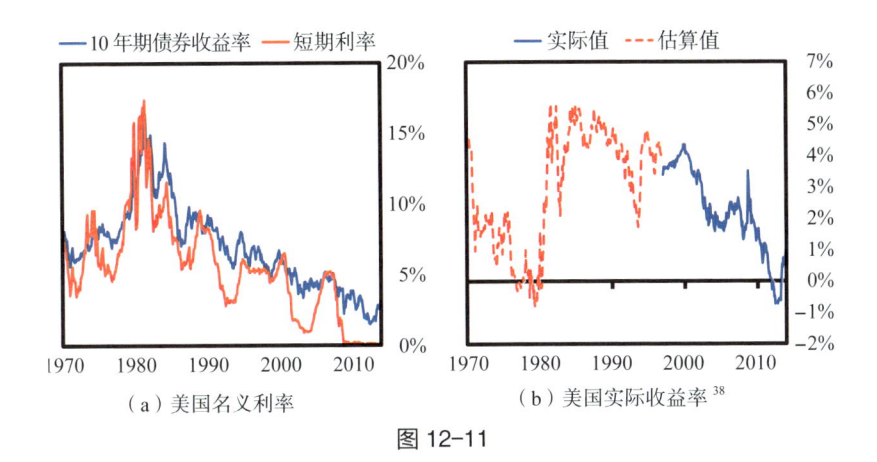

—— 10年期债券收益率 —— 短期利率　　　　—— 实际值 ---- 估算值

(a) 美国名义利率　　　　(b) 美国实际收益率[38]

图 12-11

于借款者-债务人，这使得债务与收入的比率得以上升。**利率的这种下行趋势以及债务负担的加重，为货币政策的下一次重大转变奠定了基础**，我们将在下一章探讨这一转变。

在深入探讨 MP2 时代之前，我将简要提及 21 世纪第一个十年中的其他几股重要的力量。

尽管科技股泡沫在 2000 年破裂，但互联网科技行业及其对世界的影响仍在快速发展和改善。社交媒体在 21 世纪第一个十年的中期兴起（例如，脸书于 2004 年推出，优兔于 2005 年上线）。iPhone（苹果手机）于 2007 年发布，因其集成了多种功能（如电话、相机以及众多应用程序）而成为"万能设备"。在这一时期，互联网和计算技术几乎影响了日常生活的方方面面。美国的体系在引领这些发展方面远比其他国家更为突出，不过大约在同一时期，中国开始效仿并展开了卓有成效的竞争。

中国和其他新兴市场的生产者在制造几乎所有产品方面变得越来越有竞争力，从 20 世纪 90 年代和 21 世纪第一个十年的日常用品（服装、玩具、家电等）到如今的电动汽车和高科技产品。这对中国卖家

---

38. 我们展示了对通胀挂钩债券市场中尚不存在的时期的实际收益率和盈亏平衡通胀率（使用调查的通胀预期和近期通胀）的粗略估计。

来说极为有利,他们赚取了大量财富,也让美国及其他国家的消费者受益于购买物美价廉的商品,尽管这导致美国和欧洲的大量制造业工人失业。美国还受益于中国卖家将赚取的资金借给美国人,用以填补其财政赤字。这种动态机制对中国的作用与之前对日本商品制造商及其客户的作用。在这种情况下,中国人通过向美国人销售商品赚取收入,并通过购买美国债务资产将赚取的资金借给美国人。与之前的日本一样,中国将相当一部分收入投入外汇储备,这促使它购买了大量美国国债,因为美元是全球主要储备货币。这使得美国政府能够大幅增加赤字和债务,并未带来太多负面影响(至少到目前为止),也帮助抑制了全球商品通胀,使得各国央行能够维持宽松的货币政策,并推动了股市的牛市。**这种动态机制对拥有生产资料的资本家有利,但对被取代的工人不利。**

尽管伊拉克战争和阿富汗战争爆发,但世界大国之间并未爆发大规模冲突。然而,冲突的种子正在悄然播下。欧盟和北约继续吸纳更多东欧国家,逐步向俄罗斯边境逼近。与此同时,随着中国日益强大,美中之间的紧张局势不断升级。

自然灾害风险持续攀升。 气候变化这一在 20 世纪 90 年代首度引发全球政策关注的问题,开始引发破坏性气候事件,如 2005 年袭击新奥尔良的卡特里娜飓风。随着时间的推移,这些灾害造成的损失日益加剧。在此期间,全球卫生机构密切监测了包括 2002—2003 年非典(SARS)和 2009 年甲型 H1N1 流感在内的新型病毒疫情。尽管这两次疫情最终都未造成预期中的严重破坏,但预示了未来可能面临的重大挑战。

在政治层面,这一时期的美国总统是温和右翼人士乔治·W. 布什。共和党以微弱优势掌控着参众两院。值得注意的是,当时的共和党人与国会议员更频繁地跨越党派界限进行投票,而且当时两党的合作程度远比我撰写本文时要高得多。

13
2008—2020 年的法定货币与债务货币化

一场大规模的去杠杆化发生于 2008 年，即 2008 年全球金融危机。这场危机由房地产/抵押贷款行业引发，该行业的大量债务融资导致严重的债务问题迅速蔓延，几乎影响到所有国家的每个人，类似于 20 世纪 30 年代的大萧条。这场肇始于抵押贷款/房地产领域的债务危机迅速蔓延，最终导致过度杠杆化的银行、企业和个人纷纷破产，并使金融资产与实体经济遭受重创。2009 年底，美国失业率飙升至 10%，主要股指较 2007 年的峰值暴跌逾 50%。

2008 年底，利率驱动的货币体系（MP1）无法再通过创造货币和信贷来运作，因为利率已降至零。由于这一体系无法继续发挥作用，中央银行不得不通过印钞并购买债务资产来弥补自由市场需求不足的问题。于是，一种新的货币体系"MP2"取代了"MP1"。在这种新体系中，中央银行大量购买债务，并通过其资产负债表提供信贷，这本质上就是印钞、债务货币化和量化宽松。[39] 在 MP2 下，中央银行向政府和市场创造并提供货币和信贷，以弥补私人市场借贷的不足。这一政策始于 2008 年，是自 1933 年以来首次使用。这种债务货币化的举措在历史上多次出现，是长期债务周期进入晚期阶段的典型特征。

---

39. 债务货币化和量化宽松本质上是同一回事，但具体情况略有不同。两者都旨在通过中央银行购买政府债券来减轻债务问题并刺激经济活动。在债务货币化的情况下，中央银行直接从政府手中购买债券，而在量化宽松的情况下，中央银行从私人投资者手中购买债券或其他证券。在通常情况下，这并没有太大区别，但在银行体系受损时，这可能会有所不同。

在大债务周期的这一阶段，中央银行取代了私人投资者，成了债务的主要购买者和主要所有者（主要债权人）。由于中央银行并不介意持有因贬值而亏损的债务，也不担心被挤压，因此可以通过印钞和购买债务来持续防止债务危机的发生。即使政府和私人部门的财务状况不佳，中央银行也愿意并且能够承受巨额亏损，甚至净资产为负的情况，以保护两者的支出能力。通过观察中央银行资产负债表的变化，特别是其持有的债务资产，我们可以看到这一过程的发生；这些资产是通过向出售债务资产给中央银行的人提供现金和信贷而获得的。美国、欧洲和日本的中央银行分别持有大约15%、30%和40%的中央政府债务，以及大约5%、10%和20%的总债务。在图13-1中，你可以看到这一过程如何在美国展开。请注意利率触底至零的时间点和美联储通过印钞扩张其资产负债表的时间点。由于美联储的反应非常迅速（远快于大萧条时期），市场和经济迅速反弹。

在过去100年里，实际债券收益率平均约为2%（在图13-2中用虚线表示），这个水平对借款者-债务人来说不会太低，对贷款者-债权人来说也不会太高。与这个2%水平有较大偏离的时期，都是信贷/债务异常便宜或异常昂贵的时期，这极大地促成了大债务周期中的重大波动。

第三部分　回望过去

(a) 美国利率与通货膨胀率

图例：整体CPI；美国平均利率（3个月期和10年期利率的均值）

标注：短期利率触及零

(b) 美联储资产负债表（占GDP的百分比）

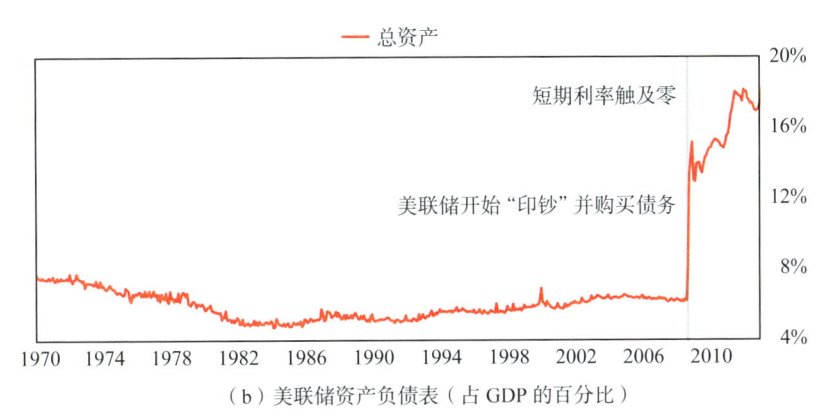

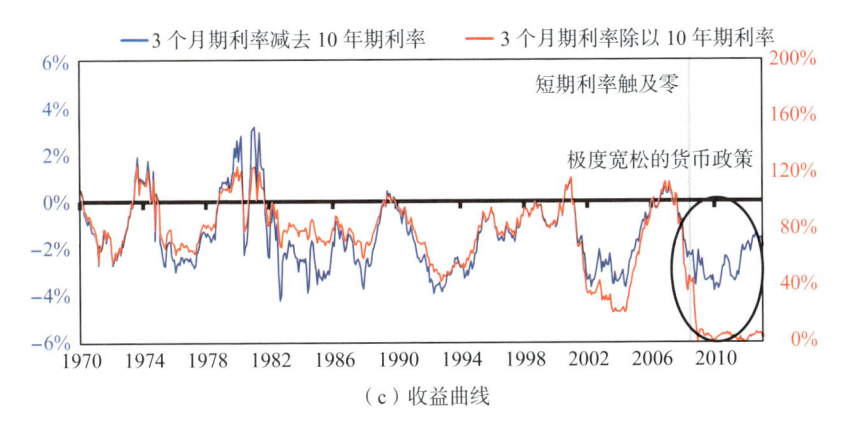

图例：总资产

标注：短期利率触及零；美联储开始"印钞"并购买债务

(c) 收益曲线

图例：3个月期利率减去10年期利率；3个月期利率除以10年期利率

标注：短期利率触及零；极度宽松的货币政策

图 13-1

图 13-2

这个新的 MP2 时代（2008—2020 年）出现了两个短期的债务 / 信贷 / 经济周期。在每一个周期中，债务创造的规模和债务货币化的程度都超过了前一个周期（见图 13-3）。

---

40. 我们展示了对通胀挂钩债券市场中尚不存在的时期的实际收益率和盈亏平衡通胀率（使用调查的通胀预期和近期通胀）的粗略估计。

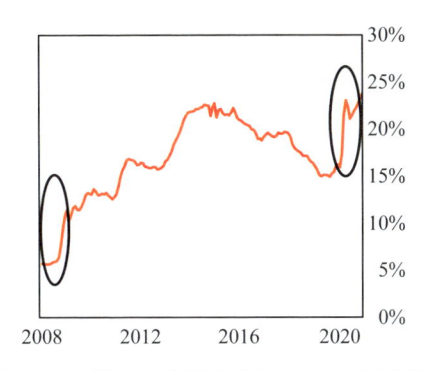

图 13-3　美国基础货币（占 GDP 的百分比）

尽管 2008 年的危机始于美国，但它迅速蔓延成为一场全球危机，几乎所有发达国家的中央银行都跟随美国，从 MP1 转向了 MP2，许多新兴市场的中央银行也采取了类似行动。这些举措推高了金融资产的价格，压低了贷款者-债权人的收益率，同时为借款者-债务人创造了廉价资金。这些刺激性的货币政策在系统中流动，进一步使拥有金融资产的富人受益。政府救助银行的行为加深了人们对这个体系偏袒富人的看法，加剧了人们对富裕资本家的敌意，尤其是那些似乎引发了问题却逍遥法外并赚得盆满钵满的人。最终，美国成功应对了私人部门的债务问题，并推动了经济复苏，尽管公共债务持续上升（实质上是在拖延问题，这一点我们在第 18 章再详细讨论）。

中国及其他国家生产的商品持续进口至美国，与此同时，新技术也在取代工作岗位，这两股力量共同导致了美国就业机会的流失。这些因素加剧了中产阶级的空心化，进一步激化了"精英/资本家"与无产阶级之间的矛盾。中国持有大量美国债务资产，而美国在缺乏竞争力的行业中失去了大量就业机会，这在美国内部造成了巨大的财富与价值观差异，催生了反华情绪，并加剧了美国政治和社会的两极分化。那些在经济上受到冲击的人认为，那些掌控一切的"精英"以及他们所掌控的体系，正在以牺牲美国工人的利益为代价，最大化自身的利润。这种情绪，再加上 2008 年的债务 / 经济危机以及政府救助金融机构时更倾向于让金融资产持有者获益（而非普通民众）的公众认知，加剧了国内社会矛盾。**结果，金融危机促进了右翼民粹主义（如茶党运动）和左翼民粹主义（如占领华尔街运动）的兴起。**

在大多数国家，尤其是美国，随着财富和价值观差异的日益扩大，政治和社会上的右翼与左翼之间的冲突越发激烈。在美国，右翼民粹主义的兴起，特别是在未受过大学教育的非城市白人群体中的崛起，导致了唐纳德·特朗普在 2016 年的当选。这一事件深刻地改变了美国对国内及世界秩序的处理方式，其深远影响在多年后仍未完全被理解（截至 2025 年 3 月撰写此文时，依然如此）。我将在第 14 章更详细地描述这些变化。不过，简言之，**特朗普总统在国内、国际、经济、内部政治和地缘政治秩序上带来了显著转变，使其更具侵略性、自上而下 / 独裁性，右倾、民族主义、保护主义和军国主义色彩。这些政策转变以对抗性增强和合作性减弱为特征（同时也体现在多边组织的瓦解和单边主义的加剧上），与历史上多次发生的类似转变相呼应，最近一次则是在第一次世界大战和第二次世界大战前夕的时期。**

特朗普的当选引发了一系列右倾政策的实施，包括大幅削减企业和个人的税收、任命 3 位保守派大法官进入最高法院、大幅削减政府监管、重新就与其他国家的贸易和军事支持协议进行谈判、实施高额关税以及限制移民。削减个人所得税和企业税，以及减少监管措施，推动了股票价格上涨和经济增长。因此，到 2019 年底，失业率降至 3.5%，达到了 50 年来的最低点。接着，2020 年初，新冠疫情暴发了，这是自 1918—1920 年甲型 H1N1 流感大流行以来的首次重大全球性疫情。

对于那些感兴趣的人，这些发展及其结果在《原则：应对变化中的世界秩序》一书中得到了更详细的解释，并且与 20 世纪 30 年代初的情况相类似。如果一个人理解了大周期，那么这些发展对他来说并不出乎意料。

重大的债务周期、内部政治周期和地缘政治周期，以及它们之间的关系，都在以相当典型的方式展开，因此它们都以经典方式推动着整体大周期的发展。我们过去看到并且现在正在看到的是这3个大周期的演进，同时伴随着来自自然界的重大冲击（疫情和气候变化），以及科技进步带来的影响，特别是人工智能（这将大幅提高生产力，同时也会带来其他方面的颠覆性影响）。

在欧洲，事态的发展紧密遵循了我之前提出的模式，尽管2012年欧元区由17个国家组成，其中既有债务国也有债权国，使得整个过程更为复杂。那些负债累累且债务以它们无法印制的货币（欧元）计价的国家，正如我所描述的那样陷入了困境，而欧洲央行则以典型的方式处理了这一局面。我将以希腊为例，展示这一周期是如何展开的，以及那些因与欧元挂钩而无法印制本国货币的重债国家经历了什么。为了展示这一周期如何遵循之前描述的模式，我将重述通常会发生的情况，然后展示实际发生的事件。

1. **私人部门和中央政府的债务急剧攀升**。在2008年金融危机爆发前的10年间，希腊的总债务占GDP的比重从160%上升至250%，增长了约90%。这一趋势的推动力在于希腊加入了欧元区，这使得该国的债务资产显得更加安全（没有贬值风险，且有欧洲央行的支持）。资本从整个欧元区涌入，各个领域的债务也随之增加。

2. **私人部门陷入了债务危机，而中央政府为了救助私人部门，自身债务也进一步加重**。当2008年金融危机爆发时，希腊政府采取了刺激措施并扩大了财政赤字，这使其债务进一步增加。

由于无法通过债务货币化来缓解危机，债务状况反而恶化，这导致希腊陷入了严重的经济萧条。

3. **中央政府遭遇了债务紧缩，自由市场的债务需求无法匹配供给，从而引发了政府债务问题。** 2009年底，这场债务危机演变为一场严重的公共部门债务危机，希腊政府公开承认其长期以来严重低估了自身的债务和赤字水平。

4. **政府债务的抛售导致：（a）由自由市场驱动的货币和信贷紧缩，进而引发（b）经济疲软，（c）货币面临贬值压力，以及（d）央行在试图捍卫货币时外汇储备的下降。** 显然，沉重的债务负担和财务欺诈使希腊债务对外国投资者的吸引力大幅减少，因此他们开始抛售希腊债务，而希腊则需要更多刺激措施来摆脱其类似经济萧条的困境。不可避免地，希腊采取了紧缩政策，这导致经济萧条进一步加深，并使政府财政状况更加恶化（因税收收入枯竭）。其结果是希腊债务遭遇大规模抛售，利率进一步上升，债务问题更加严重。到2012年，希腊的短期利率飙升至70%以上。希腊债务占GDP的比重又增加了约70%，这既是紧缩政策失效的结果，也是GDP下降的体现（我将这一动态称为"痛苦的去杠杆化"）。

5. **当发生债务危机且利率无法进一步下调（降至零）时，央行会"印钞"（创造货币）并购买债券，以放松信贷并减轻债务偿还压力。** 实际上，央行并非真正印钞，而是从商业银行借入准备金，并为此支付极短期的利率。欧洲中央银行通过大规模印钞和债务担保介入危机，并像美联储那样扩大了其资产负债表。然而，这些举措远远不够，而且在政治上引发了强烈争议，因为财务状况更为稳定的欧洲国家谴责对希腊的救助，担心自己最终不得不为此买单。

6. **如果利率上升，央行就会亏损，因为它必须为其负债支付的利率高于从购买的债务资产中获得的利率**。在这个案例中，我们没有看到这种动态。这种动态通常发生在以下场景：央行以固定利率购买了大量政府债务，通过创造支付浮动短期利率的银行准备金来融资，然后由于货币外逃或通货膨胀问题而被迫提高短期利率，这就为央行造成了负的净利息差，并迫使央行继续印钞来弥补这些损失。在欧债危机的案例中，我们看到央行确实购买了大量政府债务，并通过创造银行准备金来融资，但在那段时期，欧洲整体并未出现通货膨胀问题或货币外逃，因此欧洲央行不需要被迫提高利率，也从未遇到负的净利息差的问题。

7. **债务被重组和贬值，减轻了债务负担**。显然，希腊需要进行债务重组，而欧洲央行在希腊的花费很可能会导致亏损，甚至存在希腊退出欧元区的可能性。与此同时，希腊极度紧缩的信贷正在压垮经济。最终，所谓的欧洲"三驾马车"（欧洲央行、国际货币基金组织和欧盟委员会）制订了一个债务重组与救助计划。2012年，这一重组将债务负担减少了约GDP的50%。

8. **政府征收了非常规的税项，资本逃离了该国，和／或实施了资本管制**。当时出现了银行挤兑现象，因为精明的希腊民众纷纷从希腊的银行中取出存款。由于政府急需资金，因此征收了新的税种，并且最终在2015年实施了资本管制措施。

9. **从严重贬值的货币过渡到稳定的货币**。这一重组足以结束危机最严峻的阶段。希腊留在了欧元区。通过明确的重组来减少债务通常是一条更为痛苦且漫长的道路。希腊花了数年时间才得以恢复，但它最终做到了，就像所有国家最终都会做到的那样。如果希腊和其他负债过重的国家能够印制它们所欠的货币，它们就会走上之前描述过的那些处于类似境地的国家所经历的经典路径。

以下是其他一些关键发展，此处我不会深入探讨：

- 在国际关系方面，经济与地缘政治领域发生了重大的重置，产生了更多盟友与敌对的地缘政治关系，这些关系与1933—1938年（以及此前许多类似的时期）的情况相类似。若想深入了解这些变化，你可以在《原则：应对变化中的世界秩序》一书中找到详细讨论。
- 气候变化开始受到广泛关注。2015年，《巴黎协定》签署，该协定开启了一项旨在防止全球气温上升超过2℃的努力。气候变化是一股强大的力量，代价高昂，并将重塑人类世界和自然世界的面貌。
- 在新技术方面，计算机芯片迅速发展，加密货币问世，自动驾驶汽车功能开始推出，电影流媒体变得更加普及，4G（第四代移动通信技术）无线技术启动［随后是5G（第五代移动通信技术）］，可重复使用的火箭飞船开始投入使用，还有许多其他技术进步相继涌现。

14
自 2020 年起的疫情与大规模财政赤字的货币化

2020 年，全球遭遇了新冠疫情的冲击。尽管在美国和许多其他国家，政府财政管理原则是货币政策应独立于财政政策，并致力于实现通胀目标，就美国而言还包括经济增长目标，因为如果没有这种独立性和独立的使命，货币的供应和价值将会被政治化和逐渐贬值。然而，现实是，几乎所有神圣不可侵犯的规则都不可避免地受到现实的考验，并在大周期的后期开始瓦解。

我将这种因经济影响而不得不改变的货币体系称为 MP3。**MP3 是指中央政府与中央银行之间的协同行动，政府实施大规模赤字，而银行则将这些赤字货币化**。这种动态不可避免地出现在利率变化（MP1）和量化宽松（MP2）不再能够有效改善大多数人生活条件，以及自由市场资本主义体系无法发挥作用的时候。自然而然地，资本主义体系会将资本提供给那些财务状况良好、持有金融资产并能够借贷的人，而不会将资本提供给那些最贫困、最受苦难的人。这正是 2008 年发生的情况。受新冠疫情的影响，中央银行和中央政府不仅需要创造货币和信贷，还需要将这些资源直接交到特定人群和组织手中。**纵观历史，MP3 在类似的情况下发生，即当经济状况极其糟糕且财富差距巨大时，仅靠利率变化或量化宽松无法满足需求。它

通常出现在长期债务周期的晚期。 在此案例中，它分两轮大规模实施。

接下来的图是前文展示的几张图的最新版本。它们很好地描绘了自2020年以来的大背景，并将这些事件置于"大债务周期"的视角下进行解读。正如这些回溯至1945年的长期走势图所示，当我们置身于宏观图景中审视时，每周、每月乃至每年的波动都显得微不足道。我希望这些图能帮助你看到更为重要的宏观图景。

债务水平与债务偿还

中央政府大量支出并发放巨额资金，导致自身债务大幅增加，同时减轻了私人部门的债务负担（见图14-1）。

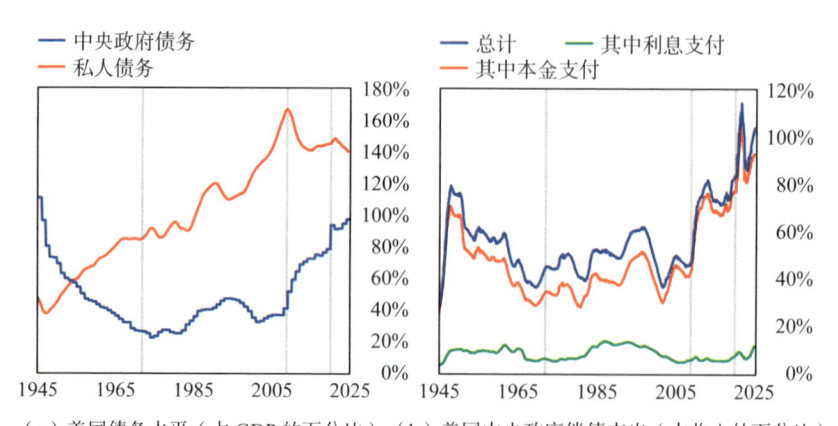

（a）美国债务水平（占GDP的百分比）　（b）美国中央政府偿债支出（占收入的百分比）

图 14-1

第三部分 回望过去

货币政策与央行健康状况

2008—2021年底，美联储通过印钞和购买政府债务大幅增加了货币供应量，随后为了应对通胀，美联储开始实施紧缩政策。这种紧缩政策是对通胀加速的经典反应。紧缩政策和高利率导致美联储在其持有的所有债券上出现亏损，这一点在图14-2中有所体现。

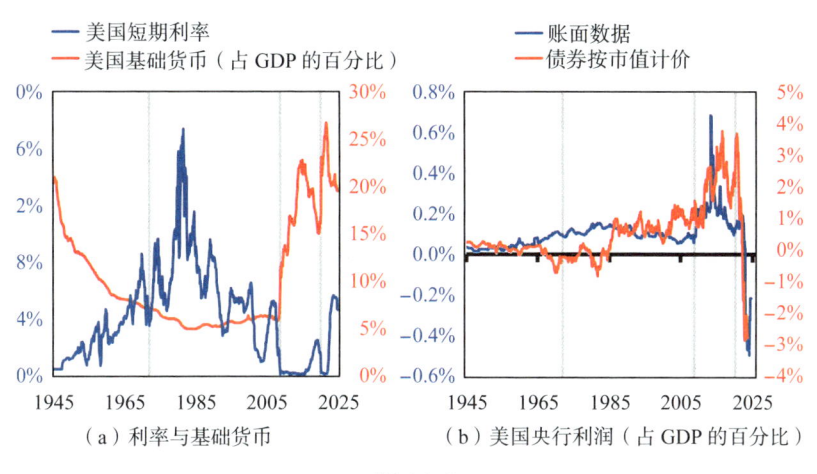

（a）利率与基础货币　　　　　（b）美国央行利润（占GDP的百分比）

图 14-2

利率

利率的上升虽然显著，但相较于通货膨胀的上升幅度而言，其影响相对较小。不过，利率的上升确实将实际债券收益率推高至其长期平均水平的约2%（见图14-3）。

(a) 美国利率与通货膨胀率

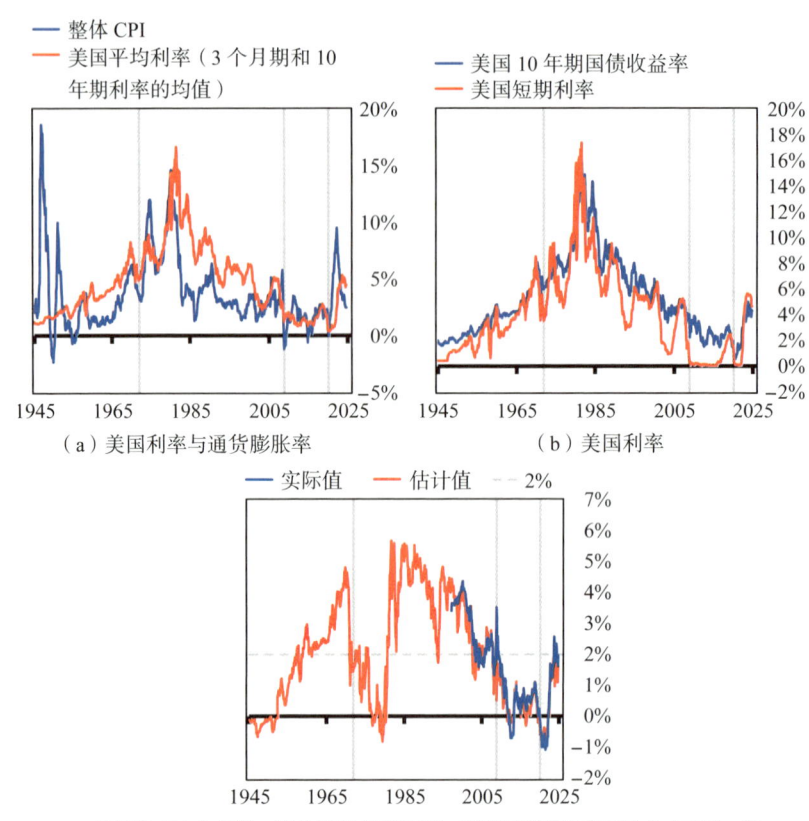

(b) 美国利率

我们以 2% 为界限，因为根据经验法则，当实际利率远高于这个水平时，资金成本就相当高；而当实际利率远低于这个水平时，资金成本则相当低。

(c) 实际债券收益率[41]

图 14-3

---

41. 我们展示了对通胀挂钩债券市场中尚不存在的时期的实际收益率和盈亏平衡通胀率（使用调查的通胀预期和近期通胀）的粗略估计。

第三部分　回望过去

利率构成分析

收益曲线出现倒挂；随着实际收益率上升至约 2%，10 年期通胀贴现率保持在 2% 左右的稳定水平。这些变动反映了货币政策的收紧（见图 14-4）。

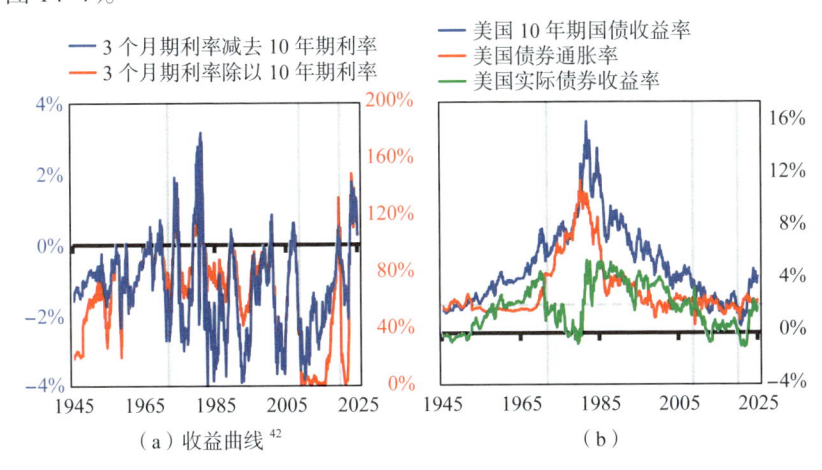

（a）收益曲线 [42]
（b）

图 14-4

财富与收入的变迁

劳动收入份额持续下降至 20 世纪 50 年代以来的最低水平，未受过高等教育的美国人的财富和收入份额继续下滑，因此财富与价值观的差距问题越发严重（见图 14-5）。

---

42. 我们展示了对通胀挂钩债券市场中尚不存在的时期的实际收益率和盈亏平衡通胀率（使用调查的通胀预期和近期通胀）的粗略估计。

(a) 美国私人企业劳动收入份额

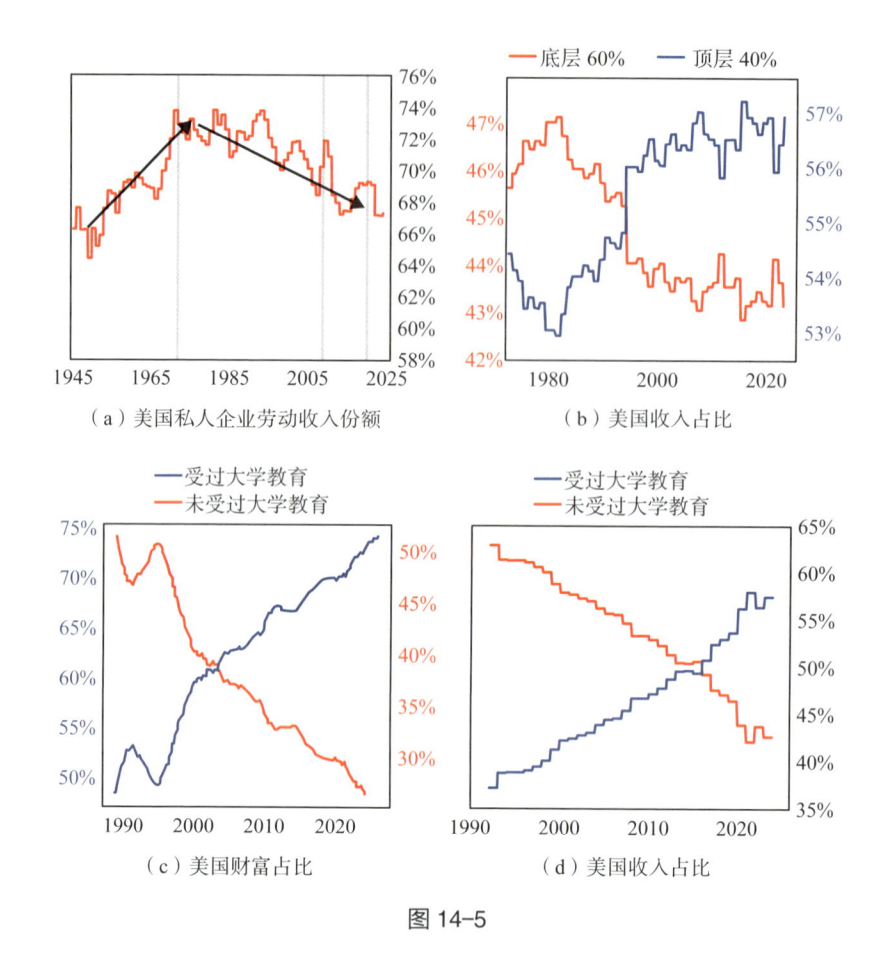

(b) 美国收入占比

(c) 美国财富占比

(d) 美国收入占比

图 14-5

在这一时期，美国人口和政党之间的分裂与极端化程度显著加深，2020 年领导层从特朗普领导的右翼共和党转变为拜登领导的左翼民主党。

现在，我将更详细地审视 2020 年至今（2025 年 3 月）发生的事件，从我的"大周期"视角转向在长期"大周期"内正在展开的短期周期。这种从几十年宏观视角向几年甚至几个月相对微观视角的转变，可能会让人感到迷失。它可能看起来像是从重要的宏大力量转向无关紧要的小力量，但事实并非如此，因为短期的小变化对长期的大趋势的影响，与长期的大趋势对短期小变化的影响同样重要。**最重要**

的是，在2020年至今的这段时间里，一场疫情引发了大规模的经济收缩，进而催生了协调一致的财政和货币刺激政策（MP3），这推高了通胀和市场，重新分配了财富，导致通胀大幅飙升，随后又通过紧缩政策帮助抑制了通胀，最终出现了相对温和的宽松政策。这一时期还伴随着政治极化的进一步加剧，政治风向向右转，特朗普重新当选总统，同时气候和科技领域也发生了重大变化。

更具体地说：

- 这一短期周期的宽松政策始于2020年，旨在应对以下多重因素：（a）新冠疫情引发的经济危机，（b）巨大的财富差距，以及（c）通过选举产生的民主党总统、民主党控制的众议院和参议院所推动的左倾政治举措。这种宽松政策表现为政府大幅增加支出，导致政府财政赤字和政府债务发行规模远超过自由市场贷款者-债权人愿意购买的水平，因此需要中央银行，尤其是美联储，购买/货币化这些债务。银行和日本机构投资者等其他实体也大量购买了美国国债。这种刺激措施大幅增加了债务/信贷/货币/支出的总量。这种大规模的MP3型财政与货币政策协调，使得政府能够通过中央银行用印钞购买债务的方式自由借贷和支配资金，这一机制在我的书《债务危机》中有更详细的解释，如果你感兴趣并希望了解更多历史案例，可以在economicprinciples.org上下载这本书。这就是2020—2021年发生的情况；正如前面提到的，历史上由于类似的原因，这种情况曾多次发生，尽管在我们有生之年未曾经历过。

- 2020—2021年的债务货币化是自2008年首次大规模债务货币化/量化宽松（这是自1933年以来的第一次）以来的第四

次[43]，也是规模最大的一次。自 2008 年的宽松周期以来，名义国债收益率从 3.7% 被压低至仅 0.5%，实际国债收益率从 1.4% 降至 -1%，而非政府债券的名义和实际收益率下降得更多（因为信用价差收窄）。**货币和信贷变得几乎免费且充裕，因此环境对借款者-债务人极为有利，而对贷款者-债权人则极为不利，并导致了借贷狂欢和新泡沫的形成**。我的泡沫指标在 2010 年仅为 18%，到 2020 年底已升至 75%，显示出那些几乎没有或完全没有利润的公司和资产所形成的泡沫，这些公司通过出售股权和/或基于未来表现承诺的借款以及投机性购买热潮获得资金。这与 1970—1972 年的"漂亮 50"（Nifty Fifty，即当时的优质 50 股）泡沫、1989—1990 年的日本泡沫以及 1999—2000 年的互联网泡沫类似。2008 年后的利率持续下行，最终降至历史低位，这为股市提供了强劲支撑。我估算，利率下降使股价比其没有下降时上涨了约 75%（与金融危机前的峰值相比）。此外，由于科技进步和全球化，利润率几乎翻番，这也推动了利润和利润率的增长。企业和个人所得税的下降也促进了资产价格的上涨。从 2009 年危机后的低点到 2024 年第二季度，美国家庭持有的金融资产（"账面财富"）名义价值从 32 万亿美元激增至 99 万亿美元，增幅达两倍之多。[44]

- 2020 年的债务/信贷/货币激增导致了通货膨胀的大幅上升，而供应链问题和外部冲突（这是我稍后将提到的五大力量中的第三股力量）则加剧了这一现象。
- 通货膨胀的大幅上升导致美联储开始收紧短期周期，并通过让

---

43. 包括第一轮量化宽松（QE1）、第二轮量化宽松（QE2）、第三轮量化宽松（QE3），以及在新冠疫情封锁期间实施的这次量化宽松。

44. 这里的家庭财富是指家庭总金融资产与家庭总负债之间的差额（根据美联储的数据）。

到期债务自然减少而不是继续购买来收缩其资产负债表。由于美联储（和其他央行）将短期债务周期模式从宽松转向收紧，名义利率和实际利率从对借款人极为有利而对贷款人不利的水平，回归到更为正常的水平（如2%的实际债券收益率）。 自紧缩政策实施以来，美国国债的名义收益率从0.5%上升至超过4%，实际收益率从约-1.1%上升至约2.5%，这打击了大多数资产价格，尤其是那些利润薄弱或为负、需要新股权融资的资产。自然，这一转变尤其打击了处于泡沫中的资产价格。我的泡沫指标从75%（显著泡沫）下降至35%（无泡沫），而指数中的泡沫股票平均下跌了75%。**结果，美国股票和债券的名义财富价值下降了约12%，实际财富价值下降了近18%，这是自2009年以来的最大跌幅。** 随着现金从"垃圾"变为"有吸引力"，且短期名义利率和实际利率均达到对贷款者-债权人更具吸引力、对借款者-债务人更不利的水平，加之收益曲线倒挂，这些变化产生了非常经典的效应：降低了大多数投资资产未来现金流的现值，并强化了美元相对于其他央行紧缩步伐较慢国家的货币。换句话说，美联储的快速行动使以美元计价的现金于大多数资产、其他货币计价的现金以及黄金处于有吸引力的水平。这像往常一样，打击了对利率敏感的行业，如商业和住宅房地产，以及低现金流或负现金流的泡沫公司，无论是公开市场还是非公开市场，但公开市场尤为严重。例如，当时热门的"FAANG"股票和科技股占主导的纳斯达克指数分别从峰值下跌了约45%和33%。非公开市场资产——私募股权、风险投资和房地产资产并未相应下调估值，因为市场极不愿意接受这种下调。对这些市场中的公司、风险投资及私募股权管理者来说，减记和融资轮次下调都变得过于痛苦，因此直到今天，买卖双方在价格上无法达成一致，交易量大幅下降。然而，这并未像通常那样会严重削弱经济，因为增加债务的是中央政府而非私人部门，且持有债务并承担损失的是中央银行而非私人部门。此外，通货膨胀体现在工资和其他收入以及购买的商品和服务中。

- **随后，通货膨胀有所回落，但物价依然居高不下，美联储及其他中央银行放宽了货币政策，这总体上支撑了资产价格。人工智能及人工智能公司成了新的热门领域，并有望像引发工业革命和数字革命、催生金融泡沫的那些新事物一样，极大地改善经济与生活状况。伴随着这些变化，股票、公司和国家的表现也出现了巨大差异。**此外，全球资本市场也因新型投资产品的出现而发生变化，尽管这些变化与我们之前所见的方式类似。例如，我们正在见证新型贷款形式的兴起，如私人信贷市场的发展，这类似于20世纪70年代末至80年代初的垃圾债券市场（尽管更为定制化、非证券化、流动性较差，并涵盖了早期阶段的企业）。大量资金涌入此类贷款，有助于维持较低的信用价差，并为更多投机活动提供资金支持。

- **关于右翼民粹主义者与左翼民粹主义者在财富与价值观上的内部冲突，这种紧张局势在大多数民主国家中愈演愈烈，尤其是在美国。**在美国，政治右翼与政治左翼之间的分歧变得更为极端，而此前由美国中央政府与央行实施的大规模财政与货币刺激政策，导致了商品、服务和金融资产价格的大幅上涨。在2024年大选中，通货膨胀以及其他因素（如拜登总统的认知能力下降）帮助（a）右翼/资本主义/社会保守派的特朗普和共和党在对阵（b）左翼/社会主义/社会自由派的卡玛拉·哈里斯和民主党时取得了决定性胜利。这次胜利赋予了特朗普对中央政府和整个国家进行大规模改革的权力，并为与中国及其盟友可能发生的某种形式的冲突做好了准备。如果特朗普以微弱劣势败选，美国国内秩序开始发生巨大变化，那么可能引发的潜在重大冲突就会避免。
- 气候变化持续加剧，未有减缓之势。
- 科技的进步，尤其是在人工智能领域以及其他几项技术上的进步，导致了财富和权力的巨大变迁。

这让我们来到了现在所处的位置。

五大力量：债务、内战、国际战争、自然力量以及科技

每天我们都能看到关于这五大力量的新闻。如果你将过去与现在的点滴联系起来，就能发现它们正沿着我在《原则：应对变化中的世界秩序》及 economicprinciples.org 网站上的 40 分钟和 5 分钟解读视频中详细阐述的大周期模板演变。政府债务显然是一个日益严重的问题。截至目前，美国右翼／资本主义者／MAGA[①]支持者与左翼／社会主义者／共产主义者／"觉醒"（woke）运动者之间的非暴力内战持续激化，尽管在最近一次大选中，右翼已明显压制左翼。这一政治转向使美国内部秩序和混乱周期进入了与 20 世纪 30 年代相当的历史阶段。与此同时，国际大国冲突，特别是美国及其盟友与中国及其盟友之间的对抗也正在升级。同样值得注意的是，以气候变化为核心的自然力量的影响日益加深，而人工智能等技术带来的正面和负面冲击

---

① Make America Great Again，让美国再次伟大。——译者注

更将远超我们当前的想象。正如历史规律所示，这五大相互关联的力量正在共同推动"大周期"向前演进。尤其关键的是，美国内部斗争与中美外部博弈正日益受到科技战与经济战（如军备开支增长需求）的双重影响。基于前文阐述的周期规律，与 20 世纪 30 年代的局势相比，当前局势呈现出高度相似性。

鉴于中国的重要性，我将简要回顾 1945 年（新世界秩序开始之时）至 1949 年（新中国国内秩序确立之际）期间，中国所经历的大周期演变。随后，我将聚焦于日本的大周期，特别是其大债务周期的发展轨迹，因为这一案例为我们提供了宝贵的洞见，有助于我们从中汲取深刻教训。

15
1945年至今的中国大周期概述

本章将为你详细展示大周期在中国的演变历程，一直延续到当下。阅读本章大约需要15分钟。在过去40多年里，我在中国度过了不少时光，与中国保持着非常密切的关系，包括与一些领导人的关系。我近距离见证了许多事情的发展，所以对我来说，中国的大周期就如同美国的大周期一样清晰鲜活。我认为这一章节很值得你花时间读一读。

为了将中国的历史置于其大周期的背景下，我将概述自1945年新的世界秩序和中国国内秩序建立以来所发生的事情，并简要回顾这之前的历史。

1945年之前

我先请你看图15-1，它展示了从600年至今中国的大周期。图中显示了中国相对地位的粗略估计，使用了许多在《原则：应对变化中的世界秩序》一书中描述的地位衡量指标。它展现了中国历史上最大规模的大周期浪潮。

通过研究这些周期，我发现它们与我在此项研究中提及的"大周期"模板高度吻合。我在那本书及同名动画视频中对这一模板进行了全面阐释。

图 15-1 中国的大周期

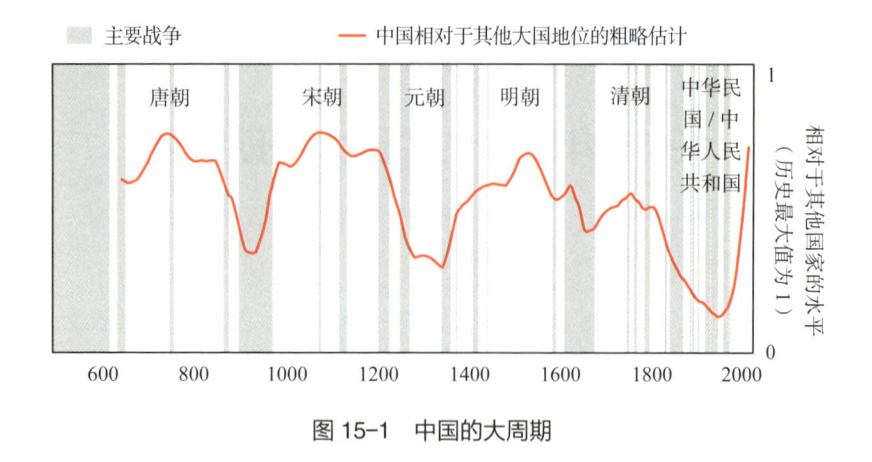

在图 15-2 中，你可以看到中国从 1865 年（"百年耻辱"开始后 26 年）至今的大债务周期。这 100 多年的屈辱时期是外国势力羞辱和剥削中国的时期，始于 1840 年第一次鸦片战争，终于 1949 年中国共产党执政和中华人民共和国成立。**我们从图中可以看出，巨额债务累积起来，随后清除，然后再次累积起来。** 典型的情况是，债务的清除伴随着国内外战争（1945—1949 年）；随后出现了新的秩序，债务又开始累积起来。在这些年的大部分时间里，中国的货币和债务不被认为是良好的财富储存手段，所以很难建立起信贷市场和其他资本市场。接着在 20 世纪 90 年代初，随着股票市场的发展以及债券市场

图 15-2 中国总债务（占 GDP 的百分比）

的起步，中国开始构建自己的资本市场。因为我深度参与了这一过程，所以我可以向你讲述与之相关的所有情况。

虽然我不会深入详细讨论中国先前的大周期（包括百年耻辱时期），但我确实想提及它，因为它深刻影响了中国领导人对外国势力以及当前国内外局势的看法。中国历史的这一部分深深烙印在中国领导人的心中，促使他们发奋图强，以确保中国强大到足以应对类似的事情。更具体地说，中国领导人认为美国是出于自身利益考虑，试图在一个与美国无关的区域遏制中国。需要说明的是，我并非评判中美双方观点的对错，仅客观陈述历史事实并呈现两种视角。

中国领导人现在认为，美国在台湾问题上的干涉甚至比20世纪60年代美国人所感受到的苏联对古巴的影响还要严重。因为在他们看来，自二战结束以来，世界各大国"毫无争议且始终如一"地承认台湾是中国的一部分，且台湾距离中国大陆仅90英里[①]。中国领导人将台湾视为尚未完全回归中国的一部分，因为二战后台湾回归中国，但随后的解放战争导致国民党及其领导人蒋介石在战败后退居台湾，维持其统治。联合国1971年决议：承认中华人民共和国政府代表为中国在联合国组织的唯一合法代表，并进一步强化了一个中国政策。该政策主张世界上只有一个中国，台湾是中国领土不可分割的一部分。

毫无疑问，中国领导人期望最终控制台湾和南海部分地区。相比之下，大多数美国人将中国视为对美国和现有美国主导的世界秩序的重大且日益增长的威胁。他们认为中国人在意识形态上具有威胁性，他们与美国的资本主义/民主/亚伯拉罕式（犹太教/基督教/伊斯兰教）体系进行着一场重大的意识形态战争。美国和中国的一些人都认为，这场冲突将是最后一场，也是最大的一场文化/宗教/经济甚至可

---

① 1英里≈1.61千米。——编者注

能是军事战争。当然，中美关系是复杂的，这个故事至少有两个方面，我不会详细展开，因为这将偏离主题太远。我只是想明确指出，中国领导人的历史视角对他们的思维方式和行动模式产生了重大影响。此外，我想指出，中国领导人深谙悠久辉煌的中华文明，他们对"大周期"有着异常清醒的认知。

最重要的一点是，在过去 50 年里，中国实力的增长幅度超过了历史上的任何其他国家。这使中国成为一个大国，其实力已接近美国。因此，美国和中国已进入一个大国冲突时期。图 15-3 显示了我对 1825 年以来相对实力的综合评估，以及 1963 年以来的美中冲突指标。图中显示，在百年耻辱时期，中国的相对实力大幅下降，此后又大幅上升，现在已接近可与美国匹敌的水平。这导致美国、中国及其各自盟友之间出现典型的大国冲突态势。[45]

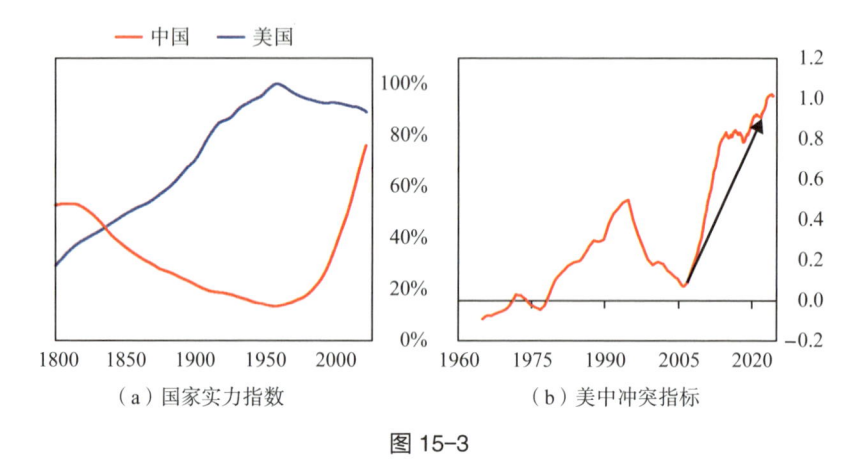

(a) 国家实力指数　　(b) 美中冲突指标

图 15-3

1945 年以来

以下是我对 1945 年以来中国发展历程的简要描述。

---

45. 在我的网站 economicprinciples.org 上，你可以看到更多有关中国经济指标的细节。

二战结束促成了新的世界秩序的建立，而1949年中国内战的结束则带来了新的国内秩序。

从1949年到20世纪70年代，中国是一个严格实行封闭政策的共产主义国家，主要领导人是毛泽东和周恩来。毛泽东和周恩来于1976年去世。在这之后，中国在经济、内部政治和地缘政治方面发生了重大转变。

如第12章所述，中国经济转型的总设计师邓小平从根本上赋予了"改革"和"开放"更深刻的内涵，引入了更自由的、基于市场的经济体系，引进外国人才和外资，使中国能够抓住新的机遇。他让"不管白猫黑猫，抓到老鼠就是好猫""致富光荣"等观念深入人心，并提出坚持对外开放和对内搞活经济的政策。**这些政策使中国取得巨大的经济进步，不仅改变了中国，也影响了世界。中国从一个积贫积弱的国家崛起为一个世界瞩目的强国。**

从1984年至今，我亲身经历了这一切，通过与中国的接触，在我们成为朋友共同致力于中国市场和经济发展的过程中，我得以从中国领导人的视角看待问题。

我从1984年开始应中国国际信托投资公司的邀请前往中国。当时它是中国唯一一家"窗口公司"（之所以被称为"窗口公司"，是因为它能够以资本的方式与外部世界开展业务往来）。他们向我咨询关于世界资本市场的知识。当时中国并没有什么钱，所以我也不是为了赚钱或是为了参与他们的市场而去的；最初我是出于好奇，之所以一直坚持到现在，是因为我热爱中国人民和中国文化，并且我能对中国的市场和经济发展产生积极影响。这给了我宝贵的咨询经历和大量的乐趣，多到我不敢完整描述，因为那会偏离主题太远。现在我要描述的是通过我的经历所看到的视角。**我见证了强有力的经济改革和对外开放的组合如何使中国经济经历了以下阶段：**

1. 从一个典型的低效的计划经济体制到
2. 一个高效的社会主义市场经济体制到
3. 发展其资本市场到
4. 形成典型的债务泡沫，进而导致
5. 典型的债务崩盘，这种危机通常发生在那些债务以本国货币计价且债务人和债权人主要是本国公民的国家，再演变成
6. 典型的大国竞争。

具体来说，中国经历了一个典型的大周期生产力上升阶段，这使中国人民从极度贫困转向生活水平大幅改善，许多人和整个国家都获得了巨大的财富和力量。与此同时，债务水平大幅增加，资本市场的发展造成了巨大的贫富差距和泡沫。**我目睹了中国的整个转变过程：中国从努力应对贫困和地缘政治劣势，到通过市场/债务改革和开放政策创造了巨大的财富增长和地缘政治力量，再到如今必须应对这些更大的财富和地缘政治力量带来的挑战，因为随之而来的是巨大的贫富差距、机会不平等，以及重大的国内和国际冲突。**

在邓小平领导推进改革开放的进程中，我近距离观察到大周期是这样展开的：

- 中国廉价的劳动力和高生产力增长为世界提供了价格具有吸引力的制造业产品。
- 美国和世界上的大多数国家都喜欢以优惠条件获得这些价格有吸引力的制造业产品，尤其是因为中国将赚取的大量资金用于贷款给购买这些商品的美国人。结果，大规模的贸易和资本失衡出现了，美国制造业受损，这对美国而言构成了一个难以持续的经济/资本、内部政治以及地缘政治问题。

- **中国的收入、财富和实力大幅增长。与此同时，美国过度借贷并开始走向衰退。**

2008年，美国爆发了一场严重的债务危机，这使中国陷入了一种两难境地：中国不确定其持有的大量债务资产能否得到偿还，同时也对美国的金融实力产生了质疑。我当时身处这一局势之中，不得不说，中国方面以得体且包容的态度应对了那场债务危机。

2008年，二十国集团召开了首次峰会，应对全球金融危机。与七国集团相比，二十国集团的成立更能真实反映世界权力的转移和各国实力的变化。各国在峰会上同意采取强力刺激措施，因此中国和几乎所有国家都增加了信贷供应。**这改善了经济状况，但也加剧了贫富差距，并使债务水平相对于收入水平上升。**如前所述，在美国，不断扩大的贫富差距和某些人群的经济困境导致民众的情绪发生转变，他们开始将就业损失归咎于中国。那些受到最大不利影响的美国工人是没有大学学历的男性，他们后来成为唐纳德·特朗普的主要支持者。**同时，美国企业抱怨它们无法在中国公平竞争，并指责中国在窃取美国的知识产权。**

中国的技术和实力持续增长，使其有资源发展经济，增强地缘政治、军事和科技实力，进而变得更加坚定自信。

2013年，习近平当选中国国家主席。**新一届政府的主要目标是推进经济改革和消除腐败**。由于我的专业知识以及长期建立的信任关系，我有机会参与十八届三中全会（新一届政府在最高领导人任命后的重大规划会议）的相关讨论。我进入了一个非常开放和充满协作的环境，在那里，关键问题得到讨论，我们可以开诚布公地交换意见。我发现关于如何消除腐败和推进改革的讨论都很真诚且富有成效。新一届领导人表现出强烈的愿望和热情来提升中国的综合国力，我很高兴能够提供帮助。

推进经济改革意味着使其现代化并更加市场化。例如，当时五大银行主要向国有企业提供贷款，这些企业都隐含着政府担保，政府可以通过印钞来保证，而小型和中型企业几乎得不到贷款。领导层希望改变这种状况，因此他们寻求发展资本市场，改善借贷和投资渠道。我深度参与其中，因此看到了负责人是如何思考和行动的。我发现习近平在第一个五年任期的大部分时间里（a）对外部思想持开放态度，（b）强烈希望通过市场化推动经济进一步改革，并采取行动建设和改革资本市场，（c）采取强有力的行动消除腐败。

中国取得的显著成就以许多衡量标准来看，都是人类历史上最伟大的。自我1984年第一次访华以来，中国的人均收入增长了20倍，平均预期寿命增加了12年，贫困率从81%降至不到1%。

同时，从2009年开始，中国在房地产、地方政府和企业等领域的债务水平大幅上升。这在当时起到了刺激经济的作用，但也导致债务加速增长，并引发了中国如今面临的债务问题。而计划生育政策带来的人口结构问题更是加剧了这一困境，该政策引发了与养老金和养老护理相关的财务问题。此外，由政府（尤其是地方政府）融资驱动的经济运行模式容易引发企业的非经济性竞争，这也会导致企业出现债务问题。

随着中国在世界贸易中的地位显著提升、财富不断增长、在地缘政治上坚定"中国主张"，中国对其他国家来说变得更具竞争性。**在这个时期，美国人开始将他们的经济问题归咎于中国，并将中国视为一个更大的威胁。**

由于美国中产阶级就业岗位流失——这被归咎于中国进口商品以及中国在世界上日渐展现的大国自信，美国人对中国的情绪钟摆从正面摆向了负面。当特朗普于2017年上台执政，而习近平于2018年开始第二个任期时，大国冲突正式开始，最初以贸易谈判的形式出现，随后演变为实力较量和一种"冷战"形态。在当时，中国领导人已清楚地意识到典型的大国冲突正在显现。一位中国领导人跟我说过，中国领导层无意改变关于联合国、世界贸易组织、世界卫生组织、世界银行和国际货币基金组织等多边组织的世界秩序。这位领导人认为，世界秩序的改变和对多边主义的威胁，反而是特朗普政府采取单边主义、"美国优先"方针的结果——这种方针将美国利益置于全球共同体之上，并将遏制中国作为首要任务。而另一边，俄罗斯和中国却因为有美国的威胁而坚定地站在了一起。

随后，新冠疫情暴发。同时，中国的债务泡沫和贫富差距扩大，与美国的关系恶化，这让典型的债务/金融、内部秩序、外部秩序，以及自然力量等风险因素汇聚在一起。另外，台湾问题也是一个非常重大的问题。

中国当前正面临以下几个方面的挑战：（1）在转向更具社会主义特色的"共同富裕"政策的同时，也面临着严峻的债务问题；（2）多种国内问题凸显，给政府监管带来了巨大挑战；（3）与美国的国际冲突加剧，世界正在发生重大变化，而中国在这些变化中发挥着越来越重要的作用；（4）气候变化正在发生，并可能对中国产生重大影响；（5）中国处于一场科技战中，无论是中国还是美国都输不起。与此同时，中国在许多领域都取得了重大进展，尤其是在科技驱动的制造业方面，能够以非常低廉的价格销售产品，而占世界人口85%的新兴国家正成为中国的重要新目标市场。

在我写这段话的2025年3月，第二届特朗普政府刚刚上台执政，美国面临以下几个问题：（1）重大债务问题；（2）国内冲突导致采取更严格的半专制政策来压制反对派及其左翼政策；（3）与中国及其盟国的国际冲突加剧，在特朗普的领导下，美国在不断变化的世界秩序中从全球领导者转变为"美国优先"的民族主义参与者；（4）气候变化可能产生重大影响；（5）美国处于一场科技战中，无论是美国还是中国都输不起。

所以，我们现在正看到这两个大国的对峙，这种局面很像20世纪30年代世界处于大周期类似阶段时的情况。当前，贸易战表现得最为明显。美国、中国和世界将要发生的事情，将再次检验这两个大国及其截然不同的方式和体系的相对实力。这两个大国现在正处于对峙状态，所幸其还没有演变成军事对抗。我认为，这将发展成为有史以来最大的大国冲突。多年前，一位中国领导人向我解释了双方在战争方式上的差异——西方国家遵循地中海式的战争方式，即正面对抗，而中国则采用更加微妙的计谋的方式，这与约2 500年前孙子在《孙子兵法》中描述的方式一致。通过我多年来与中国的密切联系，我了解到了这些影响中国领导人处理国内民众和外部世界关系的永恒原则的力量。[46]

---

46. 一条永恒的指导原则是实现"大同"（"大"意为广大、普遍，"同"意为共同、和谐），其可追溯至中国古代（大约孔子所处的时代）。它描绘了美好的事物应如何为所有人共享，统治者的治理应当为了公共利益，而非为了自身利益或任何团体的利益；资源应当公平分配，人们应当和谐相处。这些都是他们会不惜一切代价努力实现的关键要素。他们是如何努力实现这些目标的？实现这些目标的途径体现在以下两个方面：其一，儒家思想（这是一系列通过明确的等级制度和道德领导来实现和谐的运作方式，在这种思想体系中，领导者将社会的福祉置于自身利益之上，并将教育、精英统治、家庭、优质的人际关系以及家长式治理作为优先事项；它形成于公元前500年左右）；其二，法家思想（其强调非常严格的法治和实用主义重于道德观念；它形成于公元前250年左右）。我了解到，将中国当作一个有等级秩序的大家庭来治理是很重要的（例如，中文里"国家"这个词是由"国"和"家"两个字组成的）。影响力稍小一些的是道家思想，其强调和谐以及万物的本质；还有佛教思想，其强调人与人、人与万物之间的和谐，倡导接受事物的本然状态，并认为物质主义缺乏价值。通过了解这些原则，我能更好地理解中国领导人的观点以及中国的治理方式。例如，我能够理解为什么他们倾向于马克思主义（对他们来说，马克思主义代表着共同富裕），以及为什么他们需要清楚自己的位置并忠诚地追随领导者（他们认为这是维持秩序所必需的），除非领导者辜负了他们，而这将表现为巨大的混乱，进而导致领导者被推翻。我还能理解他们为什么会觉得资本主义和个人主义与他们的信仰相悖，因为他们认为这两者都体现了自私自利，而自私自利会使人们四分五裂，导致不和谐或混乱。我并非在对中国的治理方式与美国的，或者更宽泛地说，与西方的治理方式进行评判，只是在我看来，人类一直在权衡它们各自的优缺点（资本主义与社会主义各自的优缺点），并且在有记载的历史中，人类一直在不同版本的它们之间来回摇摆。我还认为，中国人关于人与人之间相处的核心价值观，与基督教所倡导的核心价值观的相似程度，比人们普遍认为的要更高，而且当资本主义走向极端时，这两者都与资本主义的价值观有很大不同。我也知道，在实现繁荣，包括广泛的繁荣方面，资本主义比其他方式要有效得多，尽管这种方式往往以一种大周期的模式运行，导致我们在这项研究中全面审视经济繁荣与衰退的循环。

中国与五大力量

在这个极其简要的总结中，我将根据五大力量模板来审视中国发生的变化：

1. **债务／经济力量**导致中国的债务相对于收入水平上升，不过在 2009 年之前，债务相对于流动资产的比例并未上升。随后，债务，尤其是地方政府债务、企业债务和房地产债务开始增长并形成泡沫，该泡沫在 2021 年破裂，从而开启了去杠杆化进程。与日本类似，中国债务大多以本币计价，这使其有望实现日本未能达成的"和谐的去杠杆化"，尽管目前在我看来，中国应对速度迟缓，且其当前所处的大债务周期阶段与 20 世纪 90 年代的日本高度相似，最终成效仍有待观察。与此同时，中国在创新领域仍保持着极具竞争力的产业优势，这些领域完全未受债务问题拖累。

2. **内部问题力量**让中国的多种内部问题层出不穷，政府也会加强控制和监管，这会减缓决策过程，也会影响资本和人员流动，而且这些内部问题会促使中国的政策发生变动，这在某种程度上都会影响经济发展。

3. **外部冲突力量**导致了与美国的典型大国冲突，损害了贸易、资本和人员流动，并导致了更大规模的军事准备和风险。

4. **自然力量**表现为干旱、洪水和疫情，这些代价日益高昂。但同时，中国利用其卓越的创新能力、政府主导的经济政策和先进的制造能力，在太阳能和风能领域取得了巨大进步，成了世界上最具成本效益的相关产品的生产国，这是另一个故事，我在此不做展开。

5. **科技力量**使中国和美国在多个新技术领域取得进展，最重要的是在高级人工智能方面。虽然在最先进芯片的开发方面，中国似乎落后于美国，但在低成本人工智能和先进制造业（特别是机器人技术）方面表现出色。中国在许多技术领域都具有很强的竞争力。

简言之，近年来五大力量中的四个（债务/经济力量、内部问题力量、外部冲突力量和自然力量）对中国的威胁都在不断加剧，而第五个力量——科技力量则呈现出一幅复杂的图景：中国有落后于美国的领域，同时在某些领域又领先于美国。在第四部分，我将告诉你我对未来的看法。

附录：图解中国的大债务周期

现在我要给你们展示的一系列图能很好地呈现中国的债务状况，但我不会对其进行分析，因为进行更为全面的、恰当的分析在目前来说会偏离主题太远。此外，值得注意的是，并非所有债务都得到了妥善统计，所以这些图只是为了大致说明情况。

如图15-4所示，中国正处于大债务周期中这样一个阶段：非中央政府的债务负担已变得过重并成为一个问题，因此中央政府和中央银行将不得不出手加以管控。幸运的是，中国的大部分债务是以本币计价的，而且大多数债务人和债权人都在国内，这种情况更有利于中央政府和中央银行的管理。然而，中国的货币（人民币）并非一种被广泛持有的储备货币，所以它不是一种有效的财富储存手段。在理想情况下，中国的政策制定者既要有能力又要有勇气迅速实现"和谐的去杠杆化"。但是，如前所述，这种调整最初是痛苦的，因为会导致巨大的财富转移，如果处理不当，可能就只是转移了债务负担，加重了中

第三部分　回望过去

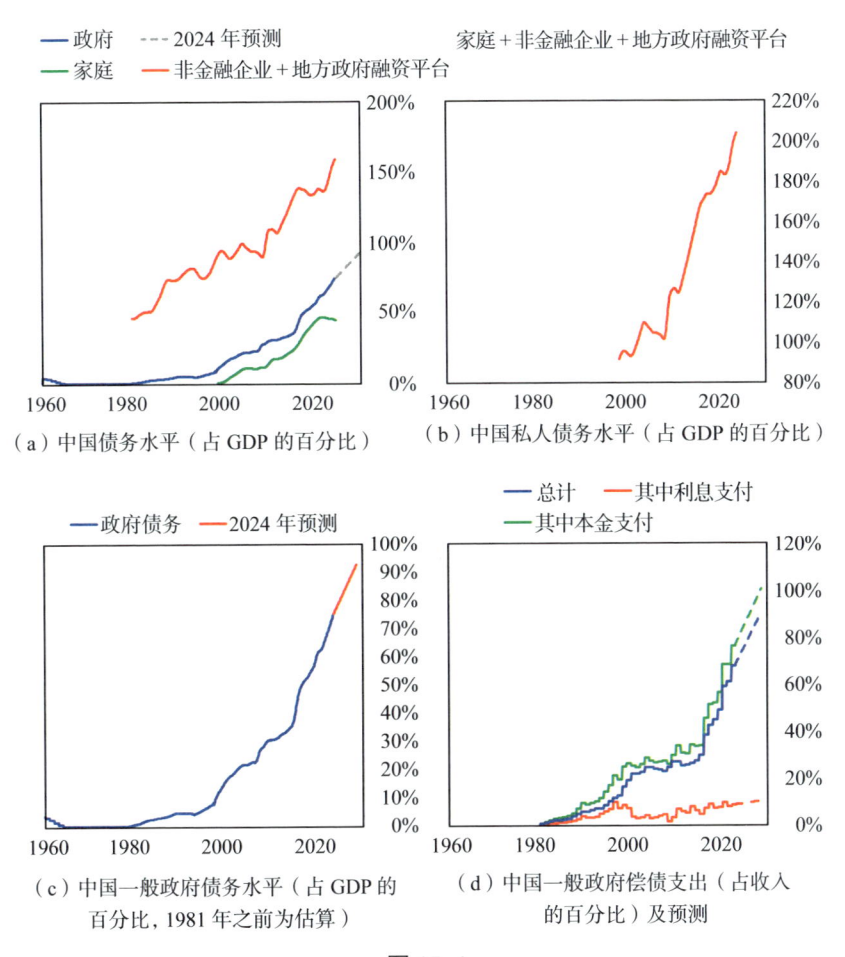

(a) 中国债务水平（占 GDP 的百分比）

(b) 中国私人债务水平（占 GDP 的百分比）

(c) 中国一般政府债务水平（占 GDP 的百分比，1981 年之前为估算）

(d) 中国一般政府偿债支出（占收入的百分比）及预测

图 15-4

央政府的长期债务负担和/或严重削弱了货币的价值，从而对资本市场造成巨大损害，并进一步对经济造成严重破坏。下一章关于日本的内容，为中国的政策制定者（以及其他政策制定者、投资者和商界人士）提供了一些宝贵的经验教训。

如图所示，即使中国经济表现低于预期，其债务仍在创新高。这也是近几十年来日本的发展模式。

如图 15-5 所示，我们首先看到的是 10 年期债券收益率相对于

图 15-5

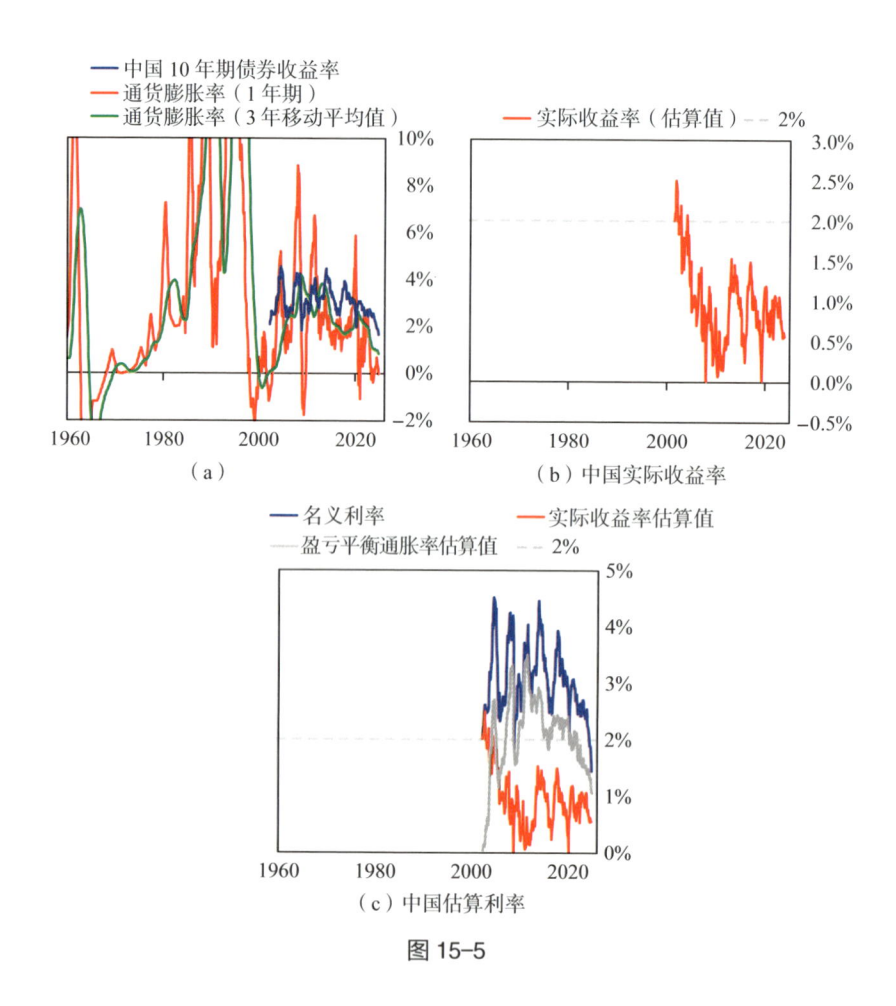

公布的 1 年期和 3 年期平均整体通货膨胀率的水平。商品以及所持投资项目方面的实际通缩情况比此处所显示的更为严重。其次，实际债券收益率约为 0.5%，因此（a）在正常环境下，这些收益率相对缺乏吸引力；（b）但对一个资产价格不断下跌、处于通缩状态的经济体而言，它们仍具有一定吸引力；（c）与其他国家相比，尤其是与美元债券市场的利率相比，它们又相对缺乏吸引力。[47] 最后，名义上的政府债

---

47. 中国没有通胀挂钩债券，所以这里我展示的是基于名义收益率和市场 10 年通胀预期来估算的实际收益率。

第三部分 回望过去

券利率正趋近于零,所以可能不得不采用其他"非常规"的财政和货币政策。

如图 15-6 所示,收益曲线(截至 2025 年 2 月下旬)出现倒挂,这使得现金在当前时期相对具有吸引力,进而导致人们倾向于持有现金,从而产生了"推绳子"效应。我之前在第一章中已经阐述过我对此的看法,所以在此不再赘述。同样,各种衡量流动性的指标(例如,社会融资规模总量、货币供应量、金融机构的贷款总额)持续上升,但实际经济活动并未出现反弹——这是"推绳子"(货币政策失效)的又一个迹象。

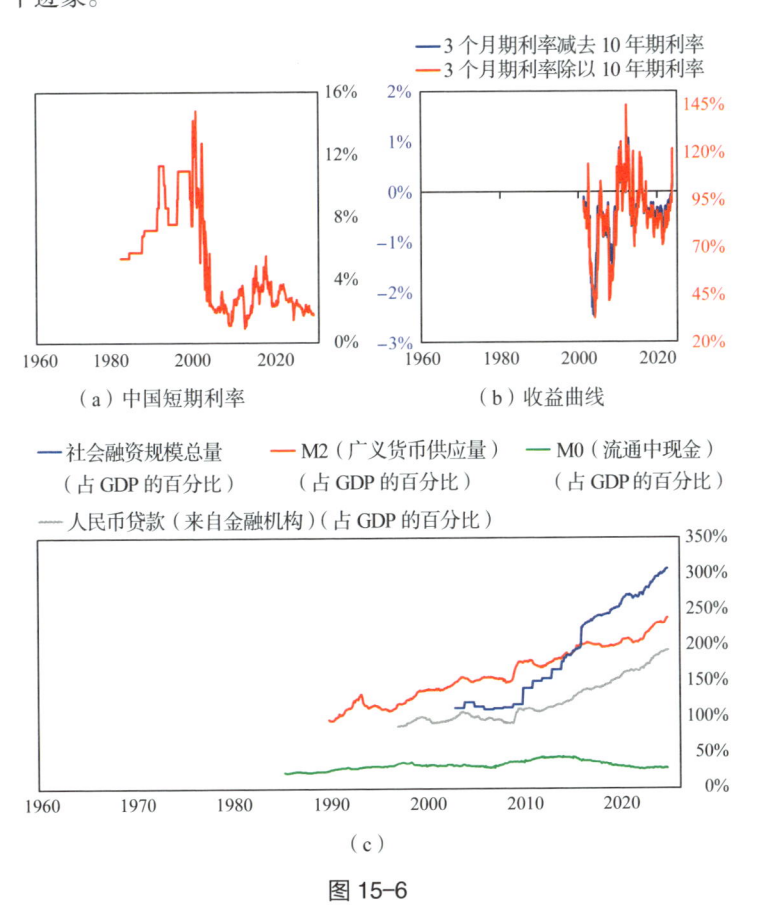

(a)中国短期利率

(b)收益曲线

(c)

图 15-6

251

虽然之前的图聚焦于中国的债务问题，但在本章结尾我想明确以下几点：**债务问题是一个重大问题，如果中国的政策制定者处理不当，即未能"和谐的去杠杆化"，那么它可能会像曾经困扰日本经济那样，成为中国经济的沉重负担，不过中国是有能力做到"和谐的去杠杆化"这一点的，因为中国的债务是以本币计价的，而且大多数债务人和债权人都是本国公民**。然而，我想重申的是，中国经济中存在一些重要的、不受债务负担影响的领域，这些领域正在创新发展并蓬勃兴起，在未来的岁月里，无论在国内还是在国际上，它们肯定都具有发展活力。此外，目前中国的资产价格非常低廉。中国的政策制定者若能研读下一章的日本案例以及其中的经验教训，将会受益匪浅。我们其他人也是如此。

16
日本案例及其启示

本章展示了作为主要储备货币国的日本，如何参照之前描述的模板处理其巨额债务。它揭示了大债务周期以一种非常经典的方式展开，因果关系正如我所描述的那样运作，但尤为有趣的是，日本的政策制定者在长达 20 多年的时间里采取了与实施"和谐的去杠杆化"完全相反的措施，即他们在 9 年时间内未对债务进行重组，并且在 23 年内未能将利率降至通胀率和名义增长率以下。虽然这个日本案例研究为那些对经济机器运作机制感兴趣的人讲述了一个非常引人入胜的故事，但它确实涉及一些技术性细节。不想深入了解技术细节的读者可以阅读加粗的重点内容来快速了解，这大约只需 10 分钟。

日本的故事非常有趣，它可以追溯到 1945 年之前的大周期。为了将日本历史置于其大周期的清晰背景下，我将从 1945 年新的国际和国内秩序开始总结其发展历程，并简要回顾 1945 年之前的情况。我这样做是因为，就像中国的故事一样，如果我们不简要回顾之前 100 年的大周期动态，日本 1945 年以来的故事就会严重缺乏背景脉络。

1945 年以前

我来简要回顾一下 1945 年之前大约 100 年的日本历史。观察这段历史不仅有助于理解 1945 年后发生的事情，更重要的是要注意这段时期经典的大周期起伏是如何反复上演的，然后再观察从 1945 年到现在这个周期是如何延续的。

简言之，日本和中国类似，曾拥有高度发达的文明，并且一直怡然自得地与世界其他地区相隔绝，直到外国势力到来，要求与日本"贸易"，继而威胁和剥削日本。这导致日本经历了一段类似于中国"百年耻辱"的时期，日本国内秩序也随之崩塌，进而影响了世界秩序。

对日本而言，这一切始于 1853 年美国准将马修·佩里率领舰队抵达日本，最终导致存在了 250 年的德川幕府统治秩序崩溃。由于外国势力明显拥有更强大的实力，其军事优势导致当时日本既有的国内秩序和货币秩序崩溃，随后被新的秩序取代。**当日本人意识到外国的现代化方法更为优越时，日本政府在 1868 年被一个新政府取代，这个新政府在很大程度上效仿了西方列强的做法。**

新的国内秩序是一个君主立宪制度，设有国会和新天皇（明治天皇）。这推动了日本的现代化进程，主要是通过效仿西方的教育、经济和军事体系来实现的（普契尼的著名歌剧《蝴蝶夫人》就是描写这个明治时代的）。**这些改革开放政策使日本成为一个强国。** 在这个新秩序下，日本与两个地区的竞争对手交战并击败了它们——1894—1895 年击败中国清政府，1904—1905 年击败俄国，并在 1910 年征服和吞并了朝鲜。在第一次世界大战期间，日本与英国结盟，利用德国在欧洲作战的机会占领了德国在亚洲的领地以及一些中国领土。第一次世界大战结束后，由于日本是战胜国，它获得了对德国领地和中国山东省的正式控制权。

1912—1926 年，日本的国内秩序是一个议会民主制。但当经济问题出现后，债务/经济危机与民主制度功能失调的经典组合导致公众信任崩溃，出现了典型的极右翼接管政权的情况，表现为民族主义、军国主义的兴起，以及为获取经济资源和领土而进行的扩张主义。1921 年，日本首相被一个年轻的民族主义者刺杀。1929 年经济大崩盘后，民族主义军队夺取了控制权。为了巩固权力，新政府将反对者视为威胁，并利用法律来压制左翼分子和民主活动人士（如 1925 年公布的《治安维持法》）。大萧条使经济形势更加恶化，1937—1940 年，所有政党都被解散，专制控制不断加强，权力完全落入军方手中。换句话说，事态发展完全遵循了经典剧本。

从地缘政治角度来看，推行民族主义和军国主义的日本入侵并占领了中国东三省（1931 年）和更多中国领土（1937 年）。随后与美国发生冲突，导致美国实施贸易制裁，这与当今美中冲突的情况类似。美国、英国和荷兰实施出口限制，通过冻结日本资产和切断对日本的石油出口，打击了日本的经济和安全。这导致日本袭击了珍珠港的美国海军舰队，引发了与美国的战争。日本最终在这场战争中失败，原因是美国秘密发明了一种可用于和平与战争的强大技术——核能力。由于在第二次世界大战中的失败，日本的所有货币和债务都被摧毁，1945—1952 年，日本被美国占领并进行重建。

图 16-1 展示了 1870 年至今的总债务占 GDP 的比重。它显示了 1945 年之前的一个大债务周期，以及 1945 年之后的另一个大债务周期。正如你所见，1930—1945 年，战前和战争期间的债务急剧攀升，随后债务被抹除，使得债务水平降至低位，直到 1970 年。接着，巨大的债务泡沫导致了 1989—1990 年的债务崩盘，此后债务比率持续上升，直至最近。这就是自 1870 年以来大债务周期的样貌。在观察大债务周期时，短期债务和经济周期通常是不易察觉的。

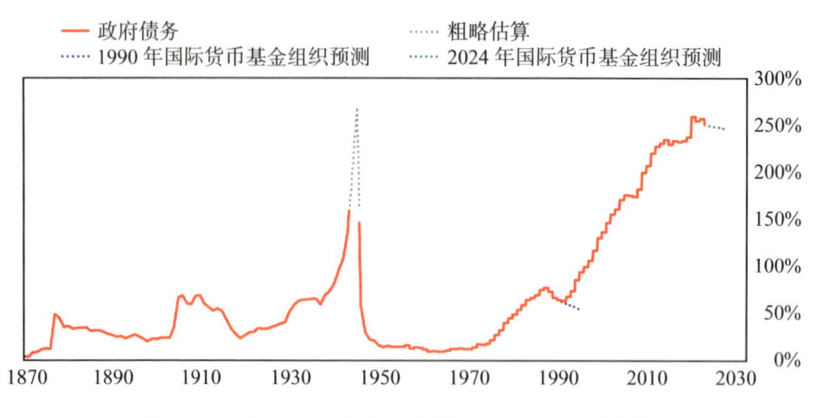

图 16-1　日本政府总债务水平（占 GDP 的百分比）

自 1945 年以来

简言之，1945—1990 年，日本重建并发展成为世界第二大经济强国。在这个过程中，日本积累了巨额债务来为泡沫提供资金，这个泡沫在 1989—1990 年破裂，此后一直对日本造成严重的削弱效应。我现在将着重考察从债务泡沫破裂到今天这段时期，因为这是理解本研究所关注的大债务周期阶段最相关的时期。研究大债务周期的这个阶段所提供的经验教训，对于帮助我们理解其他案例，尤其是当前美国、中国和欧洲的情况极其宝贵。由于我主要关注大周期中的去杠杆化阶段，我不会详述 1944—1990 年这一时期，而是将重点放在 1990 年之后的时期。

自 1990 年以来的大债务周期

1990—2013 年，日本政府处理债务问题的方式恰恰展示了不应

该采取的做法。 尽管日本有能力实施一场"和谐的去杠杆化",因为其几乎所有债务都以本币计价,几乎所有棘手的债务人与债权人关系都发生在国内,且日本对世界其他国家还是净债权人,但它的做法与我描述的"和谐的去杠杆化"应采取的步骤完全相反。具体而言,政策制定者并未重组债务,导致债务负担长期滞留在银行和企业的资产负债表上,使它们沦为"僵尸机构";他们坚持僵化的就业和成本政策,无法有效削减成本并适应变化;他们未能将利率降至名义增长率和通胀率以下;直到1995年出现通缩且利率接近零时,他们才开始真正意义上的债务货币化。近20年来,财政和自由市场政策的调整力度,以及货币刺激和债务购买的规模,都远远不足以实现一场"和谐的去杠杆化"。结果,直到2013年年中,日本一直处于持续的通货紧缩和经济停滞中,企业和个人缺乏前述的财务条件来摆脱债务负担危机。日本政府直到1999年(债务泡沫破裂9年后)才着手处理不良贷款问题,当时政府最终迫使银行系统重组债务,并向银行注入了大量资本;而直到2013年,日本才真正开始债务货币化,并将利率显著压低至名义增长率和通胀率以下。此外,日本人口老龄化也是个不利因素(例如,1990年65岁以上人口占12%,工作年龄人口占69%;而如今65岁以上人口占29%,工作年龄人口仅占59%)。

2012年底/2013年初,日本央行行长黑田东彦和首相安倍晋三上任后,财政和货币政策发生了重大且适当的转变,他们启动了"三支箭"政策:(1)增加货币供应,(2)增加中央政府支出,(3)实施经济和监管改革以提高日本经济的竞争力。正如前文所述,这些政策是应对通缩和萧条力量的经典策略。因此,2013—2019年,日本没有出现通缩,并实现了低水平的正增长(年均0.9%),进入了一个恢复期,尽管通缩和萧条的心理阴影仍然存在。长达23年的债务萧条的心理阴影对国家的实力和活力产生了持久的负面影响,这与1990年之

前的日本形成了鲜明对比。

在此期间，日本实施了极大规模的债务货币化和财政赤字刺激（平均赤字占 GDP 的 5%），同时日本央行大规模购买日元债务（日本央行现持有的政府债券价值超过 GDP 的 90%）。这些措施使利率降至比名义增长率低 0.9%、比通胀率低 1% 的平均水平，并导致日元贬值，所有这些都起到了强烈的刺激作用。利率下降和货币贬值的综合效应导致**日本政府债券成为糟糕的财富储存工具，相对于美国债券损失了 45%，相对于黄金损失了 60%**。这些措施及其他行动使得日本利率平均比美国利率低约 2.2%，且日元对美元的实际年均贬值率达到 5.5%。具体而言，日本政府债券相对于美国政府债券的-45% 累计回报几乎完全归因于货币贬值，因为日本债券较低的收益完全被日本收益率下降带来的价格上涨（大约 20%）抵销。同时，由于国内通缩压力，日本通胀率年均仅为 1.1%，而美国同期为 2.7%。这凸显了一个原则：● ***当出现极端规模的债务货币化时，不要持有政府债券。***

让我们更仔细地审视一下发生了什么。

自 2013 年以来，尽管以日元计算的平均工人薪酬每年仅有 0.8% 的温和通胀，但日元的大幅贬值，加之其他国家工资的显著增长，使得日本工人更具竞争力。例如，自 2013 年以来，日本工人相对于美国工人的成本总共下降了 58%。同样，日本国内的许多商品相对于其他国家的成本也大幅下降。这两点都有助于提升日本的竞争力。这些变化如图 16-2 所示。

低利率大幅降低了债务偿还成本——自 2013 年以来，日本的债务利息支出下降了超过 50%（自 2001 年以来更是下降了超过 65%），这使得债务偿还变得轻松许多。

尽管如此，相对于经济规模而言，日本的债务水平已增长了近 10%。为了消除其影响，日本央行购买了超过一半的政府债务，并通过货币化手段吸收了偿债成本（见表 16-1）。日本央行推动的利率下

第三部分　回望过去

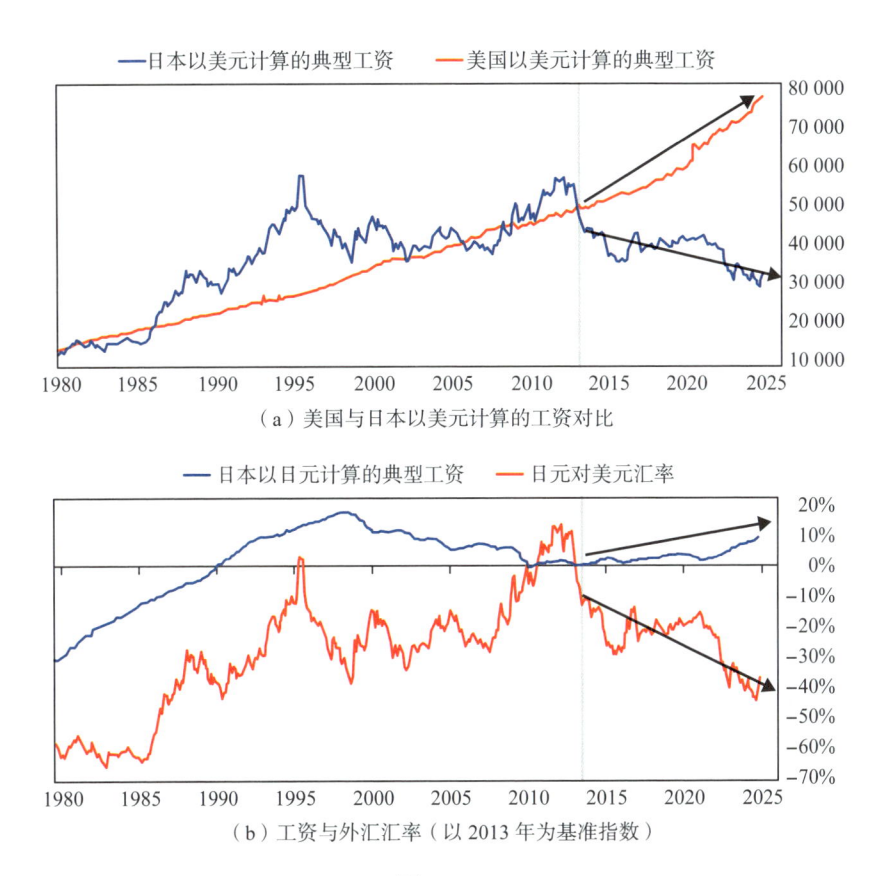

（a）美国与日本以美元计算的工资对比

（b）工资与外汇汇率（以 2013 年为基准指数）

图 16-2

表 16-1　日本如何应对政府总债务大幅增加及利息支出大幅减少

	2001	2013（量化宽松之前）	如今	变化	
政府债务（占 GDP 的百分比）	99%	197%	215%	9%	债务增长了约 10%……
扣除央行持有部分	93%	178%	123%	−31%	……但中央银行通过货币化操作，成功将非中央银行债务压低了 30%
政府债务平均利率	2.3%	0.9%	0.6%	−40%	与此同时，平均利率下降了 40%
扣除央行持有部分的政府利息支出（占 GDP 的百分比）	2.1%	1.7%	0.7%	−56%	……而政府支付给公众的利息下降了超过 50%

降也起到了缓解债务压力的作用（尽管在行长黑田东彦上任之前，这一利好已经显现，因为短期利率已经降至零）。

图 16-3 展示了这些趋势。图中显示了政府实际支付给公众的利息支出大幅下降，并揭示了日本如何实现这一结果：通过中央银行购买以及利息和本金支付的大幅减少。

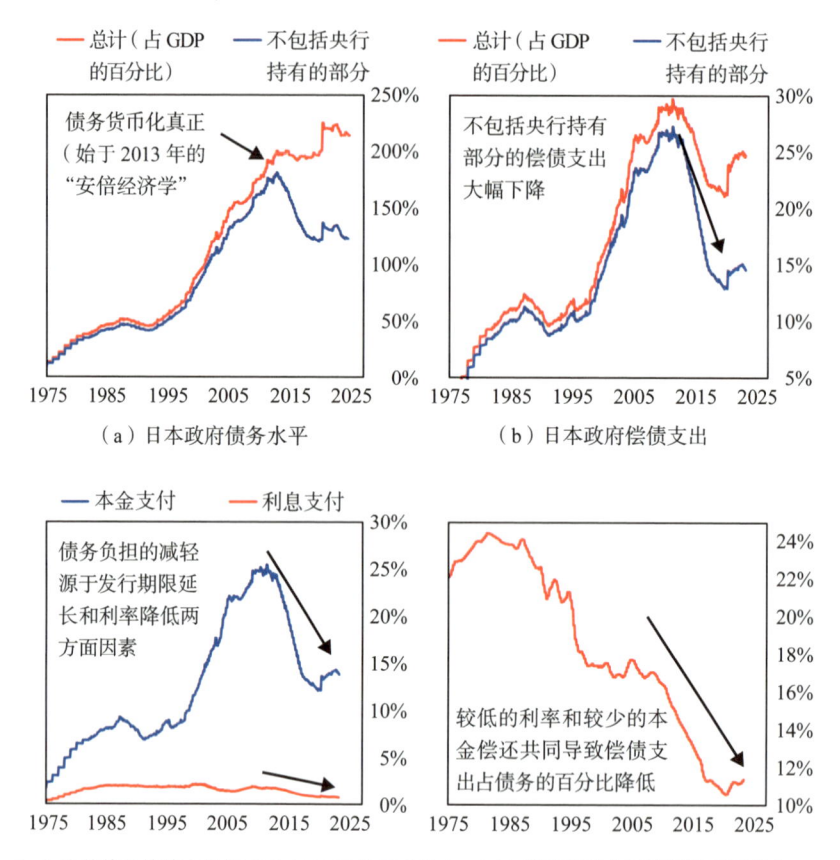

(a) 日本政府债务水平

(b) 日本政府偿债支出

(c) 公共债务偿债支出构成（占 GDP 的百分比）

(d) 偿债支出占政府债务的百分比

图 16-3

值得注意的是，这一时期政府债务的大幅增加与日本中央政府的资产负债表改善同时发生。以美元计算，净资产（政府资产减去政府负债）相比 2013 年提高了 20%，这主要得益于日本央行在此期间（尤其是 2001—2012 年）积累了大量美元储备，同时由于日元贬值，以美元计价的日本债务并未显著增加（见表 16-2）。

表 16-2　日本如何应对政府总债务大幅增加及其资产负债表大幅改善

	2001	2013（量化宽松之前）	如今	变化（自2001年以来）	
总债务（占 GDP 的百分比）	99%	197%	215%	116%	政府总债务增加了一倍多……
不包括央行持有的债务（占 GDP 的百分比）	93%	178%	123%	33%	……而公众持有的债务仅上升了约 30%
不包括央行持有的债务（日元，万亿日元）	504	893	748	49%	以日元计算增加了很多……
不包括央行持有的债务（美元，10 亿美元）	4 322	9 734	4 650	8%	……但以美元计算增幅没那么大
美元/日元即期汇率	117	92	144	23%	
储备（美元，10 亿美元）	358	1 371	1 408	293%	由于积累，以美元计算的储备增加了
资产（储备）–负债（债务）	–3 965	–8 363	–3 242	18%	
资产–负债（占 GDP 的百分比）	–85%	–153%	–76%	9%	政府"净资产"有所改善

谁是赢家，谁是输家？显然，最大的输家是日本债券持有者，包括日本央行。日本债券持有者的实际总损失为 6%（因为实际收益率普遍为负），他们持有美国债券损失了 45%，而相对于传统的"硬通货"黄金，则损失了 60%。图 16-4 显示了作为日本投资者持有日本国债的实际回报（以本币计算），以及与持有美国债券和黄金相比的表现。

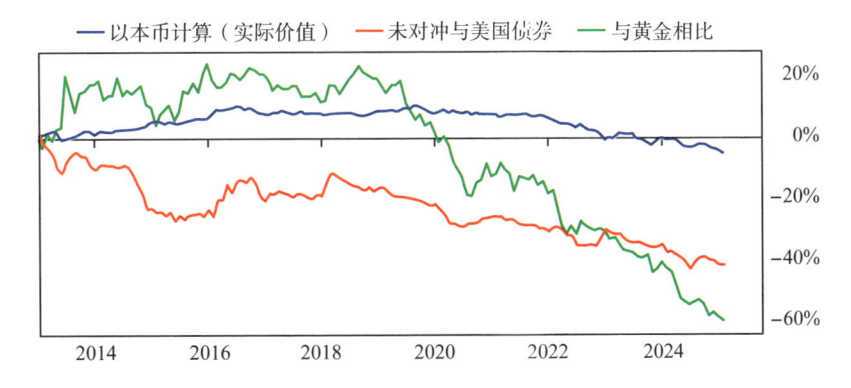

图 16-4　日本 10 年期债券累计回报

在此期间，日本央行的资产负债表也出现了显著恶化。如果日本的实际和名义债券收益率上升至更为合理的水平（例如，分别达到 2% 和 3%），这些损失将会非常巨大。

例如，如果日本的实际利率上升 3%（从-0.3% 升至 2.7%），那么：

- 日本央行将面临相当于 GDP 的 30% 的债券持仓市值损失，并将陷入严重的负现金流状况，约为 GDP 的-2.5%。
- 在未来 10 年内，政府赤字将因利息成本增加而从 GDP 的约 4% 扩大到约 8%（不包括任何用于弥补央行损失的支出）。政府债务水平将超过二战后的峰值，在未来 20 年内从 220% 上升到 300%（见图 16-5）。

（a）日本央行按市值计价的债券损失（占 GDP 的百分比）

即使是适度的实际利率上升也会给日本央行带来巨大的按市值计价的损失

（b）日本政府赤字（占 GDP 的百分比）

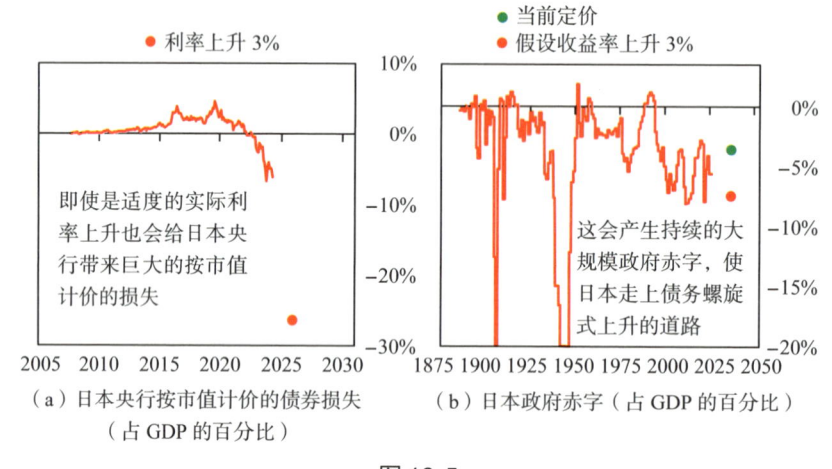

这会产生持续的大规模政府赤字，使日本走上债务螺旋式上升的道路

图 16-5

- **央行和中央政府的合计现金流需求每年将达到 GDP 的 5%~6%，这是一个巨大的数字。** 这些资金需求必须通过发行债务、印钞和/或削减赤字来解决。如果通过央行印钞来解决，就货币存量的扩张而言，这将相当于另一轮量化宽松，而且还不包括为了抵销私人部门抛售而需要的额外印钞。
- **解决这个问题需要更大规模的债务减记和货币贬值**——在这个

过程中，日本民众的相对财富将减少，直到日本具备足够的竞争力来开启新的周期。

关键的非贸易品——本地工资、本地服务、本地住房，自2000年以来以日元计价基本没有价格上涨，而以全球货币计价则出现显著通缩。租金的可负担性（租金与工资的比较）几乎没有变化。尽管由于货币贬值，贸易品和大宗商品价格大幅上涨，但本地经济体系内的价格关系仍保持稳定，且日本工人的竞争力比以往任何时候都强。

然而，日本的美元收入却大幅下降，这意味着购买进口商品变得更加昂贵。根据最具可比性的指标（以美元计算的日本人均GDP），日本人以前比美国人更富有，而现在则比美国人贫穷约60%（见图16-6）。这对任何出国旅行的日本人来说都是显而易见的。

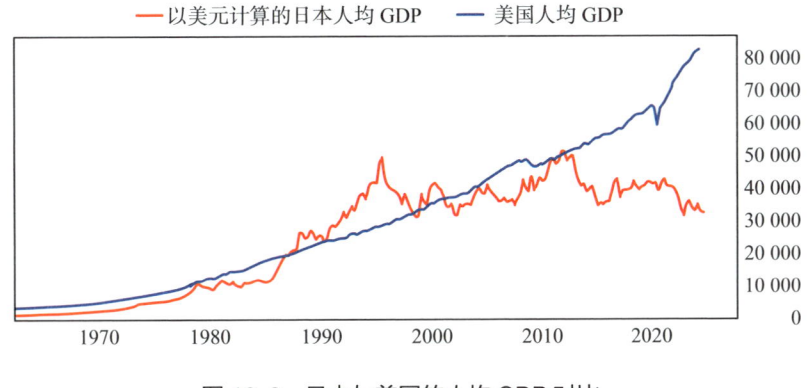

图 16-6　日本与美国的人均 GDP 对比

从另一个角度来看谁是赢家，谁是输家，仔细研究日本价格在微观层面上的变化是很有帮助的，因为这提供了一个窗口，让我们了解在那里赚钱、消费和储蓄是什么样的体验。表16-3提供了很多细节，但总结如下：

表 16-3　日本价格在微观层面上的变化

	日元			美元		
	2000年价格	今日价格	外汇购买力变化（%）	2000年价格	今日价格	外汇购买力变化（%）
对美元汇率	107	156	−31%	—	—	—
整体 CPI	1	1.11	−10%	1	1.95	−49%
非贸易品						
住房	1	0.98	2%	1	2.14	−53%
服务	1	1.07	−6%	1	2.08	−52%
贸易品						
商品（CPI 指数）						
食品/饮料	1	1.32	−24%	1	1.84	−46%
家用耐用品	1	0.86	16%	1	1.16	−14%
服装/鞋类	1	1.14	−12%	1	1.04	−4%
大宗商品						
大豆	52 318	174 594	−70%	488	1 122	−57%
小麦	27 650	85 725	−68%	258	551	−53%
石油	2 933	12 637	−77%	27	81	−66%
天然气	288	328	−12%	3	2	28%
煤炭	2 254	20 961	−89%	21	135	−84%
铝	184 000	353 235	−48%	1 715	2 270	−24%
铜	194 410	1 395 822	−86%	1 812	8 970	−80%
瘦猪	6 375	13 971	−54%	59	90	−34%
活牛	7 390	30 137	−75%	69	194	−64%
黄金	30 436	377 104	−92%	284	2 423	−88%
白银	568	4 561	−88%	5	29	−82%
大宗商品平均值	1	3.2	−69%	1	2.23	−55%

持有日元存入银行，在期末进行兑换的回报率为：−29%
以借入美元融资所持有的日元，在期末进行兑换的回报率为：−84%

第三部分　回望过去

- 自 2000 年以来，日元贬值了 30%。如果你是一位美国投资者，将资金以日元而非美元形式持有（美元能赚取美元利率收益），你的投资将损失 84%。
  - 相比持有美国债券，持有未对冲的日本债券的回报略好一些（但仍然很差，下跌约 70%）；相比持有美国股票，持有未对冲的日本股票的回报也略好一些（但仍然很差，下跌约 67%）。
- 同时，日本的物价（整体 CPI）上涨了 10%，远低于美国的 90% 涨幅。
- 与此同时，所有法定货币相对于商品都已贬值。在过去 25 年里，美元已贬值约 50%。
- **尽管主要类别之间的总体平均通货膨胀率相近，但通胀的构成大不相同。在日本，非贸易品出现通缩，特别是住房和劳动力，而贸易品（可以从国外购买的商品，如电子产品、玩具、石油等）的价格则飙升，一些关键的贸易类大宗商品以日元计价，涨幅超过 3 倍（见图 16-7）。**
  - 非贸易品价格基本持平，而贸易类大宗商品价格上涨 2~10 倍（平均上涨 3 倍）。

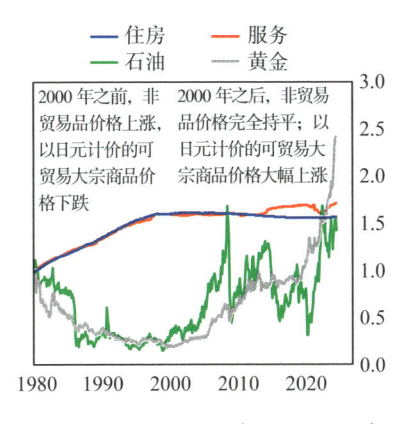

图 16-7　价格指数（1980 年 =1）

- 这一切在很大程度上与泡沫经济形成期（1980—1990年）的情况正好相反。当时，经济过热增长和强劲的资本流入导致了非贸易品的显著通胀（上升了40%）和日元的强势升值（上升了70%）。这些变化反映了日本大周期的转变（见图16-8）。

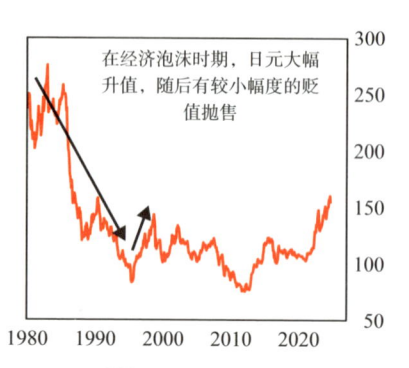

图 16-8　日元对美元即期外汇汇率（按市场惯例）

图16-9展示了日本工人的处境。如图所示，在过去25年里，典型工人的工资以日元计算相对稳定，略低于每月40万日元，但以美元和世界货币计算则显著下降。换句话说，虽然日本普通工人过去每月收入相当于3 500美元，现在却只有约2 500美元。以黄金计价，他们过去每月收入相当于13盎司黄金，现在则只相当于1盎司。

对日本人而言，关键在于他们需要付出多少劳动才能负担得起所购买的物品，而其中非贸易必需品保持可负担性尤为重要。以典型公寓的租金为例，这或许是最纯粹的非贸易品；从劳动时间成本来看，其价格几乎保持稳定，相当于0.6个月的劳动所得（尽管以美元计价则显得便宜得多，见图16-10）。

第三部分 回望过去

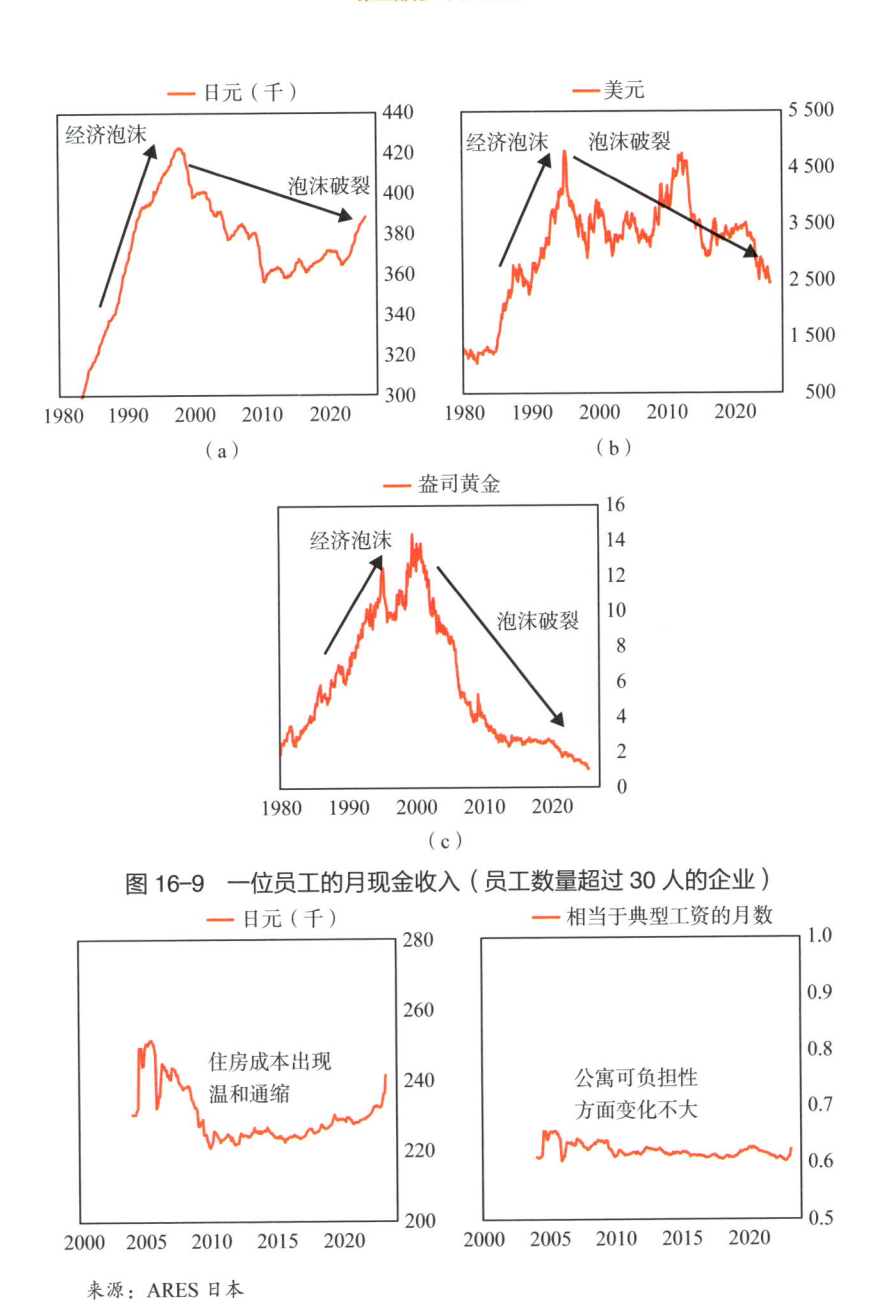

（a）日元（千）

（b）美元

（c）盎司黄金

图 16-9 一位员工的月现金收入（员工数量超过 30 人的企业）

住房成本出现温和通缩

公寓可负担性方面变化不大

来源：ARES 日本

图 16-10 典型公寓月租金（约 700 平方英尺[①]）

[①] 1 平方英尺≈929.03 平方厘米。——编者注

你也可以通过观察一些融合了大宗商品和大量国内劳动力的商品的实际价格来了解其影响。有关车辆成本的数据往往波动很大，但大致来说，一辆国产车过去需要花费相当于 8 个月劳动所得的费用，现在则需要 9 个月。过去买一份便利店的盒饭需要 10 分钟的劳动所得来支付，现在则需要 16 分钟（涨幅超过 60%）。过去去一次主题公园的花费相当于 1/3 天的劳动所得，现在则需要半天的劳动所得（见图 16-11）。

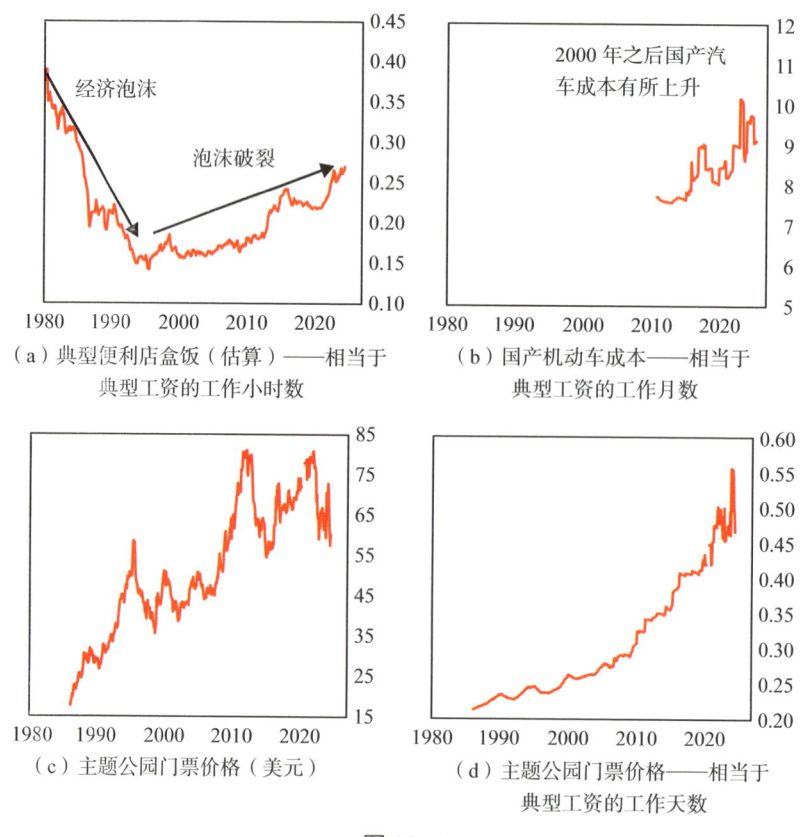

（a）典型便利店盒饭（估算）——相当于典型工资的工作小时数

（b）国产机动车成本——相当于典型工资的工作月数

（c）主题公园门票价格（美元）

（d）主题公园门票价格——相当于典型工资的工作天数

图 16-11

图中反映了过去出现的剧烈变化，且这种变化很可能将持续下去——这正是前文所述"大债务周期"典型机制作用的结果：该国拥有大量本币计价债务，同时又是储备货币国家。

值得注意的是，在这段时期内，日本并未经历真正重大的内部或外部冲突，尽管作为美国在该地区最重要的盟友，它正为可能发生的战争做准备（尽管它并不希望发生战争）。

日本是如何走到这一步的？

我想强调在日本出现的 5 个动态因素，这些因素造就了赢家和输家。以下是具体发生的情况：

1. 政府的赤字支出使私人部门充斥现金，帮助私人部门去杠杆化。
2. 央行通过债务货币化来维持长期利率低位，降低偿债支出并刺激需求。政府债务减去央行持有部分后，其占 GDP 的比例开始下降。
3. 由此产生的货币贬值实际上对以下群体形成了一种"征税"效应：持有未对冲国内债券的外国投资者以及未进行海外投资的国内投资者。同时，由于以外汇和黄金计价的政府债务价值下降，政府的债务负担也随之减轻。
4. 国内储户同样受到"征税"的影响，但程度较轻，因为虽然他们的海外购买力下降了，但国内购买力的下降幅度较小。
5. 随着资产和生产要素变得更便宜，国家的竞争力提升了。

更具体地说，它是按以下方式发生的。

动态 1：公共部门的赤字支出向私人部门注入大量现金，助力私人部门实现去杠杆化。

图 16-12 展示了这一动态过程，从大约 1990 年到 2020 年，在私人部门去杠杆化期间，公共部门债务不断攀升。经过这一轮政府加杠杆后，日本成为主要国家中政府债务水平最高的国家。历史上，许多其他国家的政府也曾为应对债务负担而苦苦挣扎。而日本之所以能够应对这一局面，得益于第二个动态因素。

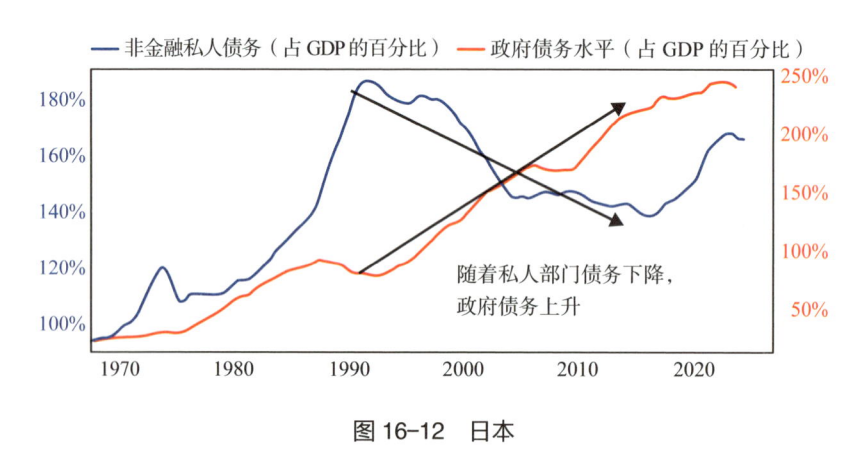

图 16-12 日本

动态 2：中央银行通过债务货币化来维持长期利率低位，减少偿债压力，并刺激需求。政府的债务负担减去央行持有的部分，占 GDP 的比重开始下降。

表 16-4 显示了在债务增长近 30% 的一段时期内，日本以日元计算的偿债金额（利息和本金偿还）实际上下降了约 7%。其中约一半的原因是利率降低（如图 16-13 所示）以及债务期限延长。另一半原因则是日本央行对这些债务的购买。

第三部分 回望过去

表 16-4 自 2013 年以来，日本公共偿债支出占 GDP 的百分比的变化

指标	贡献比例	2013 年水平	2023 年水平
偿债支出占 GDP 的百分比的变化	−11%	26%	15%
偿债支出的变化（日元）	−7%	128 万亿	85 万亿
央行持债之外的政府债务变化	−3%	898 万亿	748 万亿
政府总债务变化	6%	997 万亿	1 270 万亿
央行持债变化	−9%	99 万亿	522 万亿
偿债支出占政府债务百分比的变化	−4%	14%	11%
平均利率变化	−1%	0.9%	0.6%
本金支付变化	−4%	13%	11%
GDP 变化（日元）	−4%	497 万亿	583 万亿
价格水平变化	−2%	—	—
实际 GDP 变化	−2%	—	—

较低的利率和更长期限的债券发行有助于降低偿债成本

央行资产负债表的扩张在很大程度上抵销了新增的政府债务

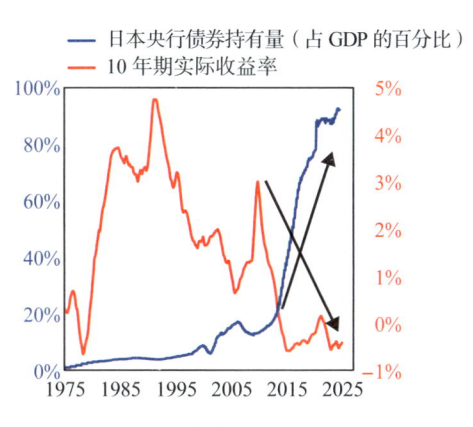

图 16-13 债务货币化与实际收益率

动态 3：随之而来的货币贬值，对持有未对冲本币债券的外国投资者而言，相当于一种税收，同时以外币和黄金计价减轻了政府的债务负担。

日本央行的行动显著推动了日元的贬值，正如图 16-14 所示。

图 16-14 债务货币化与实际汇率

这意味着持有以日元计价的资产的人发现他们的资产价值大幅缩水。图 16-15 比较了日元债券与美元债券的回报率，以及日元对美元的汇率表现。在这两种情况下，日元资产的价值都损失了超过一半。这与违约并无太大区别。

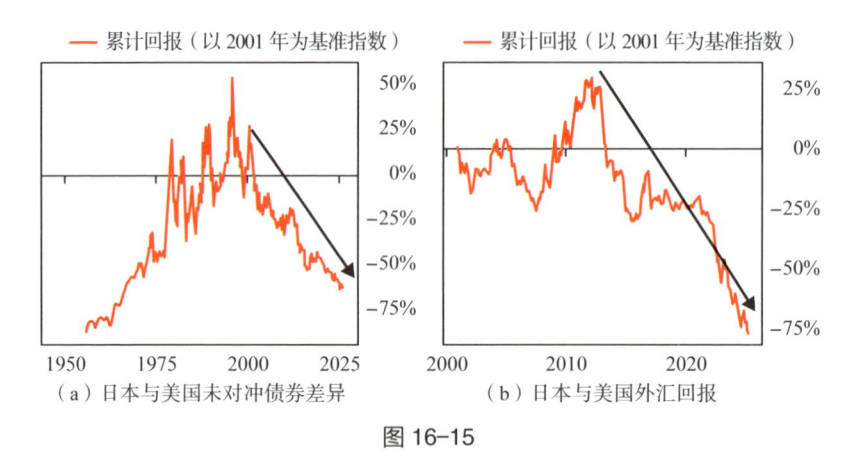

（a）日本与美国未对冲债券差异　　（b）日本与美国外汇回报

图 16-15

这也导致了以其他货币计价的日本政府债务的去杠杆化。以美元计算，自 2001 年以来，尽管政府借款迅速增加，但偿债成本有所下降。以黄金计价，债务水平则下降了约 80%（见图 16-16、表 16-5）。

第三部分　回望过去

(a) 日本中央政府债务水平（日元，万亿）　　(b) 日本中央政府债务水平（美元，万亿）

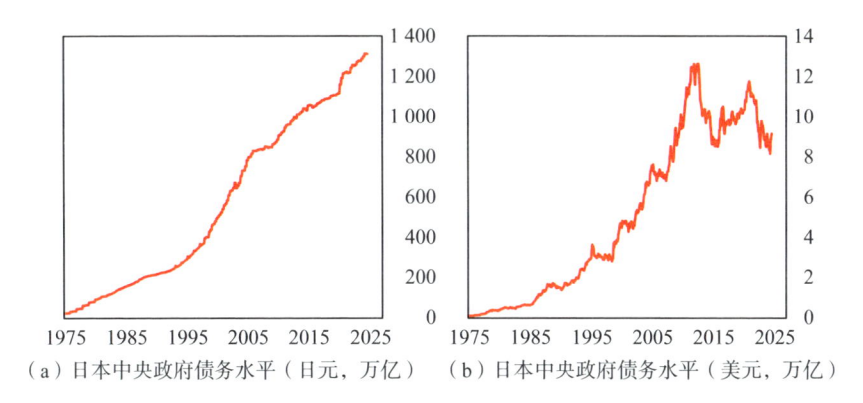

图 16-16

表 16-5　日本以美元和黄金计价的公共债务变动

指标	2001年以来的变化	2001年水平	2023年水平
总债务变化（美元）	30%	4.3万亿	5.6万亿
其中债务变化（日元）	48%	504万亿	748万亿
其中即期汇率相对于美元的变化	−12%	117	133
偿债支出变化（美元）	−16%	0.8万亿	0.6万亿
其中偿债支出变化（日元）	−4%	88万亿	85万亿
其中即期汇率相对于美元的变化	−12%	117	133
总债务变化（黄金）	−82%	160亿	30亿
其中债务变化（日元）	48%	504万亿	748万亿
其中即期汇率相对于黄金的变化	−88%	31 000	262 000

以外汇和黄金计价的债务及偿债支出下降
每个类别的子成分是相乘关系，即几何求和

动态 4：国内储户同样被征税，但程度较轻，因为虽然他们的海外购买力下降，但在国内影响没那么严重。

我们将从两个视角来审视这一点：

- 持有日本政府债务但规避了货币风险的投资者表现尚可，尽管这些资产以美元计价时表现很差（见图 16-17）。

图 16-17

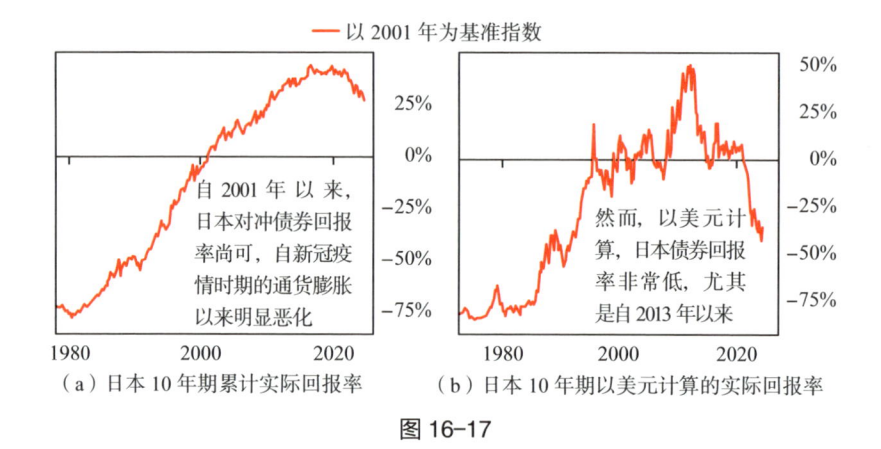

- 日本家庭在这段时期经历的通胀相对温和（前文已详细讨论）。疲软的经济使得货币贬值并未转化为显著的国内通胀（见图 16-18）。

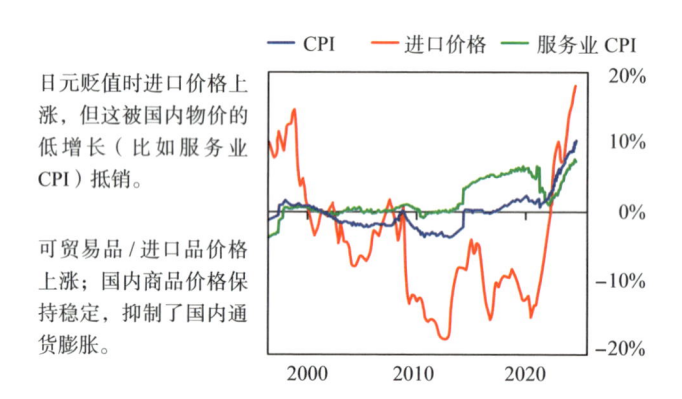

日元贬值时进口价格上涨，但这被国内物价的低增长（比如服务业 CPI）抵销。

可贸易品/进口品价格上涨；国内商品价格保持稳定，抑制了国内通货膨胀。

图 16-18　日本物价（以 2001 年为基准指数）

动态 5：随着资产和生产要素变得更加便宜，该国的竞争力也随之增强。

如图 16-19 所示，日本几乎所有东西都便宜了很多，这吸引了外国直接投资的流入。

(a)日本以美元计价的房价（以2001年为基准指数）——以美元计价的房价已大幅下跌……

(b)日本经生产率调整的以美元计价的工资（以2001年为基准指数）——……工资也同样大幅下跌

(c)日本外商直接投资流入（占GDP的百分比）——虽然总体水平仍然较低，但自2013年以来外国直接投资有所增加，这与日本竞争力提升的趋势相符

图16-19

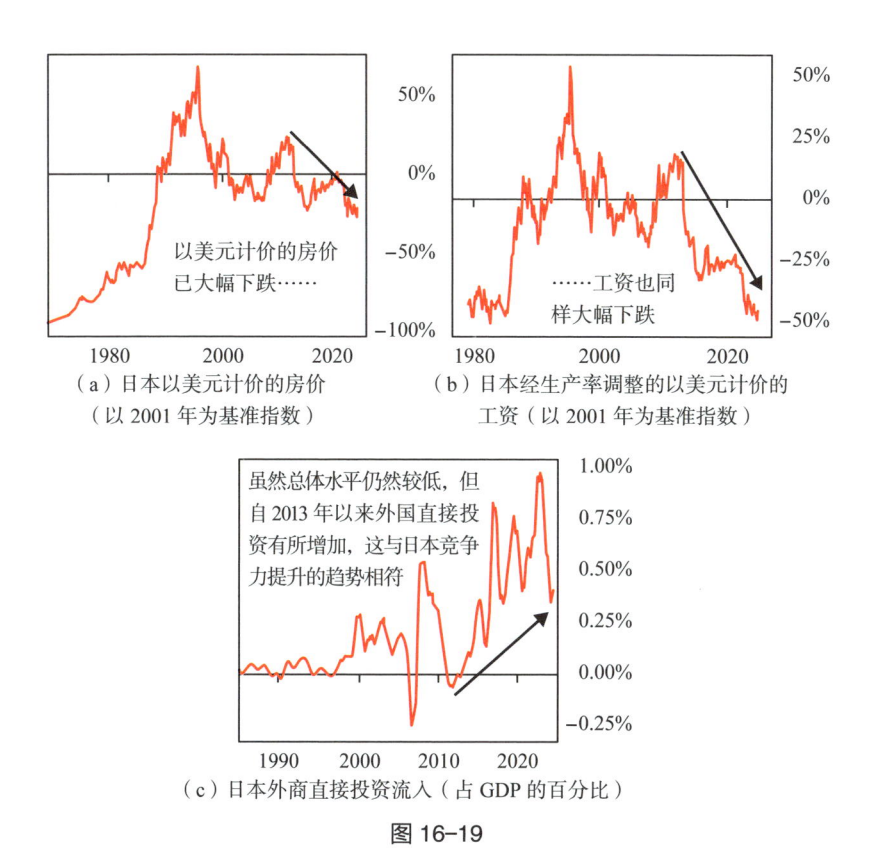

资产估值也反映了这一趋势。日本从原本一个相对高估的市场（至少通过市盈率等不完美的统计数据来衡量）转变为相较于美国显得较为便宜的市场（见图16-20）。

(a) 远期市盈率

(b) 远期市盈率（近期走势）

图 16-20

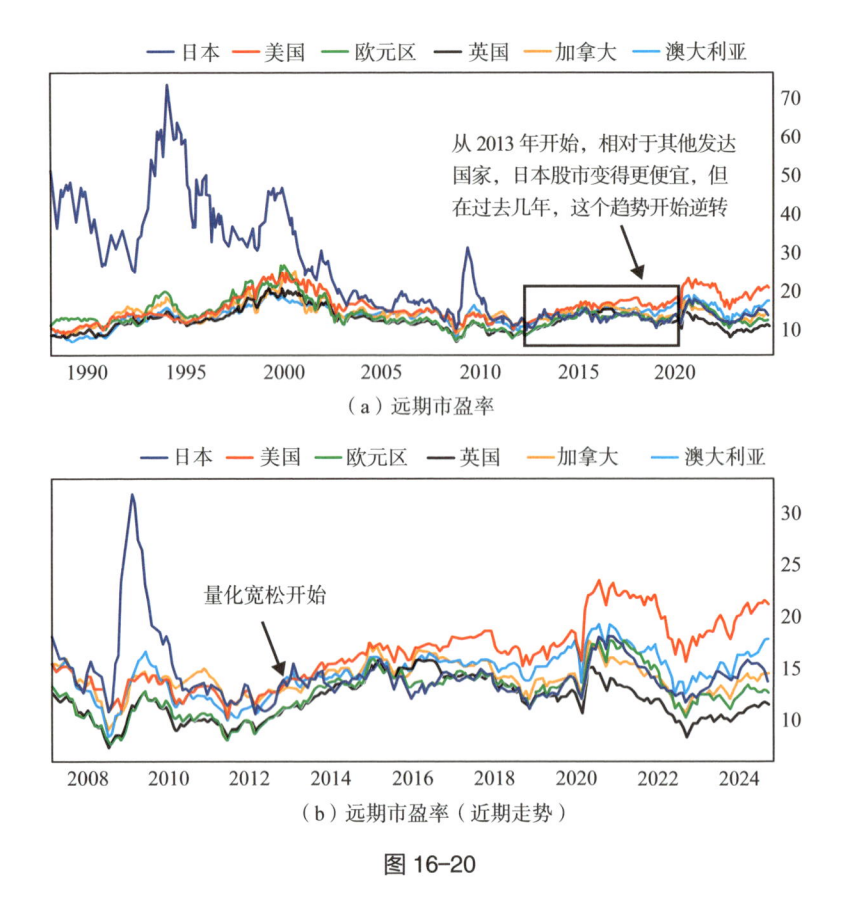

附录：图解日本的大债务周期

与中国的情况类似，我们将在本章末尾展示一些更为宏观的视角下的图，这些图有助于展现跨越过去几十年的大周期演变过程。

图 16-21 展示了日本自 1900 年以来的大债务周期，以政府债务占 GDP 的比率的形式呈现；通过这种方式，你可以看到两个大周期，尽管我们将重点讨论第二个周期。

第三部分 回望过去

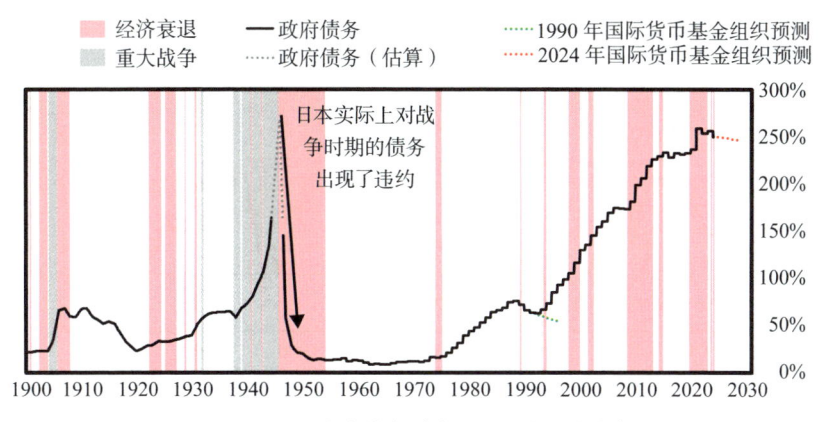

图 16-21 政府债务（占 GDP 的百分比）

图 16-22 展示了中央政府偿债支出占其收入的比例。我们从中可以看出，当这一比例超过 150% 时，债务危机便随之爆发。同时，近年来这一比例虽有所上升，但仍保持在 150% 以下的水平。

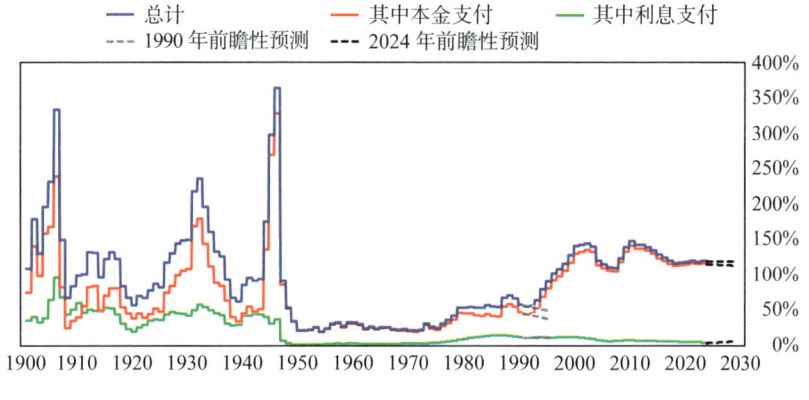

图 16-22 日本政府预估偿债支出（占收入的百分比）

现在我转向 1950 年后的视角。通过图 16-23，你可以看到过去几十年最好的特征描述是"推绳子"（货币政策效果有限），表现为名义利率降至零以下，实际利率略微为负[48]，大规模货币印发，以及收益曲线仅

---

48. 我展示的是自 2004 年日本与通胀挂钩的债券市场创立以来的实际收益率。在此之前，我所展示的是基于名义收益率以及对市场 10 年期通胀预期的估算得出的实际收益率的估计值。

图 16-23

（a）

（b）日本实际收益率 [49]

（c）日本利率（估算值与实际值）[50]

（d）

（e）日本收益曲线

（f）日本 Baa 级公司债利差

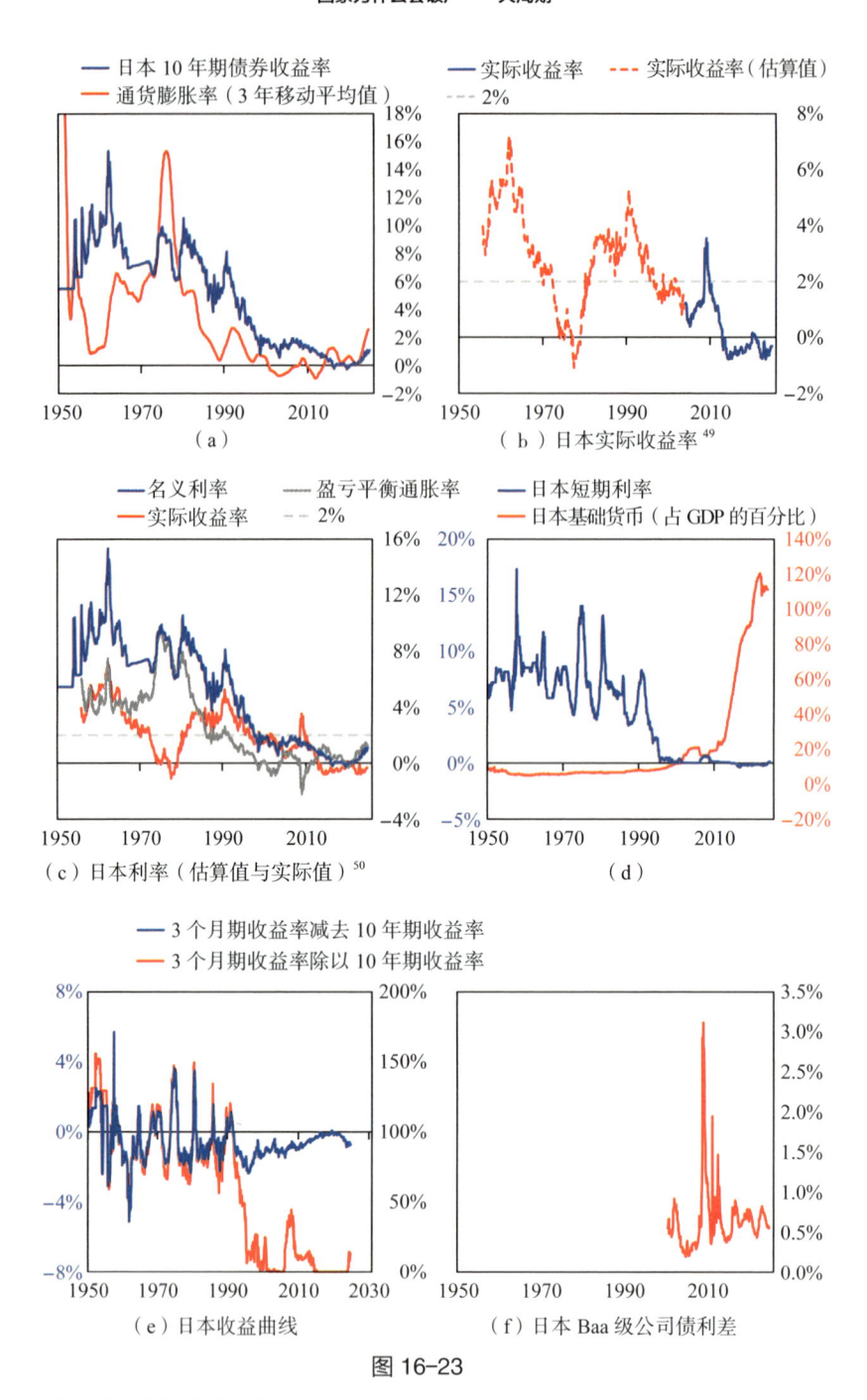

49. 我们展示了对通胀挂钩债券市场中尚不存在的时期的实际收益率和盈亏平衡通胀率（使用调查的通胀预期和近期通胀）的粗略估计。
50. 同上。

略微向上倾斜。企业债利差保持在低位（作为参考，截至撰写本文时，美国 Baa 级公司债利差约为 1%，日本为 0.6%）。这些都是非常宽松的货币政策的特征，尤其是在过去 10 年左右。尽管实施了宽松政策，但通胀率仍远低于政策制定者的普遍预期，并在通缩边缘反复徘徊。

高度刺激性的政策伴随着风险。到目前为止，日本央行仍然保持盈利：通过印钞购买的债券尚未遭遇大规模抛售，而为超额准备金支付的利息也一直保持在较低水平（因为短期利率较低）。但如果利率上升，日本央行将迅速陷入显著的亏损状态。这种情况最近发生在美联储身上，导致了适度但仍可控的损失——最高达到 GDP 的 0.5%。然而，日本央行的货币基础规模约为美联储的 5 倍，因此其潜在的亏损可能会更加显著（见图 16-24）。

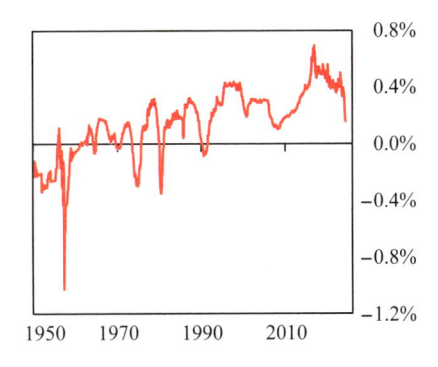

图 16-24　日本估算的央行利润（占 GDP 的百分比）

注：我未能涵盖很多内容

虽然我在这篇 1945 年以来的回顾中似乎覆盖了很多内容，但**我遗漏的内容远远多于我所提到的**。我虽然简要回顾了美国、中国和日本的发展，但几乎没有涉及其他发达国家（如欧洲各国）和中东国家的情况，也几乎没有提到大多数新兴国家，即所谓的"全球南方（Global South）"（包括亚洲、非洲、拉丁美洲和大洋洲的许多国家），这些国家都经历了并正在经历着各自的大周期。我很兴奋地说，通过人工智能，我开始逐步理解这一切，我有理由相信我的数字化替身将远远超越现在的我，能够理解所有这些大周期并与你进行交流。（顺便说一下，如果你有兴趣与我的数字化替身交流，就可以通过我的社交媒体关注相关更新，也可以在 principles.com 上注册并获取信息。）

在众多我未能提及的国家中，你值得花点儿时间关注一下那些基本面强劲的崛起中国家（根据我的实力衡量标准，包含 18 项指标）。例如，印度、东盟国家（如新加坡、印度尼西亚和越南）、阿联酋和沙特阿拉伯，这些国家因在大国冲突中保持中立而受益。其中一些国家正处于发展周期的起飞点，因为其人民、治理体系和资本市场正要以前所未有的方式参与竞争。此外，大国之间的冲突正使其吸引力下降，这推动着资本、企业和人才向这些地方流动。如果你想更深入地了解这些国家，我建议你查看我的国家实力指数，其中总结了前 24 个国家的现状和前景。这些信息可以在 economicprinciples.org 上免费获取。

第四部分

展望未来

这本书的前三部分基于我对历史的研究，概述了"大债务周期"，并通过概念、数据和历史案例展示了其运作机制。在第四部分，我将这个模板应用到当下，包括我对中央政府和中央银行的财务健康状况分析和风险度量（第17章），以及基于美国当前债务预测和潜在问题的推荐解决方案（第18章）。最后，为了给这本书画上句号，我将运用前文阐述的"经济运行机制"分析框架，结合当前及未来所有构成"整体大周期"的关键驱动要素，尝试对未来发展做出前瞻性研判（第19章）。

17
我的指标揭示了什么

在对风险进行评估时，我会权衡多种因素，其中许多因素我已经描述过，而最重要的因素则体现在表 17-1、表 17-2 中。其展示了截至我于 2025 年 3 月撰写本书时主要国家的相关指标。尽管这些指标并非我所有的指标，也不足以呈现完整的图景，但它们足以勾勒出一个较为清晰的轮廓。你可以将表 17-1、表 17-2 视为一个仪表盘，其粗略地描绘了当前的健康状况，以便评估中央政府和中央银行的长期债务风险。除了展示现有及预期的债务和偿债水平带来的风险外，表格中还包含了一个国家是否为储备货币国的衡量标准，因为作为储备货币国，即其货币被全球广泛接受为交易媒介和财富储存手段，是一个极大的风险缓解因素，尤其如果该国属于理想投资目的地的情况下，正如当前美国及其货币和债务所体现的那样。

通过观察表格中的指标，你可以对一国的债务风险有一个相当清晰的了解。你可以看到，美国拥有非常庞大的中央政府债务（这是一个巨大的风险），同时其流动性储蓄/储备较低（因此缺乏保护），但其货币是全球主导的储备货币（这极大地缓解了风险），而美国正在通过其一系列行为削弱这一地位（这里不再赘述，因为会偏离主题太远）。我们从这些信息中可以看出，美国的金融健康状况取决于其能否维持现有的储备货币地位。你还可以看到，日本中央政府拥有非常庞大的债务规模（这是一个巨大的风险），但这些债务是以其本币计价的（这

表 17-1 评估中央政府和中央银行长期债务风险：政府债务

	日本	美国	巴西	英国	加拿大	南非	土耳其	欧元区	中国	印度	墨西哥	韩国	澳大利亚	瑞典	瑞士	挪威	俄罗斯	沙特阿拉伯	新加坡
政府资产与政府债务（占本国GDP的百分比）	-183%	-96%	-70%	-87%	-45%	-59%	-22%	-76%	-63%	-40%	-27%	-15%	-21%	-22%	84%	383%	19%	94%	108%
政府债务（占本国GDP的百分比）	215%	99%	81%	92%	50%	73%	26%	85%	90%	56%	40%	49%	35%	32%	15%	14%	14%	26%	177%
政府债务10年期前瞻性预测（占本国GDP的百分比）	214%	122%	114%	101%	53%	79%	15%	87%	112%	67%	36%	40%	40%	26%	12%	0%	15%	47%	158%
其中由央行持有	92%	13%	21%	23%	9%	1%	0%	30%	1%	4%	0%	1%	11%	7%	0%	0%	—	0%	2%
其中由其他国内参与者持有	96%	57%	52%	45%	16%	51%	16%	41%	87%	48%	28%	38%	8%	18%	11%	6%	—	16%	—
其中由国外持有	27%	29%	8%	24%	25%	22%	9%	14%	2%	3%	12%	10%	15%	7%	3%	8%	—	11%	—
在硬通货上有重大份额吗？	否	否	否	否	否	是	是	否	否	否	是	否	否	否	否	否	是	是	否
政府利息（占收入的百分比）	8%	22%	38%	8%	7%	18%	15%	8%	3%	42%	16%	5%	3%	2%	2%	0%	4%	—	—

请注意，除中国外，政府债务仅计算中央政府债务。在中国，我们计算的是一般政府债务加上地方政府融资平台。

表 17-2 评估中央政府和中央银行长期债务风险

		日本	美国	巴西	英国	加拿大	南非	土耳其	欧元区	中国	印度	墨西哥	韩国	澳大利亚	瑞典	瑞士	挪威	俄罗斯	沙特阿拉伯	新加坡
流动资产	外汇储备（占本国GDP的百分比）	32%	3%	11%	5%	5%	14%	4%	9%	20%	16%	13%	23%	4%	11%	99%	17%	33%	40%	84%
储备	主权财富资产（占本国GDP的百分比）	—	—	—	—	—	—	—	—	7%	—	—	11%	12%	—	—	380%	—	80%	201%
其他健康指标	总债务（占本国GDP的百分比）	486%	340%	181%	258%	377%	139%	167%	169%	289%	181%	130%	325%	219%	322%	300%	323%	233%	89%	353%
	3年移动平均经常账户（占本国GDP的百分比）	4%	-4%	-2%	-2%	-1%	-1%	-6%	2%	2%	-2%	-1%	3%	-1%	6%	7%	21%	5%	5%	19%
储备货币地位	世界贸易（以本国货币计价的交易占比）	2.6%	52.6%	0.9%	9.2%	1.8%	0.4%	0.7%	15.4%	3.6%	0.4%	0.8%	0.9%	1.7%	0.6%	1.2%	0.5%	0.9%	0.5%	0.6%
	世界债务（以本国货币计价的外债占比）	1.5%	80.7%	0.2%	1.5%	1.3%	0.0%	0.2%	10.4%	1.0%	0.3%	0.2%	0.3%	0.7%	0.0%	0.4%	0.0%	0.0%	0.0%	0.0%
	世界股权（占全球的百分比）	4.7%	65.7%	0.4%	3.0%	2.6%	0.3%	0.1%	6.5%	5.9%	1.9%	0.2%	0.9%	1.5%	0.7%	1.9%	0.1%	0.1%	0.0%	0.3%
	世界央行储备（以本国货币对汇计价的外币的占比）	6.0%	57.0%	0.0%	5.0%	3.0%	0.0%	0.0%	20.0%	2.0%	0.0%	0.0%	0.0%	2.0%	0.0%	0.0%	0.0%	0.0%	0.0%	0.0%

"主权财富资产"这一行仅包含全球前二十大主权财富基金。所提供的主权财富数据不包括由政府控制或影响的流动资产。例如，在日本，除了财政部持有的外汇储备外，政府养老基金（GPIF）和日本邮政银行（日本邮政银行）也持有资产。对我来说，将它们排除在外似乎是合适的，因为我把它们也包括在内，就必须考虑它们的负债，也就是说，我需要把各国养老金和准政府实体（如加拿大养老金计划、美国联邦雇员退休基金等）都计算在内。（如果要计算这些实体持有所有外国资产，那么我对日本储备实力的衡量将显著上升——这是一个很大的增幅，但仍远低于占GDP的215%的政府债务。

缓解了风险），并且其外汇储备相对充裕（这进一步降低了风险）。而中国拥有相对较大的债务规模（这具有风险性），但其债务以本币计价（这缓解了风险），同时其外汇储备相对充裕（这也缓解了风险），但其货币并未被全球广泛接受为财富储存手段（因此在这方面缺乏支持），而外国投资者对中国资本市场的兴趣与参与度（尽管曾经规模可观）正在急剧下降（这削弱了其原本可能因此获得的保护）。此外，你还可以看到，新加坡、挪威和沙特阿拉伯目前拥有良好的收入状况和资产负债表，其流动资产远多于债务，其他国家的状况也可以从中窥见一斑。

我将各项指标整合到模型中，旨在揭示事件发生的风险与回报。

中央政府与中央银行风险的长期与短期指标

利用上述指标以及之前所描述的其他指标，我对中央政府和中央银行的长期风险（我把衡量这种风险类比为衡量患心脏病的长期风险）和短期风险（就像衡量心脏病实际发作的情况及其造成的损害）进行了评估。 虽然短期风险往往是由于长期存在的脆弱性在突发问题中显现出来（就如同一个长期面临心脏病发作风险的人真的心脏病发作了），但情况并不总是如此。例如，即使潜在的长期脆弱性较低，也可能会出现像新冠疫情这样的大流行病，或者爆发战争，这会导致更高的短期风险，而这会在这个风险指标中体现为数值上升。**我对美国长期和短期风险的评估结果显示在接下来的图表中。请注意，尽管这些是很好的指标，但就像大多数预测某人是否会心脏病发作的先行指标一样，由于之前所解释的原因，它们并不是非常精确。**

第四部分　展望未来

美国中央政府的债务风险

图 17-1 展示了我对美国政府长期债务风险的评估，以及对自 1900 年以来美国政府短期债务风险的评估。**目前，我判断美国政府的长期债务风险非常高，因为当前及预期的政府债务、偿债成本、新债发行以及债务展期规模均达到历史最高水平，且未来面临巨大的债务展期风险。事实上，我认为美国政府的债务状况正接近不可逆转的临界点。这意味着债务和偿债规模已经高到无法在不给债务投资者造成重大损失的情况下削减，因为在这种水平下，由于需要借新债还旧债，以及债务/货币持有风险显现导致利率上升，会引发一个自我强化的债务"死亡螺旋"。**与此同时，我判断短期风险较低，因为通胀和经济增长相对温和，信用价差较低，实际利率对债权人来说足够高但又不至于对债务人过高，且私人部门的损益表和资产负债表相对健康（如果需要的话，足以通过征税来改善中央政府的财政状况）。然而，如果对新债发行和债务展期的需求下降，或者出现债务资产抛售，短期风险指标将迅速上升。顺便提一句，这一指标可能变化得非常快，甚至可能在一夜之间改变。

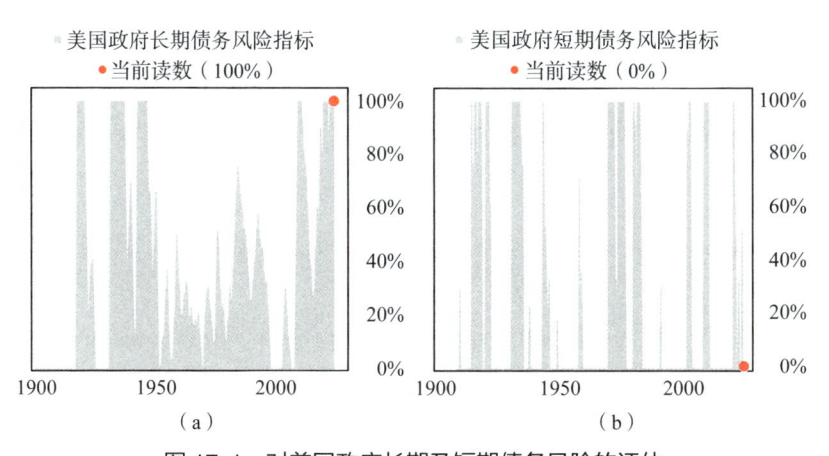

图 17-1　对美国政府长期及短期债务风险的评估

表17-3展示了一些对美国中央政府长期风险评级最为关键的指标。它是以Z分数来衡量的，也就是高于或低于平均值的标准差。你只需要知道，数值高于2就相当糟糕了。

表17-3 美国长期风险指标构建（数值上升 = 更脆弱）

		今日读数
中央政府长期风险	—	2.4z
当前借款需求	—	2.4z
当前借款需求（占收入的百分比）	39%	2.3z
若出现展期问题时的当前借款需求（占收入的百分比）	239%	2.5z
预计借款需求	—	2.8z
10年期前瞻性借款需求（占收入的百分比）	44%	2.8z
若出现展期问题时的10年期前瞻性借款需求（占收入的百分比）	254%	2.9z
以本国货币计价的债务占比	100%	−2.0z

简言之，在我看来，美国中央政府存在我所描述的那种非常高的长期债务危机风险，但目前该问题发生的风险非常低。

美国中央银行的债务风险[51]

图17-2展示了我对美联储长期和短期风险的评估。虽然长期风险指标目前几乎处于历史最高水平，原因在于：（a）美联储持有的政

---

51. 这一中央银行风险指标基于从长期观察多个国家中提炼出的永恒且普适的原则。它主要考量以下几个方面：
（1）中央银行的风险敞口有多大。
（2）资产负债表的规模及其现金流对利率变化的脆弱性，同时考虑中央银行当前的盈利或亏损状况，以及利率发生不利变化时可能导致的亏损程度。
（3）资产负债表的稳健性，例如，中央银行距离耗尽储备还有多近（中央银行在储备耗尽之前，以当前的储备出售速度还能维持多少个月）。
（4）作为财富储存手段的债务/货币的价值。基于逻辑和实证证据，各国的储备货币地位以及取得良好成果的记录，使它们对投资者更具吸引力，因此风险也更低。
（5）在世界储备、世界贸易、世界资本流动以及世界资本市场中，该国/该货币所占的份额。

第四部分 展望未来

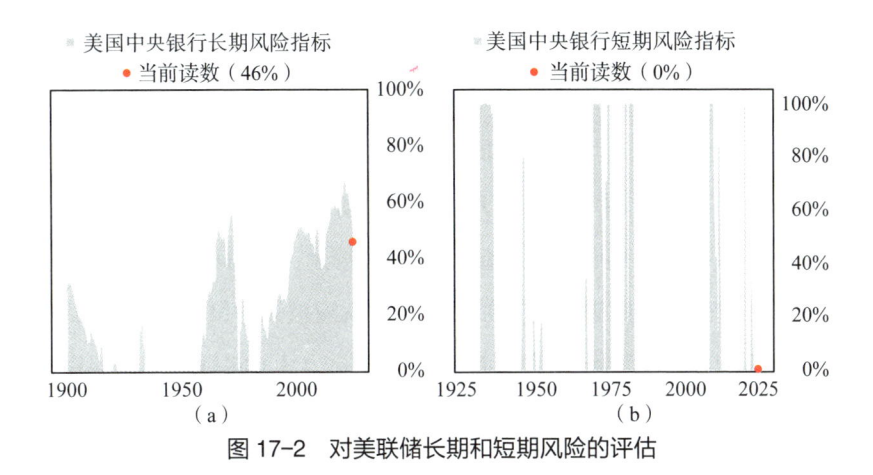

图 17-2 对美联储长期和短期风险的评估

府债务规模庞大，（b）美联储的亏损达到了历史峰值，（c）美联储的净资产状况不佳，但这些数字目前并不算巨大。因此，当前的长期风险虽然较小，但正处于可能迅速加剧的临界点。而就目前而言，**我评估美 联储的短期风险相对较低，因为美国经济和市场接近均衡水平。**更具体地说，尽管相对于过去的情况，这一指标略显不佳，主要由于资产负债表规模庞大且缺乏足够的硬资产支撑（尽管现金流损失有限），但这一风险尚不显著，因为相关数字仍然非常可控，远未达到其他国家央行曾面临的严重问题水平，即央行困境加剧，并最终引发自我强化的下行螺旋。此外，（a）无论是高企且快速上升的通胀，还是通缩和价格下跌，目前都未构成问题；（b）美联储并未积极进行债务货币化，而是正在缓慢缩减其债务持有规模；（c）美联储并未遇到足以对通胀和增长产生重大影响，进而影响其货币政策的大幅货币变动。

事实上，从当前的经济增长、通货膨胀、实际利率以及央行债务货币化的水平来看，美国经济似乎处于一个极佳的均衡状态，这可能会让人误以为一切都已步入正轨。然而，事实并非如此，因为正如我们之前所讨论的，政府债务的供需状况正在像癌症一样不断恶化，美联储现有的资产负债表存在亏损，若利率上升，亏损将会增加，进而在债务危机中导致其资本减少。除了增加金融风险外，这些事件的叠加还会加大美联储独立性的风险，因为美联储的行动将面临更大的政治审查压力。如果市场对美联储独立性的信心被削弱，这很可能会引发一个负面的强化循环，因为人们对货币价值得以维持的信心也将受到动摇。目前，我们距离这种情况还相对较远。**但有两件事我们本不应预期会发生，而如果它们真的发生了，就应被视为巨大的警示信号，表明货币和债务的实际价值正面临重大风险：（1）实行新一轮的量化宽松政策，以增加流动性并压低实际利率；（2）中央政府获得对央行的控制权。**

表 17-4 展示了我对美国央行长期风险评级的一些最重要输入因素。你可以看到，央行的损益表看起来并不特别糟糕，但资产负债表显得异常脆弱，原因在于其持有的巨额货币（占 GDP 的 74%）与微薄的储备（仅占 GDP 的 3%）形成鲜明对比。损益表之所以不显恶劣，是因为尽管央行处于亏损状态，但其规模相对较小。

如表所示，美元是全球主导性的储备货币，美国的资本市场也居于主导地位，尽管美元作为财富储存手段的表现平平。当我综合权衡这些因素后，我们认为美国仍是一个较好的财富储存地，这降低了长期风险。

话虽如此，但需要注意的是，这些支撑因素可能会像以往世界强国及其货币那样迅速恶化。若想了解英镑和荷兰盾之前的衰落过程，请参阅我的书籍《原则：应对变化中的世界秩序》，你可以在 economicprinciples.org 上获得本书。

请谨记，这些指标仅反映了债务/金融方面的部分情况，而非全貌，其他重大力量也将对这一局面产生深远影响，正如这一局面也会对其他力量（如国内冲突、国际冲突、自然力量以及科技变革）产生重大影响一样。因此，相对于我们所知的部分，未知的领域极为广阔。

第四部分 展望未来

表 17-4 美国长期风险指标构建（数值上升 = 更脆弱）

		今日读数
中央银行长期风险	—	**1.0z**
中央银行损益表	—	**0.2z**
当前中央银行盈利能力（占 GDP 的百分比）	−0.2%	0.1z
若利率上升时的中央银行盈利能力（占 GDP 的百分比）	−0.4%	0.2z
中央银行资产负债表	—	**1.0z**
无支撑货币（占 GDP 的百分比）	71%	0.3z
储备 / 货币	—	1.5z
耗尽储备前可出售储备的月数	—	0.0z
货币作为不良财富储存手段的指标	—	**−2.0z**
外汇储备 / 金融中心	—	**−3.3z**
储备中该货币的占比	57%	−1.9z
金融中心地位（Z 分数）	—	−2.7z
对投资者而言的安全性和稳定性	—	**−0.8z**
机构质量	—	**−1.2z**
法治（Z 分数）	—	−1.1z
内部冲突（Z 分数）	—	0.3z
宏观经济记录	—	**−1.2z**
增长的波动性（年度）	2.2%	−0.8z
通货膨胀的波动性（年度）	1.4%	−2.1z
长期人均 GDP 增长	1.5%	0.0z
储蓄者的损失历史	—	**1.1z**
长期实际现金回报率（年度）	−1.4%	0.7z
长期黄金回报率（年度）	9.8%	0.8z

18

我的"3% 三部分"解决方案

本章内容简洁明了，适合那些希望快速掌握要点而不愿花费太多时间的读者。同时，它也提供了一些值得深思的观点和数据，适合那些喜欢分析的读者深入思考，因此我建议所有人都要阅读这一章。

我希望让这个方案清晰好记。如果你记住数字 3，这将有助于你牢记以下内容：

- 预算赤字应削减至 GDP 的 3%（相较于 CBO 当前预测的约 6%）。
- 这些削减可以来自 3 个方面（减少支出、增加税收以及降低利率，其中降低利率的影响最为显著）。

如果总统和国会成员一致认为需要采取行动，并且他们能够就一种两党支持的兜底方案达成共识（我将提出一个建议），那么他们将大大降低美国政府破产的风险，从而实现这一目标。

简言之，这就是核心所在。接下来我将详细阐述。

我所看到的图景

在我看来：

1. 致力于控制债务问题的政策制定者们（有些人已经放弃了这一想法）正在自下而上地处理问题，这意味着他们正在研究哪些支出削减和/或哪些税收增加比其他措施更有效，而不是自上而下地处理问题。自上而下的方法意味着首先确定实现目标所需的总量，然后审视政府政策制定者可以拉动的三大杠杆（支出削减、税收增加和利率降低），最后决定具体实施哪些支出削减、税收增加以及利率调整的政策。
2. 决策者们过度专注于为争取自己想要的具体条款而争论不休，反而使得出现灾难性后果的可能性（无论是未能限制债务，还是出现严重的政府停摆）远远大于实现一个可达成的良好结果的可能性。

为了解决这个问题，我认为他们应该采取以下两个步骤：（1）自上而下地开展工作，即就削减赤字的规模以及赤字占 GDP 比例达成一致，以确保债务的稳定；（2）制订一个后备计划，确保在无法就具体细节达成一致时，能够自动实施必要的预算削减。 这个后备计划可以包括对所有可削减的支出进行同等比例的削减，并对所有可增加的税收进行同等比例的增加，从而在无法达成其他共识的情况下，确保目标的实现。这样一来，他们就能确保达成一项协议。接下来，他们可以尝试制订一个比这个后备计划更优的方案。**现在，我将提出一个政策制定者应能达成一致的后备计划。**

第四部分　展望未来

我的"3% 三部分"解决方案

图 18-1 展示了美国政府债务水平占收入的百分比。当前的债务轨迹用蓝色虚线表示，基于我对机制运作方式的理解以及最可能发生情况的指标分析，在我看来，为了防止中央政府破产，政策制定者必须将政府债务水平的轨迹调整至绿色虚线所示。改变这一轨迹将需要在一定程度上削减支出，和/或增加税收，和/或降低利率，使得这 3 项措施的总和能够将赤字削减至 GDP 的 3%。这样的赤字削减将使 10 年后的债务负担比按照当前预计路径发展的情况低约 17%（相当于 10 年内减少 9 万亿美元的债务）。在 20 年后，采用这一"3% 三部分"解决方案将使政府债务减少 31%，即减少 26 万亿美元。**这样做将大大降低中央政府、向其提供贷款的机构以及所有可能因巨额债务问题而受到影响的人承担"心脏病发作"风险的可能性。**

图 18-1　美国中央政府债务水平（占收入的百分比）

有 3 种主要的调控杠杆可用于控制赤字，并且在第 3 章中，我展示了一些表格，这些表格说明了动用这些杠杆所产生的效果。为了实现使债务与收入的比例保持稳定这一目标，在其他条件都相同的情况下，如果只单独使用一种杠杆，就需要将税收提高约 11%，或将支出削减约12%，又或者将利率降低约3%。当然，这些数字中的任何一个单独来看都过于庞大，所以要对这种调整加以妥善管理，就需要合理结合使用其中的两种或3种杠杆。

让我们更仔细地看看这些数字，它们之所以有趣，是因为它们展示了利率变化比税收变化更具影响力的程度。例如，在未来20年内，利率下降1%对降低债务收入比的效果，大约是税收增加1%的4倍。**这些数字还表明，税收变化比支出变化更具影响力**——在同样的20年时间跨度内，**税收增加1%的效果，是支出减少1%的1.2倍**。然而，这些对直接效应的估计低估了在考虑可能的次级效应后的总效应。更具体地说，利率下调的效果比我给出的估算更为显著，因为除了降低政府偿债支出外，利率下调还会推高资产价格，从而增加资本利得税收入，并对经济产生刺激作用，同时推高通胀，进而增加税收。值得注意的是，（1）削减支出的次级效应对经济活动是负面的，因此对所得税也是负面的；（2）提高税收的次级效应同样是负面的，因为它会减少支出和遏制经济增长。

换句话说，这里有两个重要的启示。首先，讽刺的是，对政府赤字的最大影响并非来自决定支出和税收的国会，而是来自决定利率的美联储。其次，尽管削减预算赤字和降低利率都有助于缓解债务问题，但它们对经济增长、通胀和税收的影响是相互抵销的。这意味着，如果这些行动能够很好地平衡，那么预算赤字可以显著减少，而不会对经济产生不可接受的影响。

鉴于上述情况，如果我是为总统和/或国会做决策的人，我会希望美联储降低利率。我预计总统和国会会向美联储施压，要求其这样做。当然，国会和总统并不能决定美联储的行动。**如果我是美联储董事会成员，我会愿意与总统和国会合作实施这样的计划，因为财政紧缩**（其直接效果是减少赤字，并对经济增长和通胀产生消极影响）与

货币宽松（同样有助于减少赤字，同时对经济增长和通胀产生积极影响）相结合，看起来是一个极好的计划。显而易见，**财政紧缩与货币宽松并行将是一件好事**。事实上，如果国会和总统实施了显著的赤字削减，这将引发债券市场的上涨和利率的下降，从而有助于减少赤字。有些人担心如此规模的财政赤字削减对经济过于负面，但这并非我的担忧，因为如果财政紧缩对增长和通胀的负面影响过大，它就将触发货币宽松来纠正这一问题。**那么，除了那些从政府支出中获得的钱减少或者缴纳更多税款的人会产生愤怒情绪这样的政治问题之外，削减开支和提高税收还有什么问题呢？我没看出来。**

财政紧缩与货币宽松的结合在金融和经济上是合理的，因为当前最需要纠正的不平衡在于中央政府的财政状况（其债务和借贷水平已过高）与私人部门的财政状况（相对健康，尤其是在市场和经济繁荣的领域）。这种局面的形成，是因为美联储此前通过资助巨额预算赤字，促成了大笔支出，造成了中央政府的债务问题。因此，美联储配合行动以消除因大规模财政赤字削减（占 GDP 的 3%）可能带来的冲击是合理的，尤其是考虑到私人部门此前已获得大量由财政赤字支撑的支持，目前状况良好，并且可以接受一定程度的财政紧缩，而美联储可以通过其货币政策加以调控。这将有助于使私人部门和公共部门的财政状况更加平衡。

谁会因为利率降低而受损？ 虽然债券持有人将获得较低的实际收益率，但他们会因利率下降而受益，因为债券价格会上涨，而且他们将持有更安全的债券。全球都会为这一成就欢呼，不仅因为美国政府债务风险的降低，还因为它将证明美国的政治体系至少能够有效解决这一重大问题。此外，股票市场等其他主要市场也将从这些变化中受益。因此，除了特殊利益集团外，几乎所有人都应该会喜欢这一计划的即时效果。

现在，让我们通过调整数字和这3个杠杆，看看具体的变化如何能够实现占GDP的3%的赤字目标，并使这些调整大致均等地来自支出削减、税收增加和利率降低。这将需要大约4%的支出削减、4%的税收增加以及1%的实际利率降低。这样一来，其可以从多个方面分摊这3%的GDP来源，避免对任何一方造成过大负担，这种方案在政治上相对中立，同时，实际利率降低的刺激效果将消除财政紧缩的负面影响。这将是我提出的解决方案，但有一个可能的调整：由于如此大幅度的支出削减和税收增加可能会导致剧烈变化，我建议将这些调整分3年逐步实施。正如前面提到的，我会尝试将其作为一个两党共同认可的备选方案，以便在无法达成其他解决方案时使用，因为如果政策制定者能够就一个可接受的计划达成一致并协商调整细节，所有人都会感到如释重负。

如果美联储不配合这一计划，情况会如何？

当然，美联储不能公开表示会支持这一计划（尽管过去曾有过美联储保持低利率而政府削减赤字的默契协议），因此，让我们考虑这样一种可能性：国会和总统将不得不完全通过削减支出和按相同比例增加税收来实现调整。这一比例大约为6%（削减6%的支出并增加6%的税收），这也将相当于约3%的GDP赤字削减。尽管从历史标准来看，这些调整幅度较大，但我知道，如果平衡得当，这些举措可以顺利实施；我也明白，如果这些举措对经济增长的抑制作用过大，美联储将通过降低利率来应对，因为这是央行在经济和通胀过于低迷时的惯常做法。基于这些原因，我确信，如果遵循这一"3%三部分"计划，其结果将远优于不遵循这一计划的情况。

第四部分　展望未来

我提出的赤字削减方案与历史上的赤字削减措施对比

虽然许多人会说这些改变过于严苛，但根据我对过往削减赤字案例的研究，我认为只要同时合理管理货币政策，这些改变是完全可控的。假设美联储将合理实施货币政策，那么逐步实施我的计划将使调整效果呈现如蓝色虚线所示的走势，这与最初的 3% 计划（绿线）非常接近（见图 18-2）。

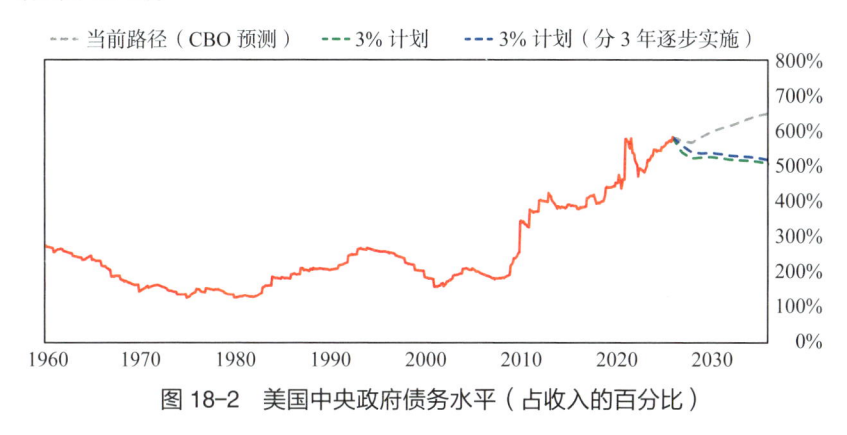

图 18-2　美国中央政府债务水平（占收入的百分比）

然而，我需要指出一个美中不足之处。如前所述，我所展示的数据是基于两党共同支持的 CBO 的预测。这些数据是基于 2017 年特朗普减税计划到期的情况，因此，如果这些减税措施如特朗普总统所承诺的那样被延长，赤字将增加约 1.5% 的 GDP。因此，要稳定政府债务与收入的比例，赤字削减幅度必须超过 GDP 的 4%，而不是大约 3%。

尽管这样的预算赤字削减规模较大，但从历史标准来看，并不算非常巨大。 表 18-1 至表 18-5 列出了自 1960 年以来所有国家实施的主要财政紧缩政策。它表明，如果在以下情况下实施大规模的财政紧缩（占 GDP 的 3% 甚至更多）政策，效果会很好：(1) 经济增长强劲，(2) 货币与汇率政策宽松，(3) 债务以央行能够印制的货币计价。值得注意的是，在这些案例中，财政紧缩有助于降低债券收益率，从而减少债务的利息成本，并鼓励私人部门活动，以增加税收。如果财政紧缩对经济的削弱程度超出预期，还会引发货币宽松政策，从而消除财政紧缩对经济的影响。**美国最成功的预算赤字削减案例发生在 1993—1998 年，在这些年中，从占 GDP 的 4% 的赤字转变为盈余 1%（改善了 5% 的 GDP），这相当于在今天削减了 1.5 万亿美元的赤字。而我的计划将削减的赤字规模远低于这一数字。**

关于这一点，我的永恒且普适的原则如下：

● *当政府债务庞大且迅速增长，以至于需要大幅削减预算赤字时，最关键的行动包括：（1）大幅削减赤字以纠正这一问题，（2）在经济状况良好时削减赤字，使削减措施具有逆周期性，以及（3）确保货币政策足够宽松，以在这些削减措施实施的同时保持经济强劲。*

表 18-1　实施了重大财政调整的案例

	中位数 （所有案例）	中位数 （无痛案例）	中位数 （痛苦案例）
案例描述			
时长	4	5	4
财政结果			
基本结构性赤字变化（占 GDP 的百分比）	5.7%	5.4%	6.3%
收入增加占比	59%	59%	54%
支出削减占比	41%	41%	46%
宏观经济结果（调整期间平均值）			
增长与潜在增长	−0.3%	0.9%	−2.3%
失业率与 10 年平均值	1.0%	0.4%	2.6%
经济闲置度	−1.1%	−0.5%	−1.7%
通胀与目标 *	−0.2%	−0.5%	0.4%
平均债券收益率与起始水平	−0.6%	−1.2%	0.6%
经济结果的决定因素			
该国是否有大量硬通货债务？	40 例中有 10 例	21 例中有 0 例	19 例中有 10 例
财政变化是否发生在强劲的国内或全球经济环境中？	40 例中有 17 例	21 例中有 17 例	19 例中有 0 例
财政变化是否与更宽松的金融条件同时发生或产生了更宽松的金融条件？	40 例中有 25 例	21 例中有 17 例	19 例中有 8 例
财政变化是否包含能大幅提高生产力的改革或与这类改革同时发生？	40 例中有 23 例	21 例中有 10 例	19 例中有 13 例

* 对此表及接下来的表格的说明：在采用通胀目标之前，我采用的是过去 10 年的平均通胀率，范围介于 4.5% 至 1.5% 之间。

表 18-2　实施了重大财政调整的无痛案例（1）

	比利时 1982—1987	意大利 1990—1997	瑞典 1993—2000	丹麦 1983—1986	爱尔兰 1987—1989	挪威 1993—1997	加拿大 1994—1997	英国 1994—2000	荷兰 1996—2000	澳大利亚 1986—1988
案例描述										
时长	6	8	8	4	3	5	4	7	5	3
财政结果										
基本结构性赤字变化（占 GDP 的百分比）	10.6%	10.4%	10.2%	9.6%	7.9%	7.3%	7.2%	6.0%	5.8%	5.6%
收入增加占比	—	100%	100%	100%	0%	2%	21%	54%	6%	—
支出削减占比	—	0%	0%	0%	100%	98%	79%	46%	94%	—
宏观经济结果（调整期间平均值）										
增长与潜在增长	-0.3%	-0.5%	1.1%	—	—	2.9%	0.9%	1.3%	1.8%	0.8%
失业率与 10 年平均值	0.8%	0.9%	3.6%	0.6%	2.6%	0.7%	0.1%	-1.5%	-1.2%	0.4%
经济闲置度	-1.8%	-0.1%	-1.6%	—	-1.8%	-1.0%	-1.2%	0.0%	0.8%	0.8%
通胀与目标*	1.6%	0.2%	-0.2%	—	-1.4%	-2.5%	-0.2%	-1.1%	-0.4%	3.9%
平均债券收益率与起始水平	-3.4%	-2.7%	-2.7%	-6.6%	-3.2%	-2.2%	0.9%	0.6%	-0.7%	-2.1%
经济结果的决定因素										
该国是否有大量硬通货债务？	否	否	否	否	否	否	否	否	否	否
财政变化是否发生在强劲的国内或全球经济环境中？	否	是	是	是	否	是	是	是	是	是
财政变化是否与更宽松的金融条件同时发生？	是	是	是	是	是	是	是	是	是	是
财政变化是否包含能大幅提高生产力的改革或与这类改革同时发生？	否	是	是	否	否	否	否	是	是	是

表18-3 实施了重大财政调整的无痛案例（2）

案例描述	印度	日本	美国	加拿大	比利时	菲律宾	澳大利亚	瑞典	波兰	法国	泰国
	2003—2007	1979—1985	1993—1998	1986—1990	1993—1998	2003—2006	1994—1999	1984—1989	2011—2014	1994—1999	2002—2005
时长	5	7	6	5	6	4	6	6	4	6	4
财政结果											
基本结构性赤字变化（占GDP的百分比）	5.4%	5.3%	4.9%	4.8%	4.4%	4.2%	4.0%	4.0%	3.8%	3.8%	2.8%
收入增加占比	85%	79%	59%	44%	—	—	100%	60%	0%	29%	79%
支出削减占比	15%	21%	41%	56%	—	—	0%	40%	100%	71%	21%
宏观经济结果（调整期间平均值）											
增长与潜在增长	2.0%	0.9%	1.2%	−0.1%	−0.1%	0.7%	1.2%	1.6%	0.0%	0.4%	2.1%
失业率与10年平均值	—	0.5%	−0.7%	−1.0%	0.9%	—	−0.4%	−0.6%	−1.7%	1.1%	−0.6%
经济闲置度	−1.1%	−0.3%	−0.4%	2.1%	−1.2%	−0.5%	−0.3%	1.7%	−1.1%	−1.6%	0.4%
通胀与目标*	−0.6%	−1.0%	−1.2%	−0.3%	−1.4%	−0.2%	−0.2%	1.5%	−1.3%	−1.6%	−1.2%
平均债券收益率与起始水平	0.8%	1.8%	−0.5%	0.4%	−1.2%	−1.3%	0.8%	−0.4%	−1.4%	0.4%	−1.2%
经济结果的决定因素											
该国是否有大量硬通货债务？	否	否	否	否	否	否	否	否	否	否	否
财政变化是否发生在强劲的国内或全球经济环境中？	是	是	是	是	否	是	是	是	是	是	是
财政变化是否与更宽松的金融条件同时发生或产生了更宽松的金融条件？	是	否	是	否	是	否	否	是	是	是	是
财政变化是否包含能大幅提高生产力的改革或与这类改革同时发生？	否	是	是	否	否	否	是	否	是	否	是

表18-4 实施了重大财政调整的痛苦案例（1）

案例描述	希腊 2010—2014	爱尔兰 2011—2014	希腊 1990—1994	西班牙 2010—2014	匈牙利 2007—2009	葡萄牙 2011—2014	葡萄牙 1981—1984	新西兰 1987—1994	德国 1996—1999	阿根廷 2024—
时长	5	4	5	5	3	4	4	8	4	1
财政结果										
基本结构性赤字变化（占GDP的百分比）	16.6%	10.6%	10.0%	9.8%	9.0%	8.8%	8.6%	8.3%	6.9%	6.3%
收入增加占比	82%	4%	100%	14%	26%	68%	100%	100%	47%	0%
支出削减占比	18%	96%	0%	86%	74%	32%	0%	0%	53%	100%
宏观经济结果（调整期间平均值）										
增长与潜在增长	-6.8%	0.9%	-1.2%	-2.9%	-5.2%	-2.8%	-2.4%	-0.9%	-0.7%	—
失业率与10年平均值	10.2%	5.3%	1.0%	9.4%	1.7%	4.7%	2.6%	2.6%	1.6%	—
经济闲置度	-5.1%	-5.5%	0.0%	-4.1%	1.7%	-4.0%	-1.3%	-2.3%	-0.7%	-1.6%
通胀与目标*	-2.1%	-1.8%	11.6%	-1.2%	-0.7%	-0.7%	18.8%	2.3%	-1.5%	230.6%
平均债券收益率与起始水平	8.1%	-3.4%	—	0.6%	1.3%	1.1%	1.4%	-5.4%	-0.8%	-6.0%
经济结果的决定因素										
该国是否有大量硬通货债务？	是	是	否	是	是	是	否	否	否	是
财政变化是否发生在强劲的国内或全球经济环境中？	否	否	否	否	否	否	否	否	否	否
财政变化是否与更宽松的金融条件同时发生或产生了更宽松的金融条件？	否	否	否	是	否	是	否	是	是	是
财政变化是否包含能大幅提高生产力的改革或与这类改革同时发生？	是	是	否	是	否	是	否	是	是	是

表 18-5 实施了重大财政调整的痛苦案例（2）

案例描述	阿根廷 2001—2004	西班牙 1992—1997	匈牙利 2012	匈牙利 1996	德国 1992—1994	荷兰 1981—1983	土耳其 2000—2001	意大利 2011—2012	墨西哥 2015—2017
时长	4	6	1	1	3	3	2	2	3
财政结果									
基本结构性赤字变化（占GDP的百分比）	6.1%	5.1%	4.2%	4.1%	3.4%	3.2%	3.1%	2.9%	2.5%
收入增加占比	88%	76%	61%	—	0%	39%	0%	100%	45%
支出削减占比	12%	24%	39%	—	100%	61%	100%	0%	55%
宏观经济结果（调整期间年平均值）									
增长与潜在增长	-2.8%	-0.7%	-3.3%	-2.2%	-1.9%	-2.4%	-10.3%	-1.8%	-0.7%
失业率与10年平均值	2.6%	1.4%	2.7%	—	0.7%	5.8%	2.4%	1.9%	-0.7%
经济闲置度	-10.4%	-1.6%	-5.6%	-1.7%	0.6%	-3.4%	-5.8%	-0.1%	1.7%
通胀与目标*	5.5%	-0.1%	-1.6%	18.1%	1.8%	0.4%	47.9%	0.3%	0.4%
平均债券收益率与起始水平	37.9%	-1.5%	-2.1%	—	-1.0%	-0.2%	0.9%	0.6%	0.6%
经济结果的决定因素									
该国是否有大量硬通货债务？	是	否	是	否	否	否	是	是	否
财政变化是否发生在强劲的国内或全球经济环境中？	否	是	否	否	否	否	否	否	否
财政变化是否与更宽松的金融条件同时发生或产生了更宽松的金融条件？	否	是	是	是	是	是	否	否	否
财政变化是否包含能大幅提高生产力的改革或与这类改革同时发生？	否	否	否	是	是	是	否	是	是

第四部分　展望未来

哪些开支应当削减，哪些税收应当提高？

尽管我很想探讨我认为不同的具体削减开支、增加税收和降低利率的相对优劣，但我不会这么做，因为我认为我的偏好并无特别意义。[52] 此外，这也会偏离主题过多，并且会引发各种人与各种不同立场的争论。在我看来，所有人都有自己愿意为之奋斗的各种偏好，却无法解决彼此的分歧，这是我们面临的最大问题，即作为一个国家和一个文明，我们在如何具体防止灾难的方式上争论不休，以至于灾难无法被阻止。这就是为什么我建议将支出削减和税收增加以相同比例作为备选方案，以防没有其他可行方案可实施。然后，在该方案落实后（正如过去提出的建议），政策制定者可以授权成立一个两党财政委员会，专门研究债务问题，并提出比备选方案更优的具体替代方案。但坦率地说，比起国会决策者具体如何执行，我更关心的是他们是否真正采取行动。

尽管如此，我们仍需审视那些必须考虑的限制因素。

表 18-6、表 18-7 展示了一系列可能产生重大影响的潜在支出削减和税收增加措施及其影响。这些项目主要来源于两党共同认可的 CBO，大多数政策制定者都会参考其数据。**观察这份清单让我意识到，以适度且可接受的方式调整现有的支出计划和税收政策，完全可以在不造成难以承受的痛苦的情况下，实现将赤字控制在 GDP 的 3% 以内的目标。**此外，这份清单还显示了关税可能带来的收入（在历史的许多时期，关税曾是政府收入的最大来源之一）。根据 CBO 的估算，对所有进口商品征收 10% 的关税，可能会带来 GDP 的 0.6% 左右的收

---

52. 进一步来说，因为我的目标是提高广泛的生产力，所以我会（a）确保削减开支和税收调整不会伤害到那些最无力承受的人，并且不会损害像教育这类高生产力功能，事实表明教育在提高广泛生产力方面最为有效；（b）在可能释放生产性支出并提高效率的领域削减税收和监管。

表 18-6 通过削减支出减少赤字的选项示例

"3% 计划"目标：支出削减幅度约占 GDP 的 1%

	10 年累计节省额	预计年度节省额	预计对赤字的影响	目标削减占比*
削减面向高收入者的政府福利	10 亿美元	10 亿美元	占 GDP 的百分比	
逐步取消面向高收入者的退役军人事务部残疾抚恤金	384	38	0.10%	10%
为高收入人群减少社会保障（5 年逐步实施）	197	20	0.05%	5%
限制应享权益和转移支付				
降低对医疗保险优势计划的隐性补贴	489	49	0.13%	13%
对联邦医疗补助支出设置总体上限（根据通货膨胀调整）	459	46	0.12%	12%
取消联邦农业补贴	311	31	0.08%	8%
统一的社会保障上限为联邦贫困线的 150%	283	28	0.08%	8%
在社会保障和强制性计划中使用链式通货膨胀	278	28	0.07%	7%
限制向各州和医疗服务提供者的医疗补助的转移支付	241	24	0.06%	6%
将社会保障的全额退休年龄从 67 岁逐步提高到 70 岁（分阶段实施）	95	9	0.03%	3%
减少教学医院的医学教育支付	94	9	0.03%	3%
减少可自由支配支出				
将军事人员限制在约 100 万人（减少幅度小于 20%）	1 118	112	0.30%	30%
取消《通货膨胀削减法案》中的气候和能源条款	1 045	105	0.28%	28%
将年度非国防支出增长限制在 1.5%	592	59	0.16%	16%
将对各州的公路和教育转移支付减少 33%	406	41	0.11%	11%
外交项目、卫生和军事援助削减 25%	187	19	0.05%	5%
削减开支的总潜在节省额	6 179	618	1.67%	167%

* "目标削减占比"数据是依据这样一个目标来呈现的，即通过每一项措施（杠杆）使赤字在 GDP 中所占比例大致改善 1%。数据来源：CBO、税收联合委员会、宾夕法尼亚大学沃顿商学院预算模型。

第四部分　展望未来

表 18-7　通过增加税收减少赤字的选项示例

"3% 计划"目标：支出增加幅度约占 GDP 的 1%

	10 年累计节省额	预计年度节省额	预计对赤字的影响	目标削减占比*
针对高收入者的增税措施	10 亿美元	10 亿美元	占 GDP 的百分比	
对收入超过 25 万美元的人群征收社会保障税	1 427	143	0.38%	38%
4 个最高税级的所得税税率提高 2%	570	57	0.15%	15%
对企业收入征收净投资所得税	420	42	0.11%	11%
降低个人退休账户（IRA）和 401（k）计划的缴款限额	187	19	0.05%	5%
为高收入人群提高医疗保险 B 部分的保费	72	7	0.02%	2%
取消扣除项和税收补贴				
将分项扣除的税收优惠上限设定为收入的 4%	736	74	0.20%	20%
限制雇主健康保险的税前支付能力	521	52	0.14%	14%
取消住房抵押贷款利息扣除	349	35	0.09%	9%
将退役军人残疾抚恤金纳入应税收入	235	23	0.06%	6%
取消继承资产中带有资本利得的计税基础的上调机制	197	20	0.05%	5%
取消中学后教育的税收抵免	130	13	0.04%	4%
其他增税措施				
5% 的增值税（不包括食品和医疗保健等必需品）	2 180	218	0.59%	59%
对所有进口到美国的商品征收 10% 的关税	2 100	210	0.57%	57%
对所有中国进口商品征收 60% 的关税	700	70	0.19%	19%
对温室气体征税（每排放一吨征收 25 美元，不包括汽油）	700	70	0.19%	19%
取消美国公司国外收入的税收豁免	340	34	0.09%	9%
将金融交易税从 0.002% 提高到 0.01%	297	30	0.08%	8%
要求一半的广告费用在 10 年内摊销	177	18	0.05%	5%
将企业所得税提高 1%	136	14	0.04%	4%
对纯酒精实行每盎司 0.25 美元的统一酒精税（指数化）	102	10	0.03%	3%
对长期资本利得/合格股息增税 2%	103	10	0.03%	3%
增税的总潜在收入	11 678	1 168	3.15%	315%

* "目标削减占比"数据是依据这样一个目标来呈现的，即通过每一项措施（杠杆）使赤字在 GDP 中所占比例大致改善 1%。数据来源：CBO、税收联合委员会、宾夕法尼亚大学沃顿商学院预算模型。

入。同时，如果埃隆·马斯克声称能够削减 2 万亿美元预算赤字的说法有一半属实［即能够通过 DOGE（政府效率部）削减 1 万亿美元预算赤字］，那将相当于 GDP 的 3%。此外，还有一些更为激进的改革和考虑正在讨论中，因此我相信，无论如何他们都能找到解决方案。我也支持其中一些愿景，因为我完全赞同大幅提高政府和经济的效率。**因此，我毫不怀疑，理性的共和党人和民主党人之间完全可以达成一项务实的"大妥协"。我唯一的问题是，相关各方能否合乎逻辑地合作，做出明智的决策。**

现在是政策制定者要么行动，要么闭嘴的时候了。明确来说，任何形式的重大妥协，只要能将财政赤字削减至约占 GDP 的 3%，我都认为是可接受的。**这让我得出一个结论：如果华盛顿的代表们无法达成债务上限协议，那将是因为他们缺乏理性且不愿妥协，而不是因为一个可行有效的方案超出了他们的能力范围。由于未能达成协议将带来比按照我的 3% 方案达成协议更严重的问题，在我看来，选民应该要求国会代表们对达成债务上限协议负责。**

前面的表格中列出了一些政策选项及其对预算赤字的影响，这些数据主要由 CBO 出于信息参考目的发布。我在此分享仅是为了展示可能的选择方案。

在考虑削减哪些支出时，只要稍加审视可能性，便会迅速注意到，约 70% 的非利息支出被视为"强制性"支出。也就是说，这些支出要么是合同规定的，要么在政治上几乎不可能削减。具体分类如图 18-3 所示。

话虽如此，在预算的"强制性"支出部分，一些相对较小的调整可能会产生重大影响。例如，对社会保障的两项改革（逐步将退休年龄从 67 岁提高到 70 岁，并使用更现实的通胀指标来计算福利增长），这些改革几乎不会立即影响任何人，但能实现所需支出削减的约 1/10。

国会每年需要重新授权的"可自由支配"支出约占总支出的 30%

第四部分　展望未来

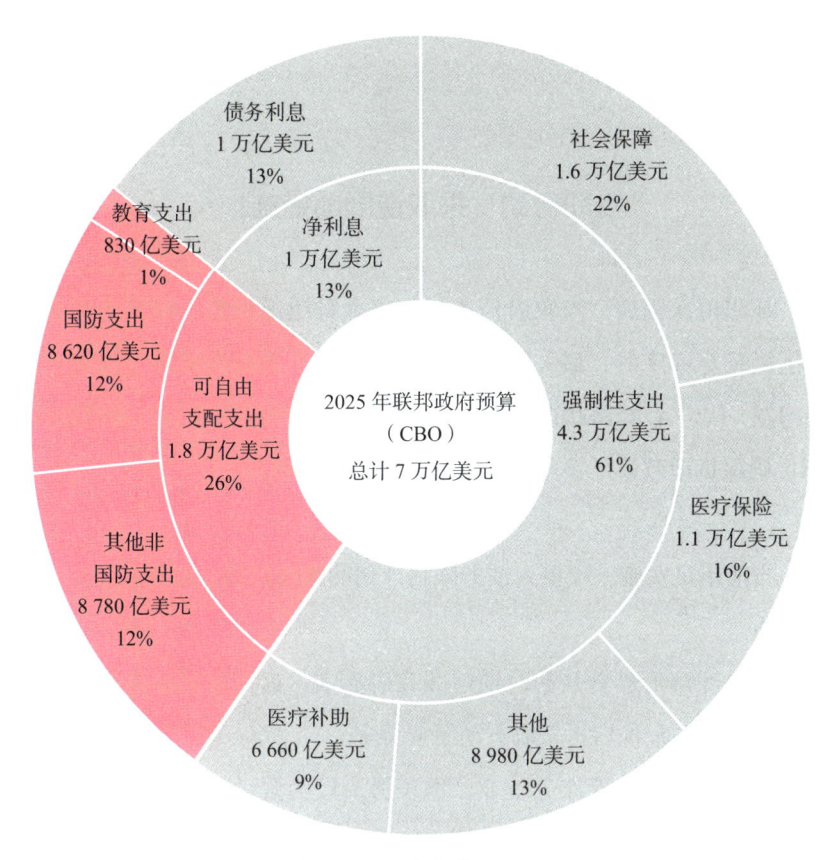

图 18-3　支出分类

饼图内容：
- 2025 年联邦政府预算（CBO）总计 7 万亿美元
- 债务利息 1 万亿美元 13%
- 净利息 1 万亿美元 13%
- 社会保障 1.6 万亿美元 22%
- 强制性支出 4.3 万亿美元 61%
- 医疗保险 1.1 万亿美元 16%
- 医疗补助 6 660 亿美元 9%
- 其他 8 980 亿美元 13%
- 可自由支配支出 1.8 万亿美元 26%
- 教育支出 830 亿美元 1%
- 国防支出 8 620 亿美元 12%
- 其他非国防支出 8 780 亿美元 12%

（由于法定福利项目不断增长，其在总支出中的占比正在迅速缩小），**其中包括国防支出（几乎占可自由支配预算的一半）、退役军人医疗护理、低收入家庭的租房援助、交通运输资金、医学和科学研究、向各州的教育拨款**，以及数百项其他政府职能。由于每年需要通过一项法案来授权这些支出，因此这些项目最容易削减（尽管它们尚未被削减）。如果仅从这些"可自由支配"项目中削减支出以实现削减约 4%的目标，平均需要削减 15%。我认为可自由支配支出与不可自由支配支出之间的区分有些随意，因为两者都可以进行削减。**关键在于找到一个合理的削减组合，使财政赤字减少相当于 GDP 的 3% 的规模，从**

311

而将财政赤字降至 GDP 的 3%。

立即行动！采取逆周期措施！

我想再次强调：当政府债务规模庞大且迅速增长，以至于需要大幅削减预算赤字时，最关键的行动包括：（1）大幅削减赤字以纠正这一问题；（2）在经济状况良好时进行削减，使削减措施具有逆周期性；（3）确保货币政策足够宽松，以维持经济强劲增长。

当前正是实施一项重大债务限制计划的绝佳时机，原因在于：

- 在经济形势良好的时期削减政府赤字，远比等到经济低迷时发生债务危机后再采取行动明智得多。
- 美国经济接近充分就业，增长势头较为强劲，通胀略高，私人部门的损益表和资产负债表状况良好（这主要是因为政府承担了负担，而政府可能至少应将部分负担转移回去）。
- 如果现在不实施这一计划，债务问题将会进一步扩大，处理起来将更加困难。尤其因为当前的债务周期正处于需要借入更多债务来偿还现有债务的阶段，债务正在以自我强化和复利的方式不断增长。

现在实施这一计划将提振信心，并带来各种有益的连锁效应。**值得一提的是，还有一些不那么常被讨论但可能对债务状况产生重大影响的想法。我支持将政府资产按市场价值计价、建立美国政府主权财富基金，以及在条件成熟的情况下探索推出美国支持的稳定币。设想**

一下，如果政府资产能够以经济效益为导向来管理（如对这些资产进行估值、买卖和／或开发），而不是像现在这样完全不从经济角度考量；再想象一下，如果有一个资金充足、运营良好的主权财富基金支持政府的融资和债务。这是个值得日后深入探讨的有趣话题。

　　在本章结尾，我想重申的是，即使是最完善的预算计划，也面临着巨大的不确定性，这些不确定性可能会使其偏离预期。例如，我们无法预知是否会发生战争，导致支出增加并加剧预算赤字，或者新技术是否会带来超出预期的生产力提升，从而产生更高的收入和税收，进而减少预算赤字。诸如此类的许多不确定性无疑会扰乱这些预测，因此可能性的范围相当广泛。**在我看来，这意味着美国的政策制定者在处理政府财政时应更加保守而非放松，因为在困难时期，最糟糕的情况莫过于陷入财政困境。**

附录：深入探讨不同支出、税收和利率变化对美国赤字的影响

　　实现稳定政府债务相对于政府收入的目标，有点儿像是在玩魔方，因为调整一个杠杆会改变其他所有杠杆的影响。接下来的表格展示了政府支出削减、税收增加和利率变化的不同组合，将如何导致政府债务收入比的不同结果。

　　表 18-8 展示了现状——如果美国政府的收入、支出或实际利率与 CBO 目前的预测保持一致，那么未来 20 年美国政府债务的情况会如何。在这一基准情景下，美国政府债务将在 20 年内达到 GDP 的 130% 以上。然而，在进行这些计算时，重要的是将债务水平与税收收入而非名义 GDP 进行比较。GDP 通常被默认使用，但这可能会产生误导，因为税收收入的水平和变化可能与 GDP 的水平和变化大相径庭。

在处理政府财政问题时，真正重要的是政府的收入和支出。将这一预测转化为政府收入的比例，预计美国的债务将达到政府收入的 7.2 倍，而目前约为 5.8 倍。

表 18-8　假设采用 CBO 利率的 20 年内的政府债务与收入

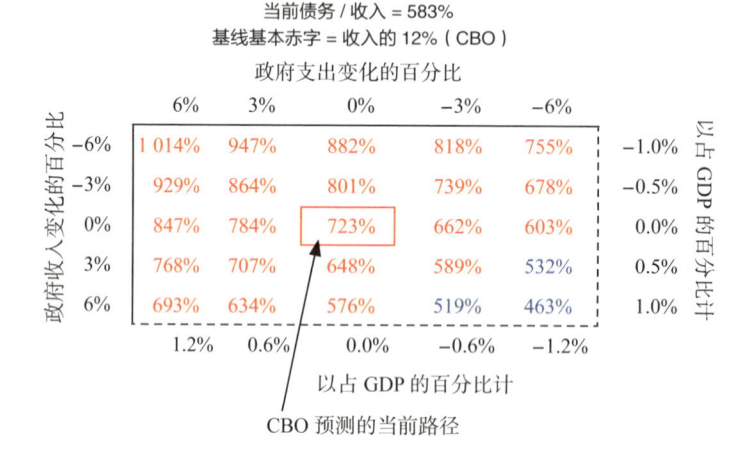

当前债务 / 收入 = 583%
基线基本赤字 = 收入的 12%（CBO）

政府支出变化的百分比

政府收入变化的百分比 \	6%	3%	0%	-3%	-6%	以占 GDP 的百分比计
-6%	1 014%	947%	882%	818%	755%	-1.0%
-3%	929%	864%	801%	739%	678%	-0.5%
0%	847%	784%	723%	662%	603%	0.0%
3%	768%	707%	648%	589%	532%	0.5%
6%	693%	634%	576%	519%	463%	1.0%
	1.2%	0.6%	0.0%	-0.6%	-1.2%	

以占 GDP 的百分比计

CBO 预测的当前路径（指向 723%）

为了让你更好地理解各个部分之间的相互作用，我在表格中展示了当政府调整其支出（x 轴，向右移动表示支出减少）和 / 或收入（y 轴，向下移动表示税收增加）时，这一预测将如何变化。这张表展示了如果实际利率的降低不是解决方案的一部分，稳定债务将面临多大的挑战——它需要相对大幅度的支出削减和收入增加。

在表 18-9 及表 18-10 中，我展示了如果实际利率下降 1% 或 2%（最终比实际增长率低 1.5%~2.5%）时的相同敏感性。它们有助于你了解不同政策组合的影响。

第四部分 展望未来

表 18-9　如果实际利率下降 1%，20 年内的政府债务与收入

当前债务 / 收入 = 583%
基线基本赤字 = 收入的 12%（CBO）

政府支出变化的百分比

政府收入变化的百分比	6%	3%	0%	−3%	−6%	以占 GDP 的百分比计
−6%	831%	773%	717%	661%	607%	−1.0%
−3%	782%	724%	668%	612%	558%	−0.5%
0%	732%	674%	618%	563%	508%	0.0%
3%	681%	624%	567%	512%	457%	0.5%
6%	629%	572%	515%	460%	405%	1.0%
	1.2%	0.6%	0.0%	−0.6%	−1.2%	

以占 GDP 的百分比计

表 18-10　如果实际利率下降 2%，20 年内的政府债务与收入

当前债务 / 收入 = 583%
基线基本赤字 = 收入的 12%（CBO）

政府支出变化的百分比

政府收入变化的百分比	6%	3%	0%	−3%	−6%	以占 GDP 的百分比计
−6%	725%	672%	620%	569%	519%	−1.0%
−3%	680%	627%	575%	524%	474%	−0.5%
0%	634%	581%	529%	478%	428%	0.0%
3%	587%	534%	482%	431%	381%	0.5%
6%	540%	487%	435%	384%	334%	1.0%
	1.2%	0.6%	0.0%	−0.6%	−1.2%	

以占 GDP 的百分比计

最后，若你想知道单独使用每个杠杆需要调整的幅度，可见表 3-10。比如，如果仅削减可支配支出，就需要将这些项目削减近 50%；如果仅降低政府债务利率，就需要降低约 3%。这就是为什么我喜欢我的"3% 三部分"方案，因为它在各个杠杆之间分散了调整压力。

19
我眼中的未来

在这一章里，我会依据对现状的判断，以及我所秉持的、基于重要因果关系总结出的变化发生原则，来展望未来。我想你会觉得这一章充满争议，却又趣味十足、价值颇高。

有一句话一直萦绕在我心头，因为它屡屡应验，它就是"靠水晶球谋生的人注定要吃碎玻璃"。我知道，我取得的成功更多是因为我懂得如何应对未知，而非依赖已知。所以，我想先简单讲讲我是如何对未来下注的。

押注未来

从我投资生涯的很早期开始，我就基于观察驱动市场和经济发展的因果关系来寻找决策方法。我看到我识别出的因果关系如何与万事万物相互作用，像一台永动机一样推动着事物随时间发展。看到这台永动机如何推动一切的发生，让我相信一切（除了量子世界）都是注定的，如果有一个能考虑到每个因果关系的完美模型，我们几乎就能完美地预测未来。我认为，阻碍完美预测的唯一因素是我们理解和模拟所有这些因果动态的能力，而且我相信，我们借助AI会离实现这个目标越来越近。

大多数人并不这样看待事物。他们认为未来是不可知的，命运并不存在。我确信这种观点总体上是错误的，而且我相信，对那些寻求、获取并运用我们越来越容易获得的认知的人来说，这种观点的错误性会很快变得更加明显。在我的职业生涯中，我通过构建计算机专家系统来描述这些因果动态而取得了成功；在未来，我（也许还有其他人）将通过更先进的 AI 形式（如生成式 AI 和可解释 AI）来建模。

需要明确的是，虽然拥有一个能给出几乎完美的未来图景的模型很好，但我并不期望我的模型能接近那种程度。因此，我的目标仅仅是拥有一个粗略的、快速演进的模型，使我相对于竞争对手和相对于没有模型时更有优势。**我发现这一方法的效果甚佳，尽管如今要做到精确预测，甚至是近乎精确的预测都已不可能，原因是存在太多本身就具有高度不确定性的决定因素，而这些因素共同左右着事情的走向。**然而，关于未来的许多方面是相对可知的，如死亡、税收、个人的生命周期、人口结构的变化、人的基因和所处环境对其产生的影响，以及无数其他的因果关系，这些都是能大致预示未来走向的良好指标。我尤其会留意那些重大且不可持续的状况，并让自己处于这样一种状态，即押注这些状况不会持续下去。在我的投注/投资策略中，我尽可能深入地了解这些相对可知的事物所蕴含的永恒且普遍的因果关系，并将这种理解融入事物可能的发展轨迹的模板/模型。

这是因为原因先于结果发生。如果我比竞争对手更好地理解因果关系，就能比他们更好地预测未来，从而在投资游戏中取得很好的成绩。我发现，将这种方法构建成经过回测的市场定位系统，并将其用于我执行的投资游戏计划中，具有巨大的价值。我不断比较实际情况的演变和我的投注表现是否符合预期。如果结果与预期不符，我就会诊断原因并改进我的决策系统。我使用的计算机专家系统被设计成像

我一样做决策，只是比我做得更好，因为比起我的大脑，其能同时快速处理更多的信息。[53]

虽然我作为一名全球宏观投资者，用这种独特的方式押注未来取得了很大成功，但我也经常犯错（相对于市场预期，至少有 1/3 的时间是错的），而且我从未做出过完全准确的预测。**因为我知道只要有一个非常糟糕的押注或一系列适度糟糕的押注，我就会出局，所以我极度规避风险，建立了出色的风险控制系统。我通过分散投资好的有风险的押注，而不是回避风险押注来控制风险。** 对我来说，"投资圣杯"就是找到 15 个或更多互不相关的好押注。

在我 50 多年的专业投资生涯中，我已经遵循这种方法约 35 年。我现在仍和以往一样热衷于这个游戏，不过我现在想把学到的传授给别人，而不是独自保留。当然，我分享的内容是否有价值要由他人来判断，但我认为它是有价值的。**我通过押注本书前面描述的因果关系赚了很多钱——这些关系存在于短期和长期债务周期与政治周期之间，自然现象与人类凭借创造力发明新技术之间。这些关系既合乎逻辑，也在数千年的历史中反复出现。尽管很多关键的未知和不确定性仍然存在，但我确信这些是最大且最重要的力量。**

现在我已解释清楚了，接下来我要告诉你我对未来的预测。请记住，我用我的模板看待事物的方式与大多数人不同，我特别关注那些在我看来比大多数人所认为的更有可能发生的情况。这意味着我预期的结果还未反映在价格中，所以这些都是值得押注的好机会。同时也请记住，除了死亡和税收，我对任何事都没有绝对的把握。

---

53. 我不会在此进一步讨论我如何投资，但如果你有兴趣了解更多投资方法，那么我建议你学习"达利欧市场原则"课程，你可以在 principles.com 上找到相关信息。

运用我的模板和指标展望未来

你现在已经知道我是如何看待货币秩序、国内政治治理秩序和国际秩序的演变、崩溃和转型的，这些都是由我先前概述的五大力量驱动的，在此我不再重复。我使用大周期模板和我的指标来确定我们在这些周期中的位置并预测将要发生的事，为了进行投资，我会把这个概念模板转换成更具体的分析决策系统。我将用这些概念来传达我对当前形势的看法和预期。

我先从宏观角度总结一下我在2025年3月写本书时对当前形势的看法：

1. **美国和现有世界秩序处在始于1945年的大周期的第80个年头左右，即完成了90%~95%。大周期就像人的生命周期，会经历相对可预知的阶段。虽然了解这个周期不能告诉你具体会发生什么，但能告诉你很多可能发生的事及大致时间。** 我将这个大周期分为6个阶段，这些阶段我在《原则：应对变化中的世界秩序》一书中有过阐述，并且在本书中也略有提及。根据我的判断标准，这个大周期目前处于第五阶段，正处于重大冲突和剧烈变革的边缘。

2. **美国和其他主要经济体正处在1945年后第13个短期债务/经济周期的第5年左右，按照我的衡量已完成约2/3。** 如前所述，这个短期债务/经济周期与国内政治周期、国际地缘政治周期、自然现象演变和新的发明创造相互作用，产生通常持续约6年（上下浮动3年）的短期周期波动。虽然了解这个短期周期不能准确预测具体事件和时间，但能告诉你很多可能发生的事及大致时间。

3. 存在一些重大的、不可持续的失衡，这些都是好的押注机会，因为它们可能无法持续。最重要的是，借贷和购买的规模以及债务资产和负债的积累速度快于收入增长，这种状况不太可能持续，因此值得押注。
4. 我们正处于对未来行动及其影响最不确定的时刻，因为美国的新领导层才上任几周，而特朗普总统似乎比过去80年里的任何总统（也许是有史以来的任何总统）都更倾向于做一些此前难以想象的事情。

按照我的衡量标准，当前形势类似于1905—1914年和1933—1938年的情况，以及历史上许多国家在许多时期的情况，这就是我所说的大周期的第五阶段。 在第五阶段，各国普遍负债过重、治理效率低下、内部分裂、受到其他国家威胁，因此很容易出现走民粹主义、民族主义、保护主义、军国主义和专制主义路线的领导人。

通过研究历史，我们可以看到，这种充满挑战的时期总是导致更加专制的治理，因为民主制度变得过于分裂而失去效力，领导人也失去有效妥协的能力。 在这些时期，只有权力才重要，那些获得权力并成为更专制领导人的人往往倾向于与内外对手发生冲突，而不是合作。新领导人总是发誓要为提升国力而战，更愿意参与经济、地缘政治和军事冲突，这使他们处于重大冲突的边缘，也带来货币秩序、内部政治秩序和地缘政治秩序的重大变革。

根据我的衡量，现在所有主要大国都处于这种状态，即负债过重、治理效率低下且内部分裂。正是这种形势让越来越多的更具民族主义、保护主义、军国主义和专制主义倾向的领导人和政策出现。 这些领导人，尤其是美国的特朗普总统，要为提升国力而战，更愿意通过参与经济、地缘政治和军事冲突来获得胜利。最近的事件基本上都遵循着我所描述的经典大周期模板，这个模板已经把世界带到了重大冲突和巨变的边缘。**需要明确的是，这些变化不一定是坏的，因为最终结果仍掌握在那些控制权力杠杆的人手中。**

现在让我们以本书前面分享的一些原则作为指导，更仔细地看看这5种力量及它们当前的发展情况。我将主要关注美国，因为从大多数衡量标准来看，它是最重要的国家，其变化将对世界产生巨大的影响，尽管七国集团其他成员国和中国也处于类似位置，也被卷入这个大周期中，也会受到影响并影响事态发展。值得注意的是，除了你将在这里读到的一切之外，还要考虑人口结构这股力量。这将会导致大量老年人不再工作，而且受医疗费用的影响，供养他们的成本会很高；与此同时，劳动力人口将会减少，这样一来，真正具有生产能力的人所占的比例就会很小。

1. 债务/货币力量

关于我们在大债务周期中的位置，如本书前面所示，根据我的衡量，美国和大多数主要国家（七国集团其他成员国和中国）都负债过重，处于大债务周期的后期阶段，不得不经常依赖MP3（通过央行购买债务来为大规模财政赤字融资）。因此，如果不以某种方式控制其长期债务周期问题，那么以主要储备货币计价的债务资产和债务负债发生非自愿性重大重组/货币化的可能性非常高——未来5年内约65%的可能性，未来10年内约80%的可能性。这是因为债务资产和债务负债已经非常庞大，并且预计将显著上升到更高的水平。这将使得在不伤害借款者-债务人的情况下，要维持足够高的利率和足够紧的货币以满足贷款者-债权人变得越来越困难。图19-1显示了自

1900年以来七国集团成员国的平均总债务和平均总偿债支出占GDP的比重。

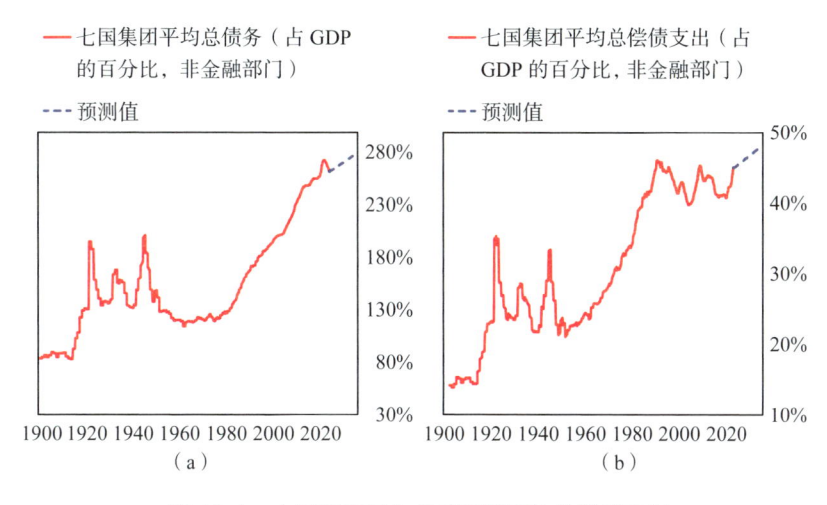

图19-1　七国集团平均总债务及平均总偿债支出

如前所述，需要警惕的下一个重大危险信号（债务危机即将发生的信号）是，现有持有人大规模抛售政府债务资产（如债券）。这将与新政府债务的发行和销售一起，造成相对于需求的巨大供给。这会迫使央行面临两难选择：要么让名义利率和实际利率大幅上升，要么大量印钱并购买长期政府债务以维持这些利率的低位，从而使债务和货币贬值。**我认为现在是回顾以下原则的好时机：**

● **当债务相对于偿债所需的货币数量过多时，政府往往会被迫打破承诺，采取以下一种或多种措施：（a）增加货币和信贷的供应量，（b）减少债务（如通过债务重组），和/或（c）限制硬通货（如黄金）的自由流动。在这样的时期，人们会逃离"劣币"转向"良币"，而政府则试图阻止这种行为。这通常会导致政府禁止良币的自由流动。**

显然，消除如此巨大的债务负担符合这些国家的利益。通过研究历史，我发现当国家处于类似境地时，会使用各种在当时和现在看来都极端且难以想象的方式来减轻债务负担。这些极端行动包括冻结债务支付、没收敌对国家资产、征收惩罚性税收和实施资本／外汇管制、债务违约／延长期限，以及改变流通货币类型（通过与黄金等硬资产脱钩或创造新型货币）。

我并不是说这些事情一定会发生，但我确实想指出，这些激进变革是由比唐纳德·特朗普更为传统的领导人实施的，比如富兰克林·罗斯福和理查德·尼克松。虽然此时我认为这些多数是出现概率较低的事件，但我确信无论如何，领导人必须妥善管理债务供需问题。重要的是要意识到这些极端行动带来的风险，并随时关注局势变化。在我看来，最好的方案是采用我的"3%三部分"解决方案，同时配合一个"和谐的去杠杆化"过程；在这个过程中，通缩性去杠杆化方式（如财政紧缩和债务重组）与通胀性去杠杆化方式（如货币政策宽松和债务货币化）达到平衡。**无论如何，为支撑非生产性人群过度消费而借入远超偿还能力的债务的时代即将结束。展望未来，主要目标将是同时提高生产力和减轻债务负担（这也将降低债务和货币的价值）。**

如上所述，美国和大多数主要国家现在可能处于短期债务周期的2/3左右的位置。从实际和名义经济增长、利率和通货膨胀率来判断，这使它们接近均衡水平。始于2022年3月的货币紧缩结束了美联储和七国集团其他成员国的央行免费大量提供货币和信贷的最后一个模式。从2022年3月或其前后开始，美联储和大多数其他央行从（a）对借款者-债务人有利、对贷款者-债权人不利且具有通胀性的货币政策，转向（b）略微紧缩的货币政策（按照我的衡量标准）。由于这种紧缩以及供应链问题的缓解，通胀率降至现在略高于其既定目标的水平，这导致这些央行逐步放松政策。大多数国家现在处于一个新模式，在这个模式中，央行实施相对中性的货币政策，各国情况相对温和但有所不同（例如，美国的经济增长更强劲，特别是在科技领域，而七

第四部分 展望未来

国集团其他成员国较弱），不过英国、法国和一些发展中国家（如巴西）正在遇到本书前面所描述的那种政府债务供需问题。总的来说，仅从通胀和增长率来判断，名义利率和实际利率现在看起来大致合适，即对贷款者-债权人来说足够高，但又不会高到给借款者-债务人带来太大问题。但考虑到本书所解释的财政供需动态，按照我的衡量标准，这些利率还不够高。

此外，由于当前正在发生的颠覆性变化，这一切对不同行业的公司产生了非常不同的影响——事实上，比我记忆中的任何时候都更加显著。过去几十年，尽管债务增加，但偿债成本并未升至新高，主要原因是利率从1980—1981年开始下降，直到最近才有所回升。由于实际偿债支付的变化滞后于利率变化（因为固定利率债务的利率在债务到期前不会上升），我们应该预期偿债支付将继续上升，以赶上当前的利率水平。根据截至2025年3月撰写本书时的通胀和经济增长数据，美联储目前的货币宽松政策并不合适。这就引出了一个问题：作为全球本质上的中央银行，美联储将如何实施一种对大多数人有效的货币政策。我认为这几乎是一项不可能完成的任务，将使美联储面临更多的批评和干预。鉴于当前形势和历史经验，中央银行的独立性不应被视为理所当然。

最近的短期债务周期紧缩与历史上的其他例子在两个方面有所不同。第一，由于政府向私人部门进行了一次人为的大规模财富转移（政府现在承担了大量债务并大量借贷，以支持私人部门），私人部门目前财务状况良好，而政府部门则面临财务问题。在大多数发达经济体，尤其是在3个主要储备货币经济体——美国、欧元区和日本，中央政府一直在大量借贷，以向家庭进行转移支付。这种做法正在损害这些政府的财政状况，并以本研究所描述的方式对这些政府构成了威胁。换句话说，近年来，中央政府和中央银行的损益表和资产负债表恶化，以便家庭和企业的损益表和资产负债表得到改善。这为私人部门创造了更安全的环境，因为中央政府和中央银行不必过多担心债务问题、资金压力或市场损失。

第二个使这一短期债务周期不太典型的方面是，私人部门的状况表现为公司之间存在着异常大的差异。2022年开始的紧缩政策对某些行业的打击比其他行业严重得多，而技术、内部政治和地缘政治的变化也造成了巨大的分歧。更具体地说，在最近的短期债务周期紧缩中，过度杠杆化、资金短缺、对利率敏感的公司以及它们的投资者受到了打击，而资金充裕、对利率不敏感、财务状况稳健的公司以及与其相关的热门科技公司和它们的投资者则表现优异。此外，尽管政府向私人部门进行了财富转移，但财富差距仍在继续扩大，受教育程度较低的后60%的人口处境艰难，而前1%的约300万人受过良好教育，是繁荣领域的重要贡献者，在工作及其投资中获得了巨大的回报。这一现象在大量独角兽公司中最为明显，它们正在推出令人惊叹的新产品，提高生产力，并以极快的速度创造着（纸面上的）亿万富翁。

根据我的衡量标准，两三年后同时发生债务紧缩和经济衰退的风险相当大。

市场会如何？

在研究市场的时候，从以下这一原则入手会很有帮助：

● 当前总有一个最流行的投资主题，几乎每个人都相信它。它反映在价格中，但注定在某种程度上是错误的。这些主题通常是基于对过去事件的简单外推和情绪因素的混合。此外，大多数投资者通常不会考虑市场价格。换句话说，他们往往认定那些曾是绝佳投资的标的

（如一家业绩出色的公司）就是好的，并且没有对其价格给予足够的关注，尽管其价格（无论便宜还是昂贵）才是最为关键的因素。在这个时候，几乎每个人都想通过买入他们认为会上涨的资产来赚钱（*而非押注资产价格下跌*），而且他们还常常使用杠杆。

在我于 2025 年 3 月初撰写本书时，最流行的投资主题是，我们应该对未来持乐观态度，因为现在的总体情况很好，人工智能公司非常出色并将使事情变得更好，而特朗普政府将改善现状，因为存在许多需要改变的低效和弱点。他将解决这些问题，因为他采取了一种强势、务实、资本主义和商业化的手段，并且他正在与埃隆·马斯克合作，后者在发明卓越产品和改变世界方面有着惊人的表现。通过总结这一主题，我们可以看到美国已经展示了其"美国例外主义"。

我认为这种关于"美国例外主义"的迷思有其道理，但与此同时，根据我的衡量标准，它现在已经充分反映在价格中，并且未来可能还存在其他重大问题。更具体地说，我毫不怀疑美国在拥有一个完善体系方面是卓越的。其特点如下：

1. 创新。
2. 发达的资本市场，为追求利润的明智冒险提供资金（这通常会自然产生成本效益和适者生存）。
3. 完善的法律体系，其中大多数人了解游戏规则，分歧可以在不诉诸武力的情况下解决，从而在财富和权力等关键绩效指标上取得卓越成就。

与此同时，这一制度在教育水平、生产力、收入、财富、权力和机会方面产生了巨大差距，这些差距极难纠正，并威胁着国家的长期健康。**债务相对于需求过多的重大问题几乎肯定会导致货币体系发生**

根本性变革，这将改变货币的性质及其运作方式，而这种变革要么会在危机爆发前为了预防危机而出现，要么就是作为对危机的应对措施而产生。从宏观层面来看，尽管每一次债务危机的具体演变过程各不相同，但与其他在货币贬值时不会丧失购买力的财富储存形式相比，持有债务资产（如债券）几乎总是会变得相对不那么具有吸引力。

还需要注意的是，在我们现在所处的大周期第五阶段，国内债务/经济状况受到国内政治和社会秩序力量、国际地缘政治力量、自然现象以及科技变化的极大影响。目前，大多数国家面临的内部政治和外部地缘政治冲突对国家财政的影响比自20世纪30年代以来的任何时候都大。例如，本土化、友岸外包和其他确保关键供应不被外国敌人切断的形式，已成为比成本效率更重要的经济政策驱动因素。这是自二战以来首次出现的情况；它代价高昂，并且通常会导致更多的债务。同样，各国财政对内部政治和外部地缘政治冲突的影响也比上个周期结束以来的任何时候都大。

就新兴国家而言，它们分为两类：一类是正在克服障碍并在经济和金融方面迅速发展的国家（例如，印度、印度尼西亚和大多数其他东盟国家，以及海湾合作委员会国家），另一类是进一步落后的国家（例如，贫穷且秩序混乱的发展中国家，尤其是那些资金非常少且受到气候变化不利影响的国家）。从逻辑上来说，并且实际情况似乎也是如此，那些财政实力雄厚、秩序井然且在地缘政治上相对中立的国家，因为拥有最优秀的人才和最具回报性的体制而发展得最好，并且还会继续保持良好的发展态势。这是因为我依然坚信● **全球化是一股不可阻挡的力量**。尽管民族主义情绪日益高涨，而且许多国家领导人保护本国利益和加强管控的意愿也在增强，但与10年前相比，我看到了更多的全球化商业合作活动，来自不同国家、拥有资金的人聚在一起，共同探讨如何开展合作。参与其中的人具有很强的跨国属性,而且这种趋势还在迅速加强。这一直以来都是一种不可阻挡的发展趋势,贯穿了整个历史进程,并且正在加速发展。

2. 内部秩序和混乱的力量

对于目前处于短期政治周期的哪个阶段,**由于唐纳德·特朗普和共和党在 2024 年选举中以足够大的优势获胜,避免了关于谁获胜的争议,美国实现了有序的权力交接。适用于这种过渡的原则如下:**

● **新的领导人上台之初,如新总统上任的前 100 天,通常会有一段蜜月期,并伴随着极大的乐观情绪。** 此时,人们对重大变革和巨大改善充满期待,而现实和对新领导人在塑造和处理这些变革方面的批评尚未到来。随着时间的推移,领导人为了当选而做出的重大承诺通常变得难以兑现,坏事也随之发生,失望情绪开始蔓延,批评者和敌人变得更加大胆,领导人的支持率逐渐下降。这一切都使得保住权力的斗争变得更加艰难,而这往往会导致为了达到目的而采取更加极端的行动。

新政府成立才几周,说唐纳德·特朗普想独揽政策制定大权,而不是采取经典的"跨党派合作"治理方式,这应该并没有争议。这种对抗性的方式是近几十年来美国国内政治冲突加剧的一种延伸。图 19-2 展示了两种衡量美国国内政治冲突的方式,表明其正处于历史上最严重的时期之一。其显示了参议院和众议院中的保守派共和党人以及自由派民主党人相对于过去的变化。根据这一衡量标准,他们变得更加极端,而且彼此之间的分歧比以往任何时候都要大。虽然我不确定这是否完全正确,但我认为大体上是对的。

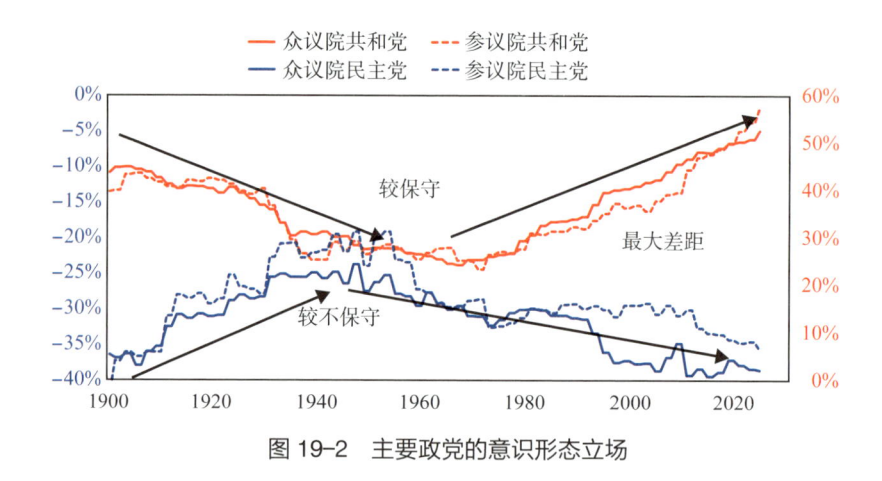

图 19-2 主要政党的意识形态立场

此外，国会中普通议员按党派投票的比例也达到了历史最高水平。这继续体现在跨党派妥协和达成协议的意愿降低上。换句话说，国家的政治分裂已经变得深刻且顽固（见图 19-3）。

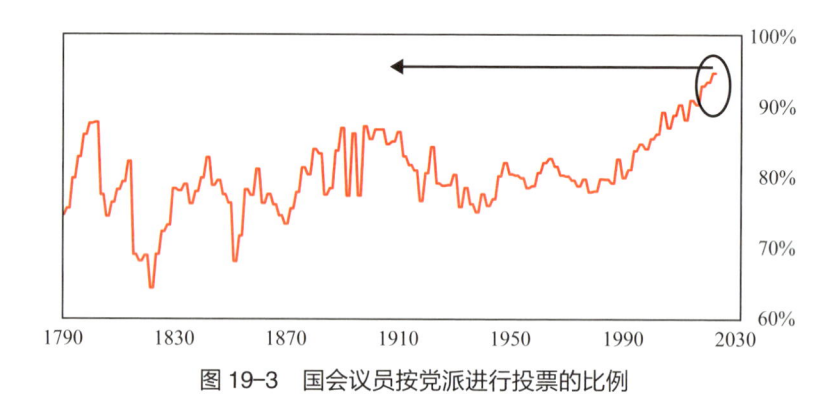

图 19-3 国会议员按党派进行投票的比例

事实上，这一现象是全球性的，并且在不同的国家中程度不同，表 19-1 捕捉到了这一点。它显示了在许多国家中，越来越多接受调查的人表示，支持不同政党的人之间存在非常强烈或较为强烈的冲突。

第四部分　展望未来

表 19-1　认为在自己国家中支持不同政党的人之间存在非常强烈或较为强烈的冲突的比例

	2022	2021	差值
法国	74%	65%	9%
德国	68%	56%	12%
西班牙	68%	58%	10%
加拿大	66%	44%	22%
英国	65%	52%	13%
荷兰	61%	38%	23%
比利时	53%	46%	7%
新加坡	43%	33%	10%
瑞典	43%	35%	8%

图 19-4 显示了自 1900 年以来全球政治两极化的平均水平。[54]

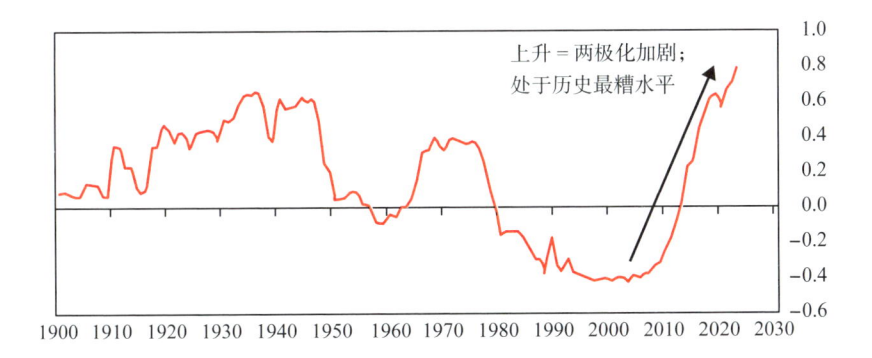

图 19-4　全球政治两极化指数

这些只是反映内部冲突加剧的众多指标中的一部分。显然，人们在生产力、财富和价值观上的差距扩大，以及对民主制度运作方式的不满情绪增加，导致了更多的民粹主义冲突，并催生了类似于 1905—1914 年和 1933—1938 年的政策。正如我之前所解释的那样，这

---

54. 这一数据来源于瑞典哥德堡大学运行的"民主多样性"项目，该项目创建了标准化的全球数据库，其涵盖治理和公民社会的 5 个指标。

种冲突时期往往是向更专制的政府形式过渡的时候。

● **当民主制度失败时，专制制度便会取而代之。**

在各个国家内部，极右翼、温和中间派以及极左翼之间的民粹主义冲突正日益加剧，随之而来的是重大的政治转变（大多是向极右翼方向转变）以及由这些转变引发的革命性变革。在这样一种多劳多得、不劳无获的环境中，生产力最低下的人和最贫穷的人将遭受最大的痛苦。**正如历史告诉我们的那样，这种情况通常会带来具有威胁性的后果。**

● **在混乱时期，金融、政治和军事力量比法律更为重要，而专制制度通常比软弱、混乱的集体主义更为有效。** 我们现在正在目睹这部充满戏剧性的电影的高潮：唐纳德·特朗普和他的政府团队掌控美国，试图通过"让美国再次伟大"来扭转其衰落。他试图通过重建美国的竞争力来实现这一目标。与此同时，我们也看到许多国家、行业和公司的领导人，以及广大民众都在努力超越他人。这种竞争现在已经激烈到了一个程度：竞争者甚至愿意消灭对手。

正如历史所示，从民主制度向专制制度的权力转移通常是在民主框架内有序进行的，因为人们厌倦了制度失效，并希望将权力交给一位能够掌控局面并使其有效运转的领导人。显然，这种情况现在正在发生。但同样，在权力转移之后，● **新领导人在重大冲突时期总是会采取措施巩固权力（更专制的领导人会更为强硬地这样做）**。由于反对派仍然能构成威胁，因此必须加以处理，以削弱其威胁，这很可能是通过领导人和执政党越来越多地控制法律来实现的。我们现在在美国看到了这种情况，即通过总统使用行政命令的方式。一如既往，当行政领导人的意图与三权分立政府其他部分（司法和国会）的意图发生冲突时，我们将看到这会走多远。

我们应该预期，各派系之间，尤其是总统/行政部门与政府其他分支（特别是司法部门）之间，以及联邦、州和地方政府之间，将会

第四部分　展望未来

有更多的斗争——无论是法律上的还是其他形式上的。**这些斗争将明确谁真正拥有权力。在行政部门和司法部门的权力极限测试战中，司法部门将失败，因为行政部门对执法权力有更大的控制**。事实上，司法部门属于行政部门，因此受总统控制。执法权力包括军队、国民警卫队以及州和地方警察，总统控制前两者，而司法部门则无法控制任何执法力量。因此，唐纳德·特朗普下令撤销针对纽约市长埃里克·亚当斯的案件是轻而易举的。**我们应该预期会有更多的权力斗争。我毫不怀疑总统将在大多数斗争中获胜。**

不同的人对这种领导方式是好是坏有不同的看法。在第 8 章中，我描述了强势的 CEO 和煽动者所采用的管理方法可能难以区分，因为两者都是掌控局面并做出激进变革以实现重大改进的人。唐纳德·特朗普显然就是这种情况。特朗普是煽动者吗？根据柏拉图的定义，煽动者是通过迎合民众的情绪、恐惧、偏见和欲望来获得权力的政治领袖，通常使用操纵性言辞。煽动者通常会激起民粹主义情绪，承诺以简单的方式解决复杂的问题（往往以牺牲真相或理性讨论为代价）。问题在于制约机制是什么，以及特朗普会将事情推进到什么程度。与 CEO 不同，美国总统没有董事会。是否存在有效的监管者？如果有，我还不清楚他们是谁。

当我说特朗普总统的"让美国再次伟大"的政策与 20 世纪 30 年代极右翼国家使用的政策非常相似时，这不应引起争议。可以说，他通过绕过政府其他分支来最大化总统权力的尝试，类似于安德鲁·杰克逊（右翼）和富兰克林·罗斯福（左翼）的做法，尽管他比他们更为激进。我们将看到他会将事情推进到什么程度。在典型的历史案例中，● **在重大冲突时期，激进的领导人会通过威胁和破坏性行为、修改法律来赋予自身特殊权力，还会通过加强对媒体的控制来制作亲政府的宣传内容，从而努力铲除反对派。如果与内部或外部对手的冲突**

333

变得严重，那么针对反对派的法律和惩罚措施将会实施。

就特朗普总统所推行的旨在节省成本的政府变革而言，这些举措是非常激进的，而且为了取得成功必须迅速推行。然而，这些削减措施也带来了负面影响，因为许多会因此受到伤害的人将进行反抗，而且一些宝贵的支持体系也会被削弱或废除。例如，我的妻子致力于帮助那些住在最贫困社区的学生，他们生活穷困，营养不良，依靠学校的午餐项目来维持生计，而这些项目即将被取消，这将会带来极其严重的后续影响。在思考这些激进变革实施后的未来图景时，像这样的后续影响是必须考虑进去的。

记住，● **要想取得成功，制度就必须为大多数人创造适当的生活条件。** 这种情况会发生吗？美国的挑战在于，教育、家庭和社会系统中一直存在深层次和普遍性的腐朽，导致许多孩子未能成长为有生产力、文明和健康的人。这是一个多代际的问题，几乎不可能解决，尤其是在领导层分散且资源不足的情况下。目前，只有一小部分人具有极高的生产力并且生活富足。更确切地说，最顶尖的那1%的人（而且越来越多的是机器）正在带来革命性的变化。他们加上协助他们的接下来的9%的人共同构成了最顶尖的10%且做得很好。接下来的30%的人情况一般，而最后60%的人的处境则非常糟糕，也就是说，**他们是净消耗者，而非净贡献者。**（平均而言，他们的阅读水平不到六年级，获得的公共援助支付比缴纳的税款多。）特朗普政府的政策旨在通过将更多的资金、权力和自由转移到最具生产力的人手中，来提高生产力。这将会产生一些次生影响，而这些影响是所有人，尤其是特朗普政府的成员，都应该考虑的。要治理一个长期管理不善、陷入混乱的国家并非易事，而且在民主制度走向分裂的当下，还要让民众始终满意，这就更难了。**我建议定期关注处于社会底层的60%的人的生活状况以及他们的感受。**

第四部分　展望未来

3. 外部秩序和混乱的力量

我们现在看到国际秩序正在以大周期这一阶段的典型方式发生变化，即从一种更合作的、追求共同利益（如贸易）的多边世界秩序，转向一种更对抗的，通过大胆使用金融、政治和军事力量追求自我利益的单边世界秩序。正如前面所描述的，这是大周期中向专制、对抗性领导转变的部分。正如第五阶段的典型特征以及我们现在所看到的，世界正在经历一种局部变得更加暴力（如俄罗斯与乌克兰，以色列对伊朗及其代理人）但尚未在全球主要大国（美国和中国）之间爆发暴力冲突的大战。

在这个阶段，● *强者欺凌弱者的现象越来越明显*。 因此，弱势帝国应该感到担忧。谁是弱势帝国？特朗普总统、弗拉基米尔·普京以及包括欧洲人在内的所有人都知道，**欧洲是软弱的，容易成为猎物**，俄罗斯可能会成为欧洲的敌人，而特朗普的"美国优先"政策很可能会导致美国不保卫欧洲。此外，所有人都知道特朗普是极右翼，因此他倾向于让美国与那些极右翼且有能力战斗的国家结盟，并使用胡萝卜加大棒的方式迫使民众和各国做他想让其做的事情。这正是推动新世界秩序重塑以及由美国领导的"同盟国"一方的因素。**同样重要的是，在大周期的这一阶段，● *联盟关系往往会随着形势的变化而迅速改变，胜利比忠诚更重要*。** 例如，在二战中，德国和俄罗斯迅速从盟友变为敌人。**我们应该预期联盟关系会以难以想象的方式迅速变化。同样，我们可能会发现欧洲与中国的关系比欧洲与美国的关系更加紧密。在大周期的这一阶段，这种难以想象的变化经常发生。我们很快就会学到很多。**

就美国和中国的大国冲突而言，美国相对衰落以及与中国的冲突在增加，这是客观上无可争议的。图 19-5 清楚地显示了我对综合国力的衡量（包括我对 21 种国力的衡量指标），以及对美中冲突强度的评估。这表明大国冲突和"修昔底德陷阱"效应在起作用。

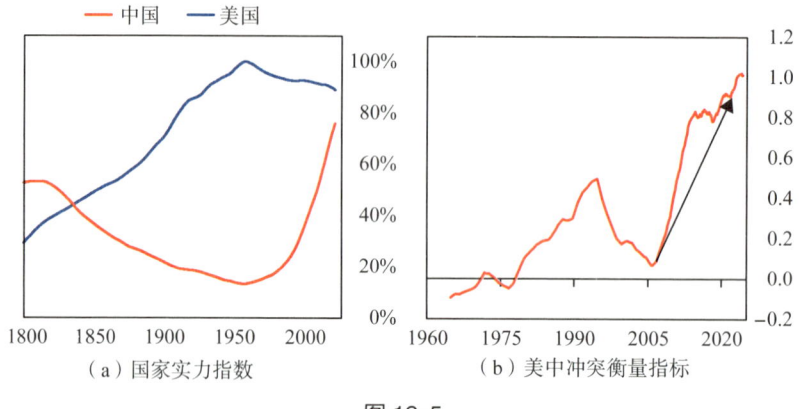

图 19-5 (a) 国家实力指数　(b) 美中冲突衡量指标

特朗普总统正试图扭转美国的相对衰落，同时美国和中国显然处于一场尚未升级为军事战争的冲突中。目前（2025 年 3 月初），我尚不清楚中美关系，或者更广泛地说是国际关系将如何发展。

我不认为在可预见的未来，美中之间会发生军事战争，因为双方都知道这将导致相互毁灭。 我认为，中国唯一可能发动战争的情况是其主权受到真正威胁，包括台湾问题。此外，我认为任何一位美国总统都不会发动战争，除非面临生存威胁。与此同时，我可以想象特朗普总统可能会在适当的条件下，以高价谈判台湾问题。特朗普和习近平都是强人领导大国，并将定期进行谈判。双方都希望避免军事战争和对国家生存的威胁，同时也都希望消除对方作为威胁的可能性。

在我看来，美中双方的任何一方赢得战争的唯一途径是，秘密研发出一种具有压倒性力量的技术，这种技术在投入使用时不会引发对方因无法承受而采取的报复行动，这样一来，仅仅向对方展示这种技术就能使其以某种形式投降。历史上这样的情况曾多次发生。这有点儿类似于当年秘密研发原子弹，然后通过对广岛和长崎的袭击向日本展示其威力。需要明确的是，我并不排除这种可能性，因为我确信中美两国都在努力研发那些强大到令人难以置信且仍处于保密状态的技术。

双方都不相信中美关系会回到过去的样子。尽管双方都不希望爆发军事战争，但美国和中国目前正在进行其他类型的战争，包括外交、网络和贸易战，其正在严重威胁和伤害对方。

尽管如此，我打赌中国将尽量避免在其区域外参与公开的地缘政治主导权争夺，同时（a）采取行动建立可以用于回击那些伤害它的国家的强大力量，（b）推动实现中国台湾与大陆的统一，这被广泛认为是习近平主席希望在其有生之年实现的目标。出于这些原因，正如前面提到的，如果我是台湾人，我会担心台湾被美国当作谈判筹码，以换取大陆的重大让步。当然，这样的交易必须消除美国因中国统一而可能面临的半导体芯片脆弱性。我还预计中国将继续利用其经济和地缘政治力量在"全球南方"建立重要关系，因为这是一个巨大的市场，适合其价格极具吸引力的制成品和建筑公司。

尽管各国政府变得越来越民族主义和保护主义，但世界各国、投资者和商人的相互依赖程度比历史上任何时候都高，投资和商业交易也比以往更加国际化。因此，国内发生的事情对国际事务的影响比以往任何时候都大，反之亦然；经济领域所发生的情况对地缘政治局势的影响也比以往任何时候都更为显著，反之亦然。这对政策、投资和商业产生了影响。例如，为了赢得科技战，各国政府正在自上而下地制定国内和国际政策，涉及芯片生产、数据中心投资与建设、电力生产、技术禁运、制裁、CFIUS（美国外国投资委员会）以及反向CFIUS关税措施、全球人才引进等领域。**在我看来，最大的问题在于各国领导人的务实程度，他们及其对手将如何处理彼此的关系，以及在困难时期如何有序和明智地管理事务**。我的观点是，国际投资和商业交易将变得更加容易，数量也会增加。

请记住，虽然这是我对世界地缘政治秩序的看法，但我对任何事情都不确定。

4. 自然力量（干旱、洪水和疫情）

我们绝不能忽视自然力量及其影响。正如我在第 8 章中所描述的那样，纵观历史，自然灾害夺去的生命比战争更多，摧毁的秩序比其他 4 种力量的总和还要多。**在未来几年，自然灾害的发生频率很可能会增加，并且代价高昂。**鉴于世界主要国家目前债务沉重且面临其他需求，几乎没有什么措施会主动预防和应对自然环境变化带来的高昂成本。但无论如何，代价都将不可避免地产生——要么是为了预防损害而投入资金，要么是在因酷热难耐的天气、干旱、洪水、海平面上升、健康问题、海洋遭到破坏（这会改变洋流和海洋生物的生存状况）、物种灭绝以及未来数年可能发生的许多其他情况而造成损害之后花钱去修复。这将需要投入大量资金来适应这些变化。对那些正深受气候变化影响却又没有足够资源来应对的全球南方国家而言，这可能会导致国内冲突和人口外流。而流离失所的人们又会给其他国家带来压力，就像我们已经在美国和欧洲的移民问题上所看到的那样，这会使得国内和国际政治局势变得更加不稳定。

5. 科技力量 / 人类的创造力

尽管前 4 种力量的趋势似乎在恶化，但在整个人类历史上，科技

力量从未像现在这样强大，并且在未来几年内还将如此。在我看来，我们如今正处在一个新时代的边缘，在这个新时代里，机器思维将在许多方面对人类思维进行补充，甚至超越人类思维，就如同在工业革命时期，机器劳动对人类劳动的补充和超越一样。就像我们看到的那样，随着能够进行数学计算和存储信息的计算机工具的发明，靠大脑进行数学计算和死记硬背各种事实变得不那么重要了；又如同我们现在会通过谷歌（或类似的搜索引擎）来查找信息，而不再采用更传统的信息搜集方式一样，不久之后，当处于不同的情境中时，我们会向计算机寻求该做什么的指令，因为计算机能够更快地给出更好的建议。

在未来 5 年，我们将在大多数领域看到巨大的进步。创造出人工智能能力只是人工智能应用的开始。我知道，在我和桥水几十年来通过专家系统进行人工智能投资的领域，正在开发的机会几乎是难以置信的。人们用自己的头脑做决策的日子即将结束。我和桥水的其他人已经有投资决策的计算机化经历并利用了这场（进化性的）变革，因此我对即将发生的事情感到兴奋。

由于这些技术几乎会影响到方方面面，因此，那些运用这些技术的国家、投资者和企业之间的业绩水平将存在极大的差异。那些懂得如何有效利用这些工具的主体将获得回报，而那些未能做到这一点的主体则会受到惩罚。不过，值得注意的是，从投资的角度来看，相对于为投资和开发这些新技术所付出的成本而言，其能带来的收益目前还不明确。

美国和中国现在是设计这些强大新技术的主要竞争对手，它们的有效性将对它们的经济和军事力量产生重大影响，尽管还有其他一些国家也在开发并受益于这些新技术。美国在研发最先进的半导体芯片方面领先于中国，但在芯片生产方面处于弱势；而中国在先进芯片的研发上紧跟其后，在以更低成本生产较低端芯片方面领先，并且在人工智能的应用部署上也处于领先地位。在这场竞赛中，双方肯定都会全力以赴，试图胜过对方，一方面会复制或借鉴对方已有的成果，另一方面也会努力保护自己已取得的成果。我始终牢记一个原则：●*总的来说，知识产权保护并不奏效*。尽管那些核心机密（如当年原子弹的研发）或许能够被成功保护，但任何公开使用的技术几乎都能瞬间被复制。此外，法律体系在执行知识产权保护方面也做得不尽如人意。基于这些原因，我们应当认为，那些公开展示且备受青睐的优秀创意，大多会在约 6 个月内就被复制。

我还需要明确的是，人工智能并不是唯一的影响国家相对力量的重要技术。除了芯片和人工智能，美国和中国还在许多其他技术领域展开了主要竞争，包括量子计算、基因编辑及其他生物技术、机器人技术、太空技术等。中国拥有全球 40 个最佳计算机科学项目中的 20 个[55]，在技术竞争方面是美国的一个强大对手。

总之，我对可能发生的革命性进步感到非常兴奋和乐观，这些进步将来自富有创造力／实用精神的人与资本的结合，从而获得所需的资源（也许最重要的是这些新的人工智能技术），并在非常有利于取得进步的环境中运作。当然，新技术是双刃剑。例如，它们既提高了我们互相伤害的能力，也提高了我们互相帮助的能力。正如图 19-6 所示，实际 GDP 和预期寿命呈指数级增长，这是因为知识的加速复合增长，这种增长应该会继续，因为人工智能正在推动其复合增长。

---

55. 来源：《美国新闻与世界报道》2024—2025 年度全球大学计算机科学排名。

第四部分 展望未来

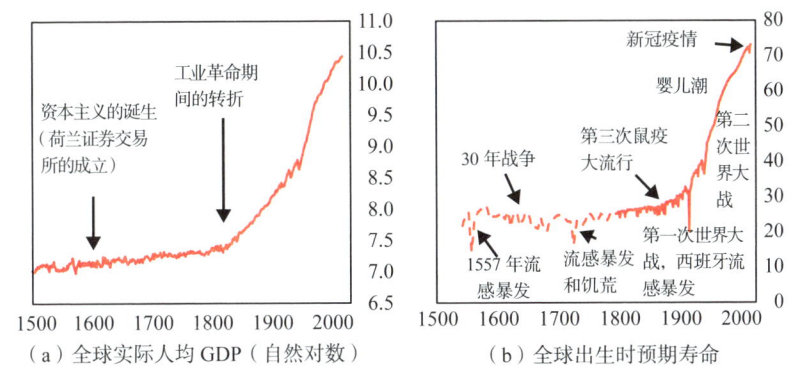

(a) 全球实际人均 GDP（自然对数）

(b) 全球出生时预期寿命

注：以虚线表示的早期历史情况仅基于英国的经验。

图 19-6

这让我们处于何种境地？

回到我最初的观点，我不知道的事情远比我知道的多，而在我撰写本文的 2025 年 3 月初，我正处于不确定性的最高点。这是因为特朗普政府刚刚上任 40 天，其改变货币、美国政治和地缘政治世界秩序的重大举措才刚刚开始。与此同时，我也明白，无论我们看到了什么变化，这些变化都会以与过去多次发生时相似的方式、出于相似的原因而出现，尽管会有当代的独特之处。所以，在我看来，这些秩序的变化很可能会继续遵循我所构建的框架，这个框架是基于过去的规律以及五大力量之间的逻辑关系建立起来的。

展望未来几年的发展趋势，**我相信非常强大的技术进步很可能不足以压倒来自其他力量的逆风**。我通过观察自 1985 年以来我们经历的数字/计算机/互联网繁荣，以及当其他 4 种力量转为消极力量时那些伟大的发现和技术进步（如铁路、蒸汽机、电力、飞行）所带来的影响，得出了这一观点。我将这些案例作为参考，思考未来 30 年由于人工智能、机器人技术、量子计算、生物技术等新技术的引入而可能发生的事情，并问自己这些先前的科技飞跃对生产力产生了什么影响。

更具体地说，我估计当今新技术的积极影响将是过去30年的约150%。**根据我的衡量标准，这将使今天的技术革命成为对市场和经济状况影响最大的一次。但我的粗略计算也表明，这种积极力量不足以压倒债务、内部冲突、外部冲突、气候变化和人口结构等逆风。**同样有趣的是，当研究其他发明创造高度活跃的时期，如工业革命时期和20世纪20年代时，我发现当大周期的其他力量转为负面时，伟大新技术所能带来的生产力提升通常会被压制。**因此，在我看来，未来几年最重要的因素是其他几种力量得到良好管理。**

我相信，未来5~10年是所有主要秩序发生巨大变化的时期，从现在到那时将感觉像是穿越时空进入一个非常不同的现实。许多现在处于上升期的国家、公司和个人将会衰落，而那些现在处于低谷的将会崛起。我们的思维方式和行为方式将非常不同，其程度是我们无法预见的。

我也知道，应对这一系列情况有好的方法和不好的方法，而最佳方法是依据概率行事，进行良好的多样化投资，并坚持遵循合理的基本面原则。至于身处哪些地方最为有利，我认为是那些正确把握这些基本面的国家。也就是说，这些国家能对民众进行良好的教育，让他们掌握技能、具备良好的素养，并且能够身处一个充满大量机会的环境中，从而可以高效地工作和创造价值；这些国家的收入大于支出，因而拥有稳健的国民收入报表和资产负债表；国内秩序井然，而非混乱无序；被卷入国际战争的风险较低；遭遇自然灾害侵袭的风险也较低，并且能够从技术变革中获得最大的益处。[56] **拥有优秀的人力资本将是最重要的。**

---

56. 如果你有兴趣关注各国在这些方面的关键绩效指标，就可以在 economicprinciples.org 上找到我更新后的国家实力指数。

第四部分　展望未来

正如我之前所解释的，● **最重大的力量是人们如何彼此相处**。如果人们将面临的问题和机遇视为共同的，并且致力于在不互相伤害的前提下为整体争取最好的结果，那么他们很可能会取得最好的结果。正如上一章所描述的那样，如今政府领导人完全有能力妥善管理本国的债务和资金（美国可以将其财政赤字削减至 GDP 的 3%，这将极大地降低政府债券市场和经济危机的风险）。同样地，如果那些掌握着权力杠杆的人能够很好地合作，那么国内秩序和世界秩序的维护、自然灾害的应对以及对那些令人惊叹的新技术的管理，都会取得更好的结果。

不幸的是，我认为，客观审视一下这些事情实际发生的可能性就会得出这样的结论：**合作共赢的可能性不大**。现实情况是，那些将大周期推至如今这般境地的事件，在大多数派别内部都留下了强烈的信念：对立派别的人正在伤害他们，而且如今已到了要不惜一切代价去战斗并赢得胜利的时候。而对立派别的人同样坚信，他们必须不计代价地战斗以获取胜利。我们从历史中得知，极端的派别主义会带来致命的后果。

但愿这种情形能让人们产生忧患意识，并激励他们做力所能及的事情来改善现状，这让我想到最后一个原则：● **如果你毫无担忧之心，那就应该感到担忧；而如果你忧心忡忡，那么反倒无须过于焦虑**。这是因为，对可能出现的问题保持担忧会让你有所防备，而对这些问题毫不在意则会让你暴露在风险之中。

愿你找到有效原则，应对未来变局。

致　谢

我何其有幸能够与世界上一些最有见识的人进行思维碰撞。这一点特别重要，因为我的许多想法都不同于传统观点。我特别感谢美国前财政部长拉里·萨默斯和蒂莫西·盖特纳、众议院前议长保罗·瑞安、欧洲中央银行前行长马里奥·德拉吉、日本银行前行长黑田东彦、国际货币基金组织总裁克里斯塔利娜·格奥尔基耶娃以及美国联邦预算问责委员会主席马娅·麦吉尼亚斯。

我构建理论所依据的深度历史分析，需要完成大量的解析工作。如果没有我出色的研究团队的帮助，这些工作是无法完成的。这个团队的成员包括史蒂文·克里格、比尔·朗菲尔德、乌代·巴西瓦拉、赫曼斯·桑杰夫、考斯·班萨尔、乔纳·加尼克、尼克·布朗和埃里克·斯特库拉。

将我大量的研究和写作出版成书也不是一件小事，如果没有马克·柯比、克里斯·埃德蒙兹、朱莉·法尔涅、布赖恩·德洛斯桑托斯、玛莎·梅里尔、米莉萨·海奈尔和佐耶·佩特卡纳斯提供专业帮助，这是不可能完成的。

我还要衷心感谢我的文学经纪人吉姆·莱文，以及西蒙与舒斯特出版集团旗下 Avid Reader Press 的编辑乔菲·费拉里-阿德勒。我所有著作的出版都离不开他们的鼎力相助。

译后记
在历史的韵律中寻找确定性

10多年前,我在美国担任分析师,为纽约州及康涅狄格州的多空对冲基金客户提供行业与公司分析时,偶然在桥水对冲基金创始人瑞·达利欧的公司的网站上读到《原则》,如获至宝。这本书在某种意义上为我打开了看待世界和人生的新视野。

彼时,国内鲜有人知晓桥水和瑞·达利欧,尽管他早在2012年初就被评为"对冲基金史上最成功的基金经理",连美联储前主席保罗·沃尔克都曾评价,桥水基金对经济的统计分析甚至比美联储的更可靠。直到2018年中信出版集团推出《原则》中文版,这本书连同达利欧才真正出了圈。此后,达利欧持续向世界公开分享他对经济与周期的研究。

通读他的多部著作,包括译完本书后,我感觉到达利欧最令我尊敬的是其思想体系的"一致性"。这种一致性源于他对经济运行规律的深刻洞察、对人类大历史的透彻理解,以及对人性本质的精准把握。若未能洞察本质,人很容易被纷繁的时事新闻和市场波动干扰,导致判断的摇摆。但达利欧没有陷入这种困境,在过去七八年中,他对经济、债务、世界格局的分析判断始终保持着惊人的一致性。

这本《国家为什么会破产》是对《债务危机》与《原则:应对变化中的世界秩序》的补充和完善,理论框架和逻辑推演一以贯之,如达利欧总结的全球经济、政治和社会演变的五大力量——债务/信贷/货币/经济周期、内部秩序和混乱周期、外部秩序和混乱周期、自然力量和人类的创造力。本书回答了以下核心问题：像美国这样拥有主要储备货币的大国是否会破产？在全球各国债务高企的当下，中美等大国如何有效、平稳地去杠杆化，避免陷入债务"死亡螺旋"？未来世界格局将如何演变，普通人又该如何应对？

为了解答这些问题，他从历史中寻找参照，研究大债务周期。以长期债务周期为例，之所以鲜有人对其进行深入洞察，是因为其横跨约80年，上下浮动25年，几乎等同于一个人的生命周期，这使得人类难以通过亲身经历认知其规律。

以近期发生的事为例，94岁的巴菲特在最后一场股东大会上提到，他虽对美国财政状况深感担忧，但作为经历过大萧条、二战、原子弹问世、互联网泡沫、金融危机等历史事件的美国人，仍对美国的"例外主义"抱有信心。

然而，若以瑞·达利欧的大历史框架审视未来格局，即便高龄的巴菲特也尚未经历一个完整的长期债务周期——该周期始于1945年二战结束后美国主导的世界新格局，而我们正处于这一周期的晚期，即各国债务高企、内外部冲突加剧的阶段。这些冲突将把世界引向何方？其仍在激烈演变中。

达利欧在书中警示："与20世纪30年代的局势相比，当前局势呈现出高度相似性……未来5~10年是所有主要秩序发生巨大变化的时期，从现在到那时将感觉像是穿越时空进入一个非常不同的现实。"

坦白讲，几年前初读达利欧对美国及世界格局的分析，尤其是关于美国"内战"的预测时，我觉得有些难以置信。但没想到，疫情后美国及世界局势的演变越来越接近他的预测，而今年特朗普再次上台后推行的包括关税战在内的单边主义政策，正加剧美国国内的分裂及二战后美国主导的国际秩序的瓦解。

也许有人认为特朗普的上台是历史的偶然，而达利欧则从人类大历史角度揭示了其必然性。他援引柏拉图观点写道："民主国家的领导人通常会迎合选民对眼前利益和暂时救济的诉求，而不是采取艰难的措施来解决深层次的系统性问题……领导层通常也会变得软弱、堕落和腐败，尤其是在经历了长期繁荣和缺乏挑战的时期之后……当民主制度变得软弱、堕落，并失去了对正义和美德的追求时，就会走过巅峰并开始衰落。这些时期通常伴随着腐败加剧、不平等加深，以及制度失效。"

为何柏拉图写于2 000多年前的《理想国》至今仍具现实意义？因为这一切都基于对人性的深刻洞察。正如达利欧在书中所言："尽管科技已经取得了长足进步，但人性并没有太大改变。"

人性驱动着人类在信贷扩张时的贪婪，催生并扩大了各类债务泡沫；人性促使古往今来无数国家通过无节制"印钞"解决债务问题，最终导致严重的货币贬值、通货膨胀和民生凋敝；人性推动着弱肉强食的丛林法则，使单边主义成为历史常态，让人类和平共处的时刻极为罕见。

除"一致性"外，达利欧的文字理性客观，很少做价值判断。他是一位现实主义者，真正在意的是理解宏观真相与规律本质。

或许在人类大历史背景下，当下发生的一切都不足为奇，人类再乖张的行为也逃不过人性的引力与历史的规律，这便是认清本质后的稳定感。

达利欧极度务实，这在他提出的解决美国财政危机的"3%三部分"解决方案中可见一斑（通过削减支出、增加税收和降低利率将赤字削减至GDP的3%）。为避免美国政府债务状况接近"不可逆转"的临界点，他特意提出"兜底方案"：在两党无法达成共识时，对所有可削减的支出和可增加的税收进行同比例调整，以确保实现3%的目标。

而对于中国当前面临的债务危机、消费疲软、贫富差距、地缘政治等议题，达利欧同样依据中国近代史的发展及五大力量的演变进行了客观评析，并给出了政策建议。

不过，关于中国，最打动我的是一条很长的脚注，内容是关于中华优秀传统文化中有助于治国安邦的"大同"思想。作为美国人，他未被笼统的意识形态话语束缚思维，而是试图站在中国人的视角来探究中华文化根脉。

他表示，自己并非在评判中西治理方式的优劣，人类社会其实一直在权衡不同治理方式的利弊。从比较视角看，中国人关于人与人相处的观念与基督教倡导的价值观有相似之处；资本主义在实现广泛繁荣方面比其他模式更有效，尽管它会造成周期循环与社会波动。

2019年，我在外滩的一次活动中见到了达利欧，我问他对中国未来的看法。他指着外滩激动地说："1984年，我第一次来到中国，那时这里还什么都没有，你再看看今天的外滩，这真是一个'奇迹'……"

那一年，正值特朗普第一任期内中美关系开始紧张，达利欧却四处宣传在中国投资，认为中国资产是全球资产组合中不可或缺的一部分，西方投资者在中国市场的配置比例与其经济体量严重不符，错过中国市场才是真正的冒险。为此，他受到不少西方媒体与评论家的批评，但这并未改变他的立场与观点——坚守基于历史周期和多元化的投资哲学，选择继续参与中国市场。

译至本书末尾，我一直在等待达利欧为这个充满"不确定性"的时代提供一些"确定性"的指南，但事实上，他并未给出任何具体答案，而是如实呈现当下的状况与历史的规律，希望每个人都能在面对未来变局时找到自己的原则。

这也呼应了他在《原则》一书中强调的："一个人要知晓自己的本

性，并以与之相符的方式行事。"

越是在 VUCA 时代（波动、不确定、复杂与模糊的时代），我们越需要冷静观察、清醒判断、不断反思，建立并遵循自己的原则。唯有如此，我们才能在多变的时代中稳健前行，在国家兴衰与全球变局的浪潮中找到自己的立足之地。

立雯

后　记

如果你是一位常浏览小红书的读者,那么大概率会觉得这本书没意思。但如果你是央行的银行家、金融机构监管者、宏观经济分析员、政策制定者或金融从业人士,那么这本书是难得的佳作。首先,很少有人能比瑞或桥水资产管理公司更深刻地理解大债务周期的风险。这绝非纸上谈兵,而是50年来在市场上历经生死考验的结果。在2008年美国债务危机和2010年后的欧债危机中,瑞领导的桥水不仅全身而退,而且还获得了正回报。

瑞已过了随心所欲的年纪,却仍然对世上的许多事物充满好奇,每天用大量的时间有针对性地学习和写作。此前,他在中国出版了3本专著——《原则》《债务危机》《原则:应对变化中的世界秩序》,一再强调债务/信贷/货币/经济周期对国家的经济是生死存亡的事情,如果与当前的国内政治周期、世界地缘政治危机、自然灾害和科技进步叠加在一起,会诱发整个系统的致命风险。

中国的老话说:"出来混,早晚是要还的。"个人、家族、企业、政府、王朝,皆盈虚有数,胜地无常。瑞在书中列举了历史上的35个案例,说明货币体系的崩溃皆与大债务周期息息相关。

瑞认为美国政府必须立刻(1)削减支出,(2)增加税收,(3)降低利率。三者必须同步进行。如果通过举债来填补赤字缺口,那么未来10年美国的债务将升至50万亿~55万亿美元,为财政收入的6.5~7倍。

届时偿债支出会严重挤压其他开支，债券需求不足会导致极大的风险。这可能是美元作为储备货币以来，我们一生仅经历一次的债务周期，但目前世界上对大债务周期发生机制的研究非常缺乏。这就是瑞及桥水作为宏观投资者独特的贡献。

  我在桥水工作了 16 年，强烈地感受到我们的宏观研究能力和学术偏好。对国内读者而言，我希望开卷有益。

王沿

桥水中国资产管理有限公司名誉主席